Knaurs
Kulturführer
in Farbe
Schwarzwald

Knaurs
Kulturführer
in Farbe

Knaurs

Knaurs
Kulturführer
in Farbe
Belgien und
Luxemburg

Knaurs
Kulturführer
in Farbe
China

Knaurs
Kulturführer
in Farbe
Dänemark

Knaurs
Kulturführer
in Farbe
DDR

Knaurs
Kulturführer
in Farbe
Finnland

Knaurs
Kulturführer
in Farbe
Frankreich

Knaurs
Kulturführer
in Farbe

Knaurs
Kulturführer
in Farbe
Elsaß

Knaurs
Kulturführer
in Farbe
Paris
und Ile de France

Knaurs
Kulturführer
in Farbe
Provence
und die Côte d'Azur

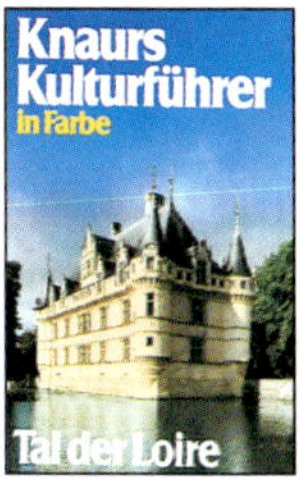
Knaurs
Kulturführer
in Farbe
Tal der Loire

Droemer
Knaur®

Marianne Mehling (Hg.)

KNAURS KULTURFÜHRER IN FARBE SCHWARZWALD

Über 290 farbige Fotos und Grundrisse
sowie 6 Seiten Karten

Droemer Knaur

Autoren: Martin Locher, Rosella Richter, Wolfgang Schenck

Fotos: Norbert Dallinger, Alexandra Hertlein, Joachim Hertlein, Ernst Höhne, Franz N. Mehling

CIP-Titelaufnahme der Deutschen Bibliothek

Knaurs Kulturführer in Farbe Schwarzwald /
Marianne Mehling (Hg.). [Autoren: Martin Locher…
Kt.: Herbert Winkler. Grundrisse: Karl Schneider].
- München: Droemer Knaur, 1989
ISBN 3-426-26200-2
NE: Mehling, Marianne [Hrsg.]

Für Hinweise auf Veränderungen und Ergänzungen ist die Redaktion dankbar
Zuschriften an Droemer Knaur Verlag, Postfach 80 04 80, 8000 München 80
Idee: Redaktionsbüro Harenberg (Schwerte)
Gestaltung und Herstellung: von Delbrück, München
Karten: Herbert Winkler, München
Grundrisse: Karl Schneider, Solms
Reproduktion: Repro Ludwig, Zell am See
Einbandgestaltung: Franz Wöllzenmüller
Umschlagabbildung: Bauernhof im Gutachtal (Foto: Bildarchiv Huber/Radelt)
Texterfassung Fa. Appl, Word Perfect 4.2
Umbruch: Ventura Publisher im Verlag
Druck: Appl, Wemding
Aufbindung: Großbuchbinderei Sigloch, Künzelsau
Printed in Germany
ISBN 3-426-26200-2

5 4 3 2 1

VORWORT

Der Schwarzwald, der sich von Basel im Süden bis Karlsruhe im Norden und zwischen Oberrhein und jungem Neckar erstreckt, hat seinen Namen von den grün-dunklen Tannen- und Fichtenwäldern, die fast zwei Drittel seiner Fläche bedecken. Es sind diese ausgedehnten Waldungen, die zusammen mit den Hochalmen des bis knapp 1500 Meter ansteigenden Mittelgebirges die wanderfreudigen oder wintersportbegeisterten Urlauber anziehen.

Täler und Randgebiete sind es dagegen, die den Schwarzwald mit seinen malerischen Burgruinen und Schlössern, Kirchen und Klöstern, schmucken Einödhöfen und Dörfern sowie gut erhaltenen Städtchen und gepflegten Thermalbadeorten als alte Kulturlandschaft erlebenswert machen.

Hügelgräber, Ringwälle und Opfersteine belegen erste vor- und frühgeschichtliche Ansiedlungen in der Randzone ebenso wie die Reste römischer Thermen (Baden-Baden, Badenweiler). Die Erschließung der noch von Wölfen und Luchsen bewohnten Waldtäler vollzog sich hingegen erst in der Zeit vom 7. bis 11. Jahrhundert. Voraussetzung hierfür waren zum einen verbesserte Verkehrswege wie die Straßen von Rottweil nach Straßburg und Windisch, zum anderen die Pionierleistungen zahlreicher Benediktiner- und Zisterzienserklöster, deren unerschrockene Mönche ein Leben in Tal und Einsamkeit suchten. Bedeutende Impulse erhielt die romanische Baukunst durch die sogenannte Hirsauer Bauschule, deren modifizierte burgundische Bautradition nicht nur die Basiliken im Schwarzwald (z. B. Breisach, Gengenbach, Schwarzach) prägte, sondern auch bis Thüringen und Niedersachsen ausstrahlte.

Ab dem 12. Jahrhundert besetzten Raubritter und Hochadel strategisch vorteilhafte und landschaftlich exponierte Plätze des Schwarzwaldes mit ihren Burgen, um an Waldwirtschaft, Flößerei und Handel mit zu profitieren, so die Zähringer, die Grafen von Calw, die Hohenstaufen, die Grafen Eberstein, die Markgrafen von Baden und später auch die Habsburger, um nur die bekanntesten Namen zu nennen. Viele dieser Burgen (z. B. Altensteig, Altwindeck, Berneck, Ebersteinburg, Hornberg, Küssaburg, Liebenzell, Schilteck, Zavelstein) haben sich als malerische Ruinen oder ausgebaut zu Jugendherbergen erhalten.

Französischen Einfluß verraten die gotischen Sakralbauten (z. B. Allerheiligen, Freiburg, Tennenbach, Tiefenbronn), deren Architekten, Bildhauer und Maler sich am Straßburger Münster und an oberrheinischen Künstlerschulen orientierten, so etwa der Bildhauer Martin Schongauer. So manche im 13. oder 14. Jahrhundert erbaute Dorfkirche bewahrt heute noch einen Teil ihres ursprünglichen Freskenschmucks oder sie bezieht einen romanischen Chorturm mit ein. Ein Abstecher zu ihnen wird oft durch solche Details, ihre Lage in einem wehrmauerumgürteten alten Gottesacker oder ihre harmonische Einbindung ins Landschaftsbild belohnt.

Profane Bauten aus der Spätgotik und der Renaissance, darunter prächtige Rathäuser und Marktbrunnen, gereichen vor allem den Städten am Rand des Schwarzwaldes (z. B. Freiburg, Ettenheim, Horb, Villingen) zum Schmuck. Die meisten mittelalterlichen Städtchen fielen aber den Verhee-

rungen des Dreißigjährigen Krieges und des Französischen Erbfolgekrieges zum Opfer. Die pittoresken Fachwerkbauten, denen man heute gegenübersteht, stammen daher vorwiegend aus dem 17. bis 19. Jahrhundert. Während der Barockzeit, in der große Teile der oberrheinischen Ebene und des Schwarzwaldes als »Vorderösterreich« unter habsburgischer Herrschaft standen, setzte Peter Thumb mit seinen nach dem sogenannten Vorarlberger Bauschema errichteten Kirchen (z. B. St. Peter, St. Trudpert, St. Ulrich) neue Maßstäbe. Höhepunkte klassizistischer Baukunst schufen die Baumeister Michel d'Ixnard (St. Blasien) sowie Friedrich Weinbrenner.

Geburtshäuser, Denkmäler und kleine Museen erinnern an jene Dichter, die den Schwarzwald und seine leutseligen, fleißigen Bewohner in ihren Romanen verewigten, beispielsweise an Hans Jakob Christoffel von Grimmelshausen (Oberkirch, Renchen), Johann Peter Hebel und Reinhold Schneider (Baden-Baden) und Hermann Hesse (Calw).

Das Schwarzwälder Freilichtmuseum (Gutach) trägt der Geschichte des Schwarzwälder Bauernhauses Rechnung. Einer repräsentativen Auswahl der charakteristischen, teilweise strohgedeckten Einödhöfe sind zahlreiche Zweckbauten wie Mühlen, Schmiede- und Sägebetriebe aus dem 16. bis 19. Jahrhundert zur Seite gestellt. Der bäuerlichen Kultur, dem alten Handwerk, der Flößerei und dem historischen Bergbau (Neubulach, Neuenbürg) sind die örtlichen Heimatmuseen gewidmet. Lebendiger Tradition begegnet man bei der spektakulären alemannischen Fasnacht mit ihren Bräuchen, geschnitzten Masken und urigen Narrenkostümen sowie auf besonderen Jahrmärkten, Wein- und Volksfesten oder beim Trachtenfest in Karlsruhe.

Trotz der Industrialisierung, deren Spuren zu Füßen gepflegter Rebhänge und Weinberge von der oberrheinischen Ebene in die Talsohlen hereinreichen, bleibt eine Reise durch den Schwarzwald mit seinem harmonischen Einklang von Natur und Kultur ein ebenso erholsames wie bereicherndes Erlebnis.

Wie in den übrigen Bänden der Reihe stehen auch hier die Farbabbildungen gleichrangig neben dem Text. Von mehr als 350 beschriebenen Orten werden Burgen, Kirchen, Schlösser, Rathäuser, Theater, Museen und andere Baudenkmäler vorgestellt. Über 290 farbige Fotos und Skizzen sowie 6 Seiten Karten illustrieren den Text. Und analog zu den Vorgängerbänden sind die Artikel alphabetisch nach Orten geordnet. Die Brücke zwischen den Orten, die geographisch benachbart sind, in diesem Buch jedoch durch das Alphabet getrennt wurden, schlägt der Kartenteil auf Seite 254-259. Er führt alle behandelten Orte auf und bietet einen Überblick darüber, welche Orte in der Nachbarschaft eines Zielpunktes liegen und deshalb vielleicht zusätzlich in einen Reiseplan einbezogen werden können. Bei jedem Ort sind im Kopf des Artikels Meereshöhe, Einwohnerzahl und ein Hinweis auf die betreffende Karte, Planquadrat C2) angegeben. Die einzelnen Sehenswürdigkeiten sind jeweils fett gedruckt. Im Anhang finden sich ein Register aller behandelten Orte, ein Register der Fachausdrücke und ein Verzeichnis bedeutender Künstler.

< *Blick vom Feldberg*

A

Achern, Nikolauskapelle

Kappelrodeck (Achern), Turm der Pfarrkirche

7590 Achern

Ortenaukreis

Einw.: 20600 Höhe: 145–318 m S. 254 □ C 2

Das am Ausgang des Achertales in die Rheinebene gelegene Industriestädtchen erstreckt sich auf schon in römischer Zeit besiedeltem Gebiet und ist heute bekannt für seine Edelbrände und Glaswaren. Dem um 1050 erstmals urkundlich erwähnten und lange Zeit zu Vorderösterreich gehörenden Ort wurde 1808 durch Herzog Karl Friedrich von Zähringer das Stadtrecht verliehen. Im Unterschied zu dem von Weinbergen umgebenen Ortsteil *Oberachern* wurde die Kernstadt 1945 durch Bomben zerstört. Sie ist deshalb von zahlreichen modernen Bauten geprägt.

Nikolauskapelle (Ecke Hauptstr./Kapellenstr.): Das zu Beginn des 13. Jh. über quadratischem Grundriß erbaute *Klauskirchle* ist heute das Wahrzeichen v. A. Sein eigenwilliges Rundtürmchen 1 des profilierten got. Spitzbogenportals besitzt in der Höhe rundbogige Schallarkaden und wird v. einem Kegelhelm bekrönt. Im Inneren der unverputzt belassenen Kapelle schlichte Kreuzrippengewölbe.

Liebfrauenkirche (Kirchstr.): Anstelle einer spätgot. Vorgängerin (1425) wurde 1824/25 die heutige *Pfarrkirche* errichtet, in deren klassizistische Fassade das Untergeschoß des ma Kirchturmes miteinbezo-

< *Bollenhüte*

gen wurde. Zu ihrer Erneuerung fanden Hausteine des ehem. Münsters in →Allerheiligen Verwendung. Jodok Friedrich Wilhelm* schuf die Kanzel und die Altäre (1825-33) im Inneren der Saalkirche mit Rechteckchor.

Sensen- und Heimatmuseum (beim Friedhof): Das 1975 eröffnete und an Sonntagnachmittagen geöffnete Museum umfaßt neben einer Dokumentation zur Stadtgeschichte v.A. vorwiegend Materialien zum handwerklichen Gewerbe. Neben den Gerätschaften und Maschinen des heimischen Sensenschmiedehandwerks sowie der Hohlglas- und Zylinderhutherstellung verdienen auch eine historische Schusterei sowie die Exponate zum Bäcker-, Küfer- und Uhrmacherhandwerk Beachtung.

Umgebung

Kappelrodeck (8 km sö): Kleiner Erholungsort an der *Badischen Weinstraße*. - Die im 11.Jh. auf hohem Bergsporn erbaute *Burg Rodeck* wurde 1879 unter Einbeziehung alter Gebäudeteile zum Schloß (heute Altenheim) ausgebaut. Erhalten sind ein Renaissanceportal sowie sehenswerte Wandmalereifragmente (15. Jh.) in der Burgkapelle. - Durch die Rebengärten unterhalb der Burg, in denen die Trauben für den berühmten Kappelrodekker Rotwein »Hex' von Dasenstein« heranreifen, führt ein viel begangener *Weinlehrpfad*.

Ottenhöfen (12 km sö): Ein *Mühlenwanderweg* (4 Std.; 15 km) führt zu 9 alten Wassermühlen. Neben einer Mühle mit *Hammerschmiede* und der in Fachwerkbauweise errichteten *Mühle am Hagenstein* mit oberschlächtigem Wasserrad verdient v.a. die malerische *Rainbauernmühle* mit einem hölzernen unterschlächtigen Wasserrad einen Besuch. Im Obergeschoß ist ein Mühlenmuseum eingerichtet. - Von Mai bis Oktober verkehrt zwischen A. und Ottenhöfen die *Achertalbahn*, ein historischer Eisenbahnzug mit kleiner Dampflokomotive.

< Allerheiligen, Ruine der Klosterkirche, Langhaus mit Spitzbögen

Allerheiligen, Ruine der Klosterkirche, Blick auf Vierung

Alpirsbach, Klosterkirche St. Nikolaus, Turm

Alpirsbach, St. Nikolaus (l), Roman. Türbeschlag (r)

Allerheiligen/Lierbach-Allerheiligen 7603 Oppenau/Ortenaukreis		
Einw.: 20	Höhe: 620 m	S. 254 □ C 2

Ruine der Klosterkirche: Das ehem. Prämonstratenserkloster wurde zwischen 1191 und 1196 im einsamen Lierbachtal am Fuße des *Schliffkopfs* (1055 m) v. Herzogin Uta v. Schauenburg gegr., die damit der Stiftungstradition ihrer Verwandtschaft (Klöster →Hirsau, →St. Peter und Steingaden) entsprach. 1657 durch das Generalkapitel v. Prémontré zur Abtei erhoben, entwickelte sich das dem Hochstift Straßburg unterstellte Kloster im 18. Jh. zum vielbesuchten Wallfahrtsort. Bald nach seiner Säkularisation (1802) fielen das Münster und Teile des angrenzenden Klausurgebäudes einem Brand durch Blitzschlag zum Opfer. Nach 1816 kam es zur Versteigerung auf Abbruch (vergleiche Liebfrauenkirche →Achern), und nur geringe Reste der ehem. Klostergebäude blieben übrig.

Aus dem Grün der umgebenden Buchen und Tannen leuchten die erhaltenen Mauerreste, Arkaturen und Pfeiler der pittoresken *Kirchenruine*. Als 1. got. Bau in Mittelbaden wurde das knapp 36 m lange Münster roman. begonnen (W-Portal mit Paradies, 1. Hälfte 13. Jh.), frühgot. fortgeführt (quadratischer, platt geschlossener Chor und Querhaus, um 1260–70) und hochgot. vollendet (Langhaus und s Nebenkapelle mit $^{5}/_{8}$-Schluß, um 1270–90). Die auf flachen, eckblattbesetzten Basen fußenden Vierungspfeiler tragen über schlichten Kelchkapitellen mit oktogonalen Deckplatten mächtige Vierungsbogen, auf denen einst die Masse eines niederen Vierungsturmes ruhte. Die dreiteiligen Arkaden im stark zerstörten ehem. rippengewölbten Presbyterium und das Fenstermaßwerk mit Kielbogen in der s Nebenkapelle legen Mitarbeiter der Straßburger Münsterbauhütte als ihre Schöpfer nahe. Das wohl urspr. mit einer flachen Holzdekke versehene und unvollendet gebliebene Langhaus wurde nach einem Brand (1470)

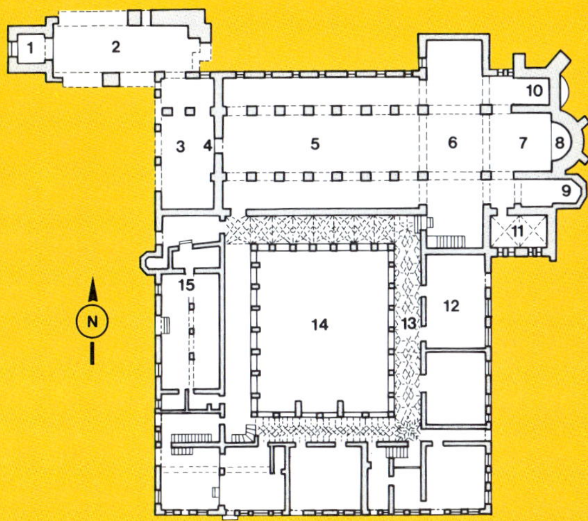

Alpirsbach, ehem. Benediktinerkloster
1 Turm (11. Jh.) **2** Vorgängerkirche (11. Jh., heute Garage) **3** Paradies **4** W-Portal (mit roman. Türbeschlägen und Tympanonrelief, Christus auf dem Regenbogen in der Mandorla, um 1130) **5** dreischiffiges Langhaus mit wuchtigen Säulen **6** Vierung **7** Vorchor (chorus minor) **8** Sanktuarium mit Tribüne **9** s Nebenkapelle mit spätgot. Sterngewölbe **10** N-Turm mit Treppe zur Chortribüne **11** Sakristei (13. Jh.) **12** Refektorium (Dormitorium im Obergeschoß) **13** sterngewölbter Kreuzgang **14** Innenhof **15** Abtswohnung mit Erker

als tonnengewölbte Halle erneuert. – Die neue Kapelle neben der Kirchenruine wurde 1960 erbaut. – Bei den ehem. Klostergebäuden (völlig restauriert, heute Kurbetrieb) hat sich ein Fragment der spätbarocken Gartenarchitektur erhalten. – Ein Fußweg führt hinab zu den etwa 100 m hohen *Allerheiligen-Wasserfällen* des Lierbachs.

7297 Alpirsbach
Freudenstadt

Einw.: 7000 Höhe: 450 m S. 257 □ D 2

Ruotmann von Husen, Adalbert von Zollern und Alwic von Sulz stifteten 1095 ein Benediktinerkloster, das von Mönchen aus St. Blasien bezogen wurde. 1535 führte Ambrosius Blarer im Auftrag Herzog Ulrichs von Württemberg die Reformation des Klosters durch. Zur Verwaltung des Kirchenguts wurde ein Klosteramt mit einem evangelischen Abt gebildet, das bis 1810 bestand. Um das Kloster herum entwickelte sich auch eine weltliche Siedlung, die 1869 städtische Rechte erhielt. Silberbergbau wurde in der Umgebung betrieben. Heute ist Alpirsbach ein beliebter Luftkurort.

Ev. Pfarrkirche, ehem. Klosterkirche St. Nikolaus: Die um 1130 vollendete Kirche

Altensteig, Ansicht mit Kirche

entspricht in ihrer Anlage dem *Hirsauer Bautypus:* dreischiffige Säulenbasilika mit Querschiff und nicht erhöhtem, kryptenlosem Chorquadrat (8), das v. einer Apsis abgeschlossen wird. In diese sind 3 niedrige Rundnischen eingelassen, Reste einer roman. Ausmalung sind erhalten. Neben dem Chor liegt im S noch ein kleinerer Nebenchor (7). Eine hohe flache Decke überdeckt das Mittelschiff. Die Säulen sind nur wenig verjüngt. Die ö der Würfelkapitelle sind mit Motiven aus dem Physiologus verziert. Von den beiden geplanten Türmen wurde nur der *N-Turm* (1) neben dem Chor ausgeführt. Er wurde später got. bekrönt und erhielt weitere Renaissancezutaten. Der obere Teil des Chors wurde 1506 gotisiert. Auch die s Seitenkapelle (9) wurde got. umgestaltet. Vor der W-Front liegt eine Vorhalle, das *Paradies* (3), mit einfachen Arkaden. Seine W-Wand wurde zusammen mit der W-Front der Kirche im 15. Jh. erneuert. Das große *W-Portal* (4) mit abgetrepptem Gewände schmückt – neben den roman. Beschlägen – im Tympanon ein um 1130 entstandenes Relief. Es zeigt Christus auf dem Regenbogen in der v. 2 Engeln getragenen Mandorla, daneben 2 Personen, ein Mönch und eine Nonne. An der Außenwand der Mittelapsis steht ein roman. Säulenpaar. Der Hauptaltar befand sich in der Vierung, die erhaltenen roman. Mensen stehen in den Apsiden. Der *ehem. Hochaltar* (um 1530), ein Flügelaltar mit Marienkrönung, Jörg Syrlin d. J.* zugeschrieben, wurde 1955 restauriert. In der frühgot. Sakristei am s Nebenchor legte man 1951 Reste eines im 14. Jh. gemalten Passionszyklus frei.
In der Vorhalle steht ein 1959 v. Gerhard Marcks* gestaltetes modernes *Ehrenmal.*
Führungen durch die Kirche finden um 10.00, 11.00, 14.00 und 15.00, im Sommer auch um 16.00 und 17.00 Uhr statt; an Sonntagen nur nachmittags.

Turm: Von der *ehem. Leutkirche,* der 1. Mönchskirche (1095/99) ist nur der Turm erhalten.

Klostergebäude: Sie schließen unmittelbar an die S-Seite der Kirche an und gruppieren sich um den *Kreuzgang* (13) mit Rippengewölben und Maßwerkfenstern vom Ende des 15. Jh. Der Kapitelsaal (um 1230) neben dem s Querhaus erinnert an die Maulbronner Schule. Im darüberliegenden Dormitorium befinden sich die Zellen der Mönche. Das ehem. Refektorium (12) mit gewölbter got. Holzdecke dient seit 1882 als *kath. Pfarrkirche* (erweitert und renoviert 1956). Den Altar und den Taufbrunnen schuf Otto Herbert Hajek*, die Glasfenster und das Chorbild Wilhelm Geyer*.

Sog. Burg: Sie war der Wohnturm der Klostervögte.

Schlößle (1708) und **Bürgerhäuser** (16. und 17. Jh.), teils in Fachwerkbau, haben sich v. der weltlichen Siedlung erhalten.

Rathaus: Es wurde 1566 erbaut und 1940 nach einem Brand um 1 Stockwerk erhöht.

Museum für Stadtgeschichte (im ehem. Kameralamt): Es ist donnerstags, samstags, sonntags und feiertags v. 14.00 bis 18.00 Uhr geöffnet; im Winter ist das Museum geschlossen.

Berneck (Altensteig), Oberes Schloß

Alpirsbacher Galerie: Sie führt Wechselausstellungen durch.

Umgebung

Rötenberg (9 km s): Die *ev. Pfarrkirche,* ehem. St.Johannes, war urspr. eine Chorturmanlage, die 1128 geweiht wurde. Der Chor, in den 2 roman. Bildwerke eingemauert sind, erhielt ein spätgot. Netzgewölbe und enthält ein ebensolches Wandtabernakel. Das Langhaus wurde erstmals 1774 umgebaut. Der Taufstein ist 1487 datiert. Außen am Chor befindet sich eine steinerne Marienfigur aus der Zeit um 1400.

7272 Altensteig

Calw

Einw.: 10000 Höhe: 500 m S.255 □ D 2

Am steilen Hang über der Nagold gruppieren sich malerische alte *Giebel-* und *Fachwerkhäuser* zu einem der schönsten württembergischen Städtebilder, überragt und beherrscht von der großen Stadtpfarrkirche und dem Schloß. Altensteig erhielt bereits im 13. Jh. das Stadtrecht.

Schloß Altensteig: Das ehem. Schloß der Hohenberger setzt sich aus dem über älteren Burgresten (11. Jh.) erbauten spätgot. *Alten Schloß* und dem *Neuen Schloß* zusammen. An der N-Seite des ma Schloßteiles, der in seiner mehrstöckigen Steinbauweise mit Fachwerkaufsatz einem Turm ähnelt, ist ein Teil der ehem. *Wehrmauern* (15./16. Jh.) mit 2 kleinen Rundtürmen erhalten. Letztere werden allgemein nach ihrer früheren Bestimmung »Himmel (luftiges Turmzimmer) und Hölle« (Burgverlies) genannt. Im Alten Schloß ist seit einigen Jahren das *Museum* der Stadt untergebracht. Exponate aus der Geschichte v. A. und regelmäßige Wechselausstellungen sind ebenso sehenswert wie die Innenarchitektur, denn die spätgot. Räume

Appenweier, St. Michael

zeigen Terrakottafußböden, Bohlenständerwände, flache Balkendecken, geschnitzte Eichenständer und altertümliche Blocktreppen. Dieser ältere Teil v. Schloß A. stellt die einzige unzerstörte ma Burg des Schwarzwaldes vor. Der zur Stadt gewandte neuere Teil des Schlosses (16. Jh.) wurde im Stil der Württemberger Renaissance erbaut. Vom Schloß führen die ehem. *Stadtmauern* um die *Altstadt* hinab zur Nagold.

Stadtpfarrkirche: Das mächtige Gotteshaus wurde 1775 v. Georg Christoph Reich* erbaut und wird außen v. flachen Lisenen gegliedert. Der gedrungene, quadratische O-Turm wird über dem achteckigen Glockengeschoß v. einem eigenwilligen Glockendach bekrönt. Das Innere präsentiert sich ev.-schlicht als geräumiger Predigtsaal mit großer Empore.

Außerdem sehenswert: Das aus Buckelquadern erbaute ma *Rathaus* präsentiert sich zur Talseite sechsstöckig, zur Bergseite dreistöckig und besitzt ein schönes Fachwerk. – Jenseits der Nagold liegt (s) die *Burg »Zum Turm«* (12. Jh.) der Vögte v. A. und Wöllhausen, v. der noch ein Teil des ma *Burgfrieds* zu sehen ist. Ein Spaziergang zum sog. »Schloßberg« wird durch den Panoramablick auf das reizvolle A. belohnt.

Umgebung

Altensteigdorf (1 km n): In der *ev. Pfarrkirche* (ehem. Liebfrauenkirche) ist von der roman. Vorgängerkirche der mächtige Chorturm (um 1200) erhalten. Im Chor Blendbogen, Ecksäulen und frühgotisches Wandrippengewölbe sowie Reste von roman. und frühgot. Wandmalereien (13./14. Jh.). Wandmalereien aus MA und Renaissance auch im mehrfach vergrößerten Langhaus.

Berneck (4,5 km n): Gut erhaltenes Ensemble aus Giebelhäusern, kleiner Kirche und dem *oberen Schloß,* das mit seiner einprägsamen, gewaltigen spätroman. Schildmauer (ca. 27 m lang und 3 m dick, um 1200) mit gedecktem Wehrgang zwischen 2 seitlich vorkragenden Schützenhäusern den Ort gegen die Bergseite sicherte. Über den Grundmauern des 1846 abgebrannten ehem. Palas (13. Jh.) wurden die beiden heutigen Schloßgebäude mit hohen Giebeln, zentralem Verbindungsgang und zweistöckigen Eckerkern erbaut. Anstelle des ehem. unteren Schlosses steht heute ein einfacher Barockbau (1768). – In der 1753 erneuerten urspr. got. *Kirche* lohnen das reichverzierte spätgot. Wandtabernakel (1490) und 2 prachtvolle Epitaphe – eines v. Josef Schmid* für Balthasar Freiherr v. Gültingen († 1554) und eines v. Leonhard Baumhauer* für Peter Freiherr v. Gültingen († 1570) – einen Besuch.

Hornberg (8 km n): Von der ma *Burg Hornberg* auf einem waldigen Bergsporn ist der mächtige, aus Buckelquadern errichtete Bergfried erhalten.

Nagold-Talsperre (11 km sw): Der Name »Erzgrube« dieses v. der modernen Nagold-Talsperre aufgestauten größten baden-württembergischen *Stausees* stammt vom gleichnamigen *Bergbauort,* der im

Appenweier, St. Michael >

17.Jh. wegen der hiesigen Erzvorkommen gegr. worden war.

Seewald-Urnagold (16 km w): Die kleine, in der Nähe der Nagoldquelle gelegene *Kirche* (13.Jh.) bewahrt einen roman. Chorturm. Die netzgewölbte Chorhalle ist durch ein spätgot. Chörlein vergrößert und mit Wandmalereien (Engelschor, 1.Hälfte 16.Jh.) geschmückt. Das Langhaus wurde 1754 erneuert.

Simmersfeld (8 km nw): Die neuroman. *Kirche* (1889) bezieht 2 rom. Portaltympana (Kreuz- und Sternornamente, Inschrift) ihrer Vorgängerkirche (12.Jh.) mit ein.

Wörnersberg (5 km sw): In der *Dorfkirche* kleiner spätgot. Tabernakel mit figürlichen Schnitzereien.

7604 Appenweier

Ortenaukreis

Einw.: 8300 Höhe: 147–392 m S.254 □ B 2

Die in der Rheinebene gelegene, als Eisenbahnknotenpunkt für den Frankreichverkehr bekannte Landgemeinde wurde 884 erstmals urkundlich erwähnt, war dann Lehen der badischen Markgrafen und gelangte in den Besitz der Klöster →Hirsau und →Allerheiligen.

Bad Bellingen, St. Leodegar

Pfarrkirche St.Michael: Die nach Plänen Franz Ignaz Krohmers* v. Johann Ellmenreich* 1748–52 erbaute Rokokokirche präsentiert sich am Außenbau gefällig-schlicht mit einer durch braunrote Tönung hervorgehobenen Lisenengliederung, einer *W-Fassade* mit kräftigem, an den Seiten mit kleinen Pyramiden besetzten Gesims und segmentbogenbekröntem Giebel sowie dem quadratischen *S-Turm,* dessen achtekkiges Glockengeschoß v. rundbogigen Schallarkaden mit eingestellten Balustern durchbrochen und mit einer doppelten Zwiebelhaube bedeckt ist. Im hellen einschiffigen Innenraum mit flachem Spiegelgewölbe und Polygonchor überrascht die harmonische reiche *Rokoko-Ausstattung,* so die phantasievollen Stukkaturen des Wessobrunners Johann Schütz*, der auch die in Stuckmarmor gearbeitete Kanzel und die Altäre dekorierte. Das *Hochaltarbild* (»Hl.Michael«, 1752) malte Johann Pfunner*, ebenso die Gemälde der Orgelempore. Die Seitenaltargemälde (»Mariä Himmelfahrt«, »Kreuzigung«; beide 1751) stammen v. Heinrich Lihl*. Der Allgäuer Benedikt Gams* besorgte 1752 die Dekkenfresken in Chor (»Letztes Abendmahl«) und Schiff (»Mariä Himmelfahrt«). Älter als die übrige Ausstattung ist die sehenswerte *Anna-selbdritt-Gruppe* (um 1510) in der Fensternische bei der Kanzeltreppe.

Außerdem sehenswert: Das *spätbarocke Rathaus* wurde im Jahre 1765 erbaut.

Umgebung

Erlach (5 km nö): In der *Pfarrkirche St. Anastasia* (16./19.Jh.) lohnt der dreiteilige Mittelschrein (Maria zwischen den hll. Katharina und Barbara, um 1510/20) des Marienaltars einen Besuch.

Renchen (6 km n): In dem am Ausgang des Renchtales gelegenen Ort, dessen hübsche klassizistische *Hl.-Kreuz-Kirche* (1816/17) v. Ernst Ohl* nach Plänen Friedrich Weinbrenners* erbaut wurde, waltete der durch seinen satirischen Roman »Der Abentheuerliche Simplicissimus Teutsch« (1669) berühmte Barockdichter Hans Jakob Christoffel v.Grimmelshausen v. 1667 bis zu seinem Tod (1676) als straßburgisch-bischöflicher Schultheiß.

Urloffen (2 km nw): In der v. einem Schüler Friedrich Weinbrenners 1833–35 errichteten klassizistisch-strengen *Pfarrkirche St. Martin* findet man im Chor die frühe Kopie eines Van-Dyck-Gemäldes (»Hl. Martin«) aus dem Rastatter Schloß.
Zimmern (2 km n): Der im 17. Jh. neu aufgestockte S-Turm der spätgot. *Martinskapelle* (1517) geht wohl auf einen ma Flucht- und Wehrturm zurück, wie das mächtige Untergeschoß vermuten läßt. Im Inneren flachgedecktes Langhaus und eingezogener Chor mit spätgot. Netzgewölbe.

B

7841 Bad Bellingen

Lörrach

Einw.: 3100 Höhe: 250 m S. 258 □ A 4

Erwähnt wird der Ort bereits im 9. Jh. Er gehörte im 12. Jh. zu dem schweizerischen Kloster Muri. Später hatten auch andere Klöster in dieser guten Weingegend Besitzungen. 1275 muß es hier bereits eine Kirche gegeben haben. 1600 und 1670 wurde Bellingen zerstört. 1955/56 versuchte man hier Erdöl zu bohren, fand aber Thermalwasser um 40° C. Seit 1969 führt der Ort daher den Titel Bad.

Kath. Pfarrkirche St. Leodegar: Die nachgot. Kirche v. 1624 wurde 1783 bis auf den Chor abgerissen und vergrößert. Aus dieser Zeit stammt auch die sehr gute frühklassizistische Ausstattung. Die Blätter der Seitenaltäre malte 1738 Jakob Pelandella*, das Blatt des Hauptaltars stammt v. Simon Göser*. Die Kirche wurde 1932 und 1975–76 restauriert.

Schloß: 1527 nahm hier die Linie Homburg-Bellingen der Herren v. Andlau Sitz. Sie ließen 1590 das spätgot. Schloß errichten, das im 18. und 19. Jh. weiter umgestaltet wurde. Heute dient es als *Rathaus.*

Bad Bellingen, Rathaus

Baden-Baden, Römischer Meilenstein

Baden-Baden, St. Peter und Paul

Außerdem sehenswert: Ein schönes *Barockhaus* ist der 1716 entstandene Gasthof zum Schwanen in der Mitte des Orts.

Umgebung

Bamlach (2 km s): Der Turm der *kath. Pfarrkirche St. Petrus und Paulus* stammt noch aus dem 15. Jh. Das Langhaus wurde 1885 errichtet. Neben der neugot. Ausstattung sind 2 Epitaphe v. 1586 und 1591 beachtenswert. – *Oberrheinisches Bäder- und Heimatmuseum* (Hauptstr.): Das Museum befindet sich noch im Aufbau.

7570 Baden-Baden
Südbaden

Einw.: 50 000 Höhe: 126–1004 m S. 254 □ C 1

Das reizvolle Tal der Oos war bereits seit der mittleren Steinzeit von Menschen bewohnt. Die ersten, die den Wert der hier vorhandenen Thermalquellen erkannten, die eine Maximaltemperatur von 69° erreichen und Linderung vor allem bei rheumatischen Erkrankungen bringen, waren die Römer. Ihre Legionäre besetzten die von Kelten besiedelte Region und gründeten um 80 v. Chr. eine Siedlung namens *Aquae* (»die Wasser«), deren Ausdehnung etwa der Altstadt des heutigen Baden-Baden entsprach und die später Gauvorort der Civitas *Aurelia Aquensis* wurde. Von römischer Badekultur für alle Volksschichten zeugen noch heute die unter dem Römerplatz befindlichen Bäderruinen. Prominentester römischer Kurgast soll im Jahre 213 Kaiser Caracalla (186–217) gewesen sein. Um 260 eroberten die Alemannen das Land und zerstörten die römische Siedlung. Im 8. Jh. mußten sie dann den Franken weichen.

Ab 712 erwähnen Urkunden die Nutzung der Thermalquellen für Heilbäder, und 987 wird ein Ort namens *Badon* bezeugt. Unterhalb der Burg Hohenbaden entwickelte sich rasch eine blühende Siedlung, die

Baden-Baden, Evangelische Stadtkirche

1360 befestigt wurde, 1388 Stadtrechte erhielt und Residenz der Markgrafen von Baden war. Die kriegerischen Auseinandersetzungen des 17. Jh. beendeten die erste Blütezeit des vielbesuchten Kurorts, und 1689 wurde Baden-Baden, wie viele andere Städte der Region auch, durch ein Großfeuer fast ganz vernichtet. Es folgte eine nahezu hundertjährige »Ruhepause«, an der das »Rastatter Zwischenspiel«, die dem Zeitgeist entsprechende zeitweise Verlegung der markgräflichen Residenz durch den »Türkenlouis«, Ludwig Wilhelm, sicher nicht ganz unschuldig war.

Erst Ende des 18. Jh. wurde der Kurbetrieb langsam wiederaufgenommen. Der Baumeister Friedrich Weinbrenner* (1766 bis 1826), der Karlsruhe zu einem nachbarokken Schmuckstück machte, setzte im Kurviertel bedeutende Akzente neuer, klassizistischer Eleganz. Der aus Frankreich stammende Jacques Bénazet eröffnete 1848 das erste deutsche Spielkasino, das zu einem der größten Europas werden sollte. Ihm ist auch die Einführung der seit 1858 jährlich in Iffezheim stattfindenden renommierten internationalen Reitwoche zu danken. Das 19. Jh. erlebte Baden-Baden als »Sommerhauptstadt Europas«. Alles, was im öffentlichen Leben der damaligen Zeit Rang und Namen hatte, reiste an – der Gesundheit zuliebe und, natürlich, um zu sehen, um »in« zu sein, dazuzugehören. Kaiser Wilhelm I., Zar Nikolaus und Queen Victoria sind nur einige illustre Namen aus der langen Gästeliste. Der russische Schriftsteller Fjodor M. Dostojewski (1821–81) holte sich die Anregungen für seinen 1867 erschienenen Roman »Der Spieler« im Baden-Badener Casino, und der Amerikaner Mark Twain (1835–1910) widmete dem Kur- und Gesellschaftsbetrieb in der Metropole einige literarische Zeilen. Die Schließung der Spielbank (1872), die in Europa zunehmenden politischen Wirren und vor allem die beiden Weltkriege setzten der Glanzzeit Baden-Badens ein erneutes Ende.

Nach dem 2. Weltkrieg wurden die Kureinrichtungen wiedereröffnet und beständig den Anforderungen angepaßt, die die moderne Zeit an einen »Gesundheitsurlaub« stellt. Auch das Kasino öffnete erneut seine Pforten, und das 1968 errichtete Kongreßhaus ist Ausrichtungsort verschiedener nationaler und internationaler Veranstaltungen. Neben verschiedenen Industrien zählt auch der Weinbau – Baden-Baden ist eine der größten Weinbaugemeinden Baden-Württembergs – zu den wichtigen Einnahmequellen der eleganten Stadt am Rand des nördlichen Schwarzwalds, die neben vielen Kurgästen auch zahlreiche Touristen anzieht.

SAKRALBAUTEN

Kath. Pfarrkirche St. Peter und Paul (ehem. Stiftskirche U.L.Frau; Marktplatz): Das mit seinen Fundamenten in die röm. Bäder hinabreichende Gotteshaus wurde 1245 erstmals erwähnt, war ab 1391 Grabkirche der Markgrafen und gehörte ab 1453 zu einem im 19. Jh. aufgehobenen Stift. Am Bau sind deutlich die einzelnen Entstehungsphasen zu erkennen: Die wuchtigen Turmuntergeschosse sind roman., der Chor und das dreischiffige Langhaus mit hohem Mittelschiff spätgot., während das W-Portal beide Stilrichtungen durch roman. Formen und spätgot. Schmuck – die Figuren sind allerdings Kopien – vereinigt. Die Formen des ebenfalls im 15. Jh. an die S-Seite gebauten Marienchörleins waren Vorbild für das im 17. Jh. an die N-Seite gefügte Johanneschörlein. Glocken- und Uhrengeschoß des W-Turms kamen, ebenso wie welsche Haube und Laterne, im Zuge der durch die Brüder Rohrer Anfang des 18. Jh. durchgeführten Wiederaufbauarbeiten hinzu. Die Stukkaturen des Johannes Schütz im Inneren wurden bis auf das badische Wappen am Chorbogen im 19. Jh. entfernt. Das reizvolle, hohe Sakramentshäuschen, das den Einfluß v. Nikolaus Gerhaert* verrät, entstammt dem späten 15. Jh. Ein Meisterwerk Gerhaerts ist dagegen das kostbarste Ausstattungstück der Kirche, das über 5 m hohe, vom markgräflichen Wundarzt gestiftete und 1467 vollendete *Sandsteinkruzifix*. Die ausdrucksvolle, naturalistisch gestaltete Christusfigur, deren v. Schmerz und Leiden gezeichnetes Gesicht aber auch tiefe Ergebenheit und einen wohltuenden inneren Frieden ausstrahlt, wurde wegweisend für viele Künstler der folgenden Jh. Von den zahlreichen markgräflichen *Grabdenkmälern* verdienen besondere Erwähnung: das Renaissancemonument für Jakob II. von Trier († 1511);

Baden-Baden, Kloster Lichtental, Brunnenhof (l), Kloster Lichtental (r)

das v. Johann v. Trarbach* in den Formen der Spätrenaissance gestaltete Monument für Philibert I. († 1569) und seine Gemahlin; das v. Christoph v. Urach* geschaffene Nischengrab für Philipp I. († 1533); das wuchtige und pompöse Barockgrabmal für Ludwig Wilhelm, genannt »Türkenlouis« († 1707), entworfen v. Johann Schütz* und ausgeführt v. Thomas Heilmann*.

Altkath. Spitalkirche (Gernsbacher Str.): Das 1486/87 erbaute Gotteshaus erhielt 1712 den barocken Dachreiter. Das schöne Chorgestühl schuf 1512 Hans Kern*, die Kanzel entstand etwa gleichzeitig. 1963-66 wurde die Kirche um ein Joch verkürzt und erhielt durch McLean Altarkreuz, Ewiges Licht und Tabernakel.

Stourdza-Kapelle (Stourdzastr.): Die Kapelle wurde 1863-66 nach Entwürfen des vor allem durch seine Bauten für den Bayernkönig Ludwig I. bekannt gewordenen Leo v. Klenze* im klassizistischen Stil als Grablege des letzten Bojaren des Fürstentums Moldau, Michael Stourdza, errichtet. Sie ist ein würfelförmiger Zentralbau mit v. einer Laterne gekröntem Zeltdach und durch farbigen Steinwechsel belebten Mauern. Ein ionischer Säulenportikus führt in den reizvollen Innenraum, den Marmorintarsien schmücken, mit den Statuen der Fürstenfamilie.

Weitere Kirchen: *Kath. St.-Bernhardus-Kirche* (Lange Str.): 1911 - 14 im byzantinischen Stil erbaute Kuppelkirche. - *Kath. Bonifatiuskirche* (Beuerner Str.): Neuroman. Bau v. 1869. - *Drei-Eichen-Kapelle* (Rheinstr.): 1892 anstelle einer alten Wallfahrtskirche errichtet. Reizvolles Gnadenbild. - *Ev.-luth. Johanniskirche* (Bertoldplatz): 1864 errichtet. - *St.-Josephs-Kirche* (Lichtentaler Str.): Moderner querovaler Kirchenbau v. 1961 mit frei stehendem Glockenturm und auf den Hochaltar ausgerichtetem Innenraum. - *Lutherkirche* (Maximilianstr.): Jugendstilbau des frühen 20. Jh. - *Russische Kirche* (Lichtentaler Str.): Ende des 19. Jh. für die russische Gemeinde im byzantinischen Stil errichtet. - *Ev. Stadtkirche* (Augustaplatz): 1855-64 nach Plänen v. F. Eisenlohr* und L. Lang* errichtete neugot. Hallenkirche mit Doppelturmfassade. Finanziert wurde sie durch den Spielbankbesitzer Bénazet.

Kloster vom Hl. Grab (Römerplatz): 1670 gründete Markgräfin Franziska das Kloster, von dem nur die Kirche das Feuer v. 1689 überstand. Die im 18. Jh. als Dreiflügelanlage wiedererrichteten Gebäude

Baden-Baden, Kloster Lichtental, Fürstenkapelle

Baden-Baden, Theater

wurden im 19. Jh. verändert und sind heute Gymnasium und gemischte Schule. *Kirche* (nach Voranmeldung zu besichtigen): schlichter, einschiffiger Bau mit Dachreiter und im 19. Jh. neu gestalteter Fassade. Die gute Ausstattung des einfachen, kreuzgewölbten Innenraums mit W-Empore, die ein schönes Gitter besitzt, entstammt überwiegend dem frühen 18. Jh.

Kloster Lichtental (Lichtentaler Str.): 1245 gründete Markgräfin Irmingard eine nur Damen von hohem Stand vorbehaltene Zisterzienserinnenabtei, die zwar ihrer Ländereien beraubt, aber nie säkularisiert wurde. Seit 1909 ist hier eine Klosterschule untergebracht. Die Klostergebäude wurden 1728 bis 1734 nach Entwürfen von. Peter Thumb* neu als einfache Dreiflügelanlage errichtet. Das Torgebäude kam 1781 hinzu, der Marienbrunnen im Hof, den eine Madonnenstatue ziert, stammt v. 1602. Einen Besuch lohnt das *Klostermuseum*. Hier sind schöne und wertvolle Sakralgegenstände sowie Textilien ausgestellt. Besichtigungen (nur für Gruppen ab 5 Personen): Werktags 9.00–12.00, 14.30 bis 17.00; Sonn- und Feiertage 15.00–17.00 Uhr; 1. So im Monat geschlossen.
Sehenswert ist auch die *Kirche*. Vom urspr. roman. Bau des frühen 13. Jh. blieben im einschiffigen Langhaus Mauerteile erhalten. Dieses stammt, wie der Frauenchor, aus dem 15. Jh. und wurde im 18. Jh. verändert. Um 1300 entstand der Chor, der v. einem Kreuzrippengewölbe mit skulptierten Schlußsteinen überspannt wird und die für Zisterzienserbauten typischen kegelförmigen Rippenkonsolen besitzt. In der an der s Langhauswand befindlichen Grabnische v. Johann III. v. Lichtenberg († 1324) wurden Fragmente ausgezeichneter *Fresken* (Kreuzigung, Stifter) aus dem frühen 14. Jh. freigelegt. Sein Bildgrabstein steht heute an der W-Wand. Das Grabmal der Abteistifterin Irmingard († 1260) mit ausdrucksvoller Figur der Markgräfin, die als Witwe selbst in das Kloster eintrat, ist ein Werk des Straßburgers Wölfelin v. Rufach*. Ein Meisterwerk der Stein-

Baden-Baden, Friedrichsbad (l), Neues Schloß (M, o), Kloster vom Hl. Grab (r)

metzkunst stellt die 1606 v. Thomas König* geschaffene *Kanzel* dar, während das Gestühl des Frauenchors eine gute Schnitzarbeit (1764–66) v. Friedrich Bach* ist. Vom Altar des Frauenchors (1496) blieb nur der Schrein an seinem alten Platz. Der Hochaltar setzt sich aus Teilen eines 1489 entstandenen Flügelaltars zusammen, v. dem einige Stücke heute in New York sind.

Fürstenkapelle: Markgraf Rudolf I. stiftete 1288 die an den Chor der Kirche anschließende Kapelle als Grablege für seine Familie, was sie bis zum 15. Jh. blieb. 1831/32 kam es zu einer umfassenden Umgestaltung, so daß die Kapelle heute neben einem Dachreiter eine neugot. Fassade besitzt, die v. frühgot. Statuen aus dem Kloster Allerheiligen geschmückt wird. Im Inneren, einem einfachen Saal mit polygonalem Chor, gefällt vor allem die Ausstattung: der Hauptaltar der Hl. Sippe, eine oberrheinische Arbeit von 1503; die Nebenaltäre, die v. den vom Meister des Lichtentaler Altars* gemalten ehem. Flügeln des Frauenchoraltars gebildet werden; die Statuen der »Schlüsselmuttergottes« und des seligen Markgrafen Bernhard (beide 15. Jh.); das der Cranach-Schule entstammende Kreuzigungsgemälde v. 1543. Von den markgräflichen Grabmälern seien die für Rudolf IV. († 1348) und Rudolf VI. († 1372) herausgestellt.

PROFANBAUTEN

Neues Schloß (Schloßstr.): An der Stelle des heutigen Baus stand bereits im 14. Jh. eine Burg. 1479 verlegte Christoph I. seinen Wohnsitz vom Alten Schloß Hohenbaden (→Umgebung) hierher, und im 16. Jh. entstand der Hauptbau. Nach den Zerstörungen v. 1689 wurden nur die notwendigsten Renovierungsarbeiten durchgeführt, da der »Türkenlouis« und sein Hof nach Rastatt übersiedelten. Mitte des 19. Jh. erfolgte eine tiefgreifende Umgestaltung der Anlage, die bis 1918 Sommerresidenz der Großherzöge blieb. Heute vereint

Baden-Baden, Kurhaus mit Kasino

sie Bauteile aus verschiedenen Epochen. So stammen der im 16. Jh. erhöhte sog. Archivturm und der w Torbau aus dem 15. Jh., Wagenremise und Orangerie kamen im späten 16. Jh. hinzu, 1709 entstand der Kavaliersbau, den 2 Hans Spryß* zugeschriebene spätgot. Büsten schmücken. 1573–75 errichtete der Münchner Caspar Weinhart* den dreigeschossigen *Hauptbau,* den das v. einer Justitiastatue bekrönte Säulenportal, der oktogonale Treppenturm und ein reizvoller Wasserspeier als Renaissancebau ausweisen. Eine eigenwillige, aber keineswegs unpassende Zutat ist der um 1700 aufgeführte barocke Mittelgiebel. Der ebenfalls ins späte 16. Jh. weisende anschließende Küchenbau mit Laubenarchitektur auf der Hofseite erfuhr später leichte Veränderungen. Das Feuer v. 1689 vernichtete die originale Innenausstattung und -dekoration. Die fürstlichen Repräsentations- und Prunkgemächer wurden während des Umbaus 1843–45 eingerichtet und spiegeln mit der in romantisch-historisierenden Formen gehaltenen Ausstattung den damaligen Zeitgeschmack wider.

Palais Hamilton (Leopoldplatz): Das 1808 v. Friedrich Weinbrenner* erbaute Haus mit Säulenportikus erfuhr in späterer Zeit mehrere Veränderungen und ist heute Sitz der Sparkasse.

Rathaus (Marktplatz): Ab 1632 befand sich an dieser Stelle ein Jesuitenkolleg. Friedrich Weinbrenner* gestaltete 1809 den Bau zu einem »Konversationshaus« mit Spielsälen und Restaurationsräumen um, das seit 1862 Rathaus ist.

Staatliche Kunsthalle (Lichtentaler Allee): 1907–09 v. Hermann Billing* errichteter, nahezu fensterloser Bau, in dem wechselnde Ausstellungen stattfinden. Die Büste der Kaiserin Auguste Viktoria ist ein Werk v. J. v. Knopf* aus dem Jahre 1894.

Theater (Goetheplatz): Auf Initiative des Kasinobetreibers Bénazet entstand 1860

Baden-Baden, Römische Bäderruinen

bis 62 nach Plänen v. Ch. Derchy* das an der Pariser Oper orientierte, im neubarokken Stil gestaltete Gebäude mit prunkvollem Innenraum. 1862 fand die Einweihung mit der Oper »Béatrice und Bénédict« v. Hector Berlioz statt.

BADE- UND KUREINRICHTUNGEN

Caracalla-Therme (Marktplatz): Das ehem. Augustabad wurde durch einen 1985 vollendeten Umbau zu einer der schönsten und modernsten Bäderanlagen Europas.

Kasino (Werderstr.): Das elegante, Mitte des 19. Jh. v. franz. Architekten errichtete Gebäude wird oft als »schönste Spielbank der Welt« bezeichnet und gehört zum Kurhaus. Täglich v. 14.00 bis 2.00 Uhr morgens kann man Black Jack und Roulette spielen, Baccara bis 6.00; Besichtigungen sind v. 10.00 bis 12.00 Uhr möglich, in den Sommermonaten v. 9.30–12.00 Uhr.

Friedrichsbad (Marktplatz): Das 1869–77 errichtete Gebäude besitzt eine sehr reich gestaltete Fassade. In den 1980/81 renovierten herrlichen Innenräumen des zu den schönsten Thermalbädern Europas zählenden Baus, v. denen bes. das röm.-irische Bad zu nennen ist, hat man die Möglichkeit, die verschiedensten Kur- und Therapiemethoden in Anspruch zu nehmen.

Kurhaus (Werderstr.): 1821–24 errichtete Friedrich Weinbrenner* das v. herrlichen Gartenanlagen umgebene klassizistische Gebäude, heute das gesellschaftliche Zentrum der Stadt. Die sechsarmigen Gaskandelaber vor dem Bau sind Wahrzeichen v. B.-B.. Im Bénazetsaal können über 1000 Gäste verschiedenen Veranstaltungen beiwohnen, im sog. Weinbrennersaal finden hauptsächlich Konzerte statt. Im 20. Jh. kamen der Ballsaal, der prächtige Dachgarten und verschiedene repräsentative Gesellschaftsräume hinzu.

Röm. Bäderruinen (Römerplatz): Die 1847

Baden-Baden, Trinkhalle, Reliefdetail

entdeckten Überreste des Soldatenbades vermitteln noch heute einen anschaulichen Eindruck röm. Badekultur.

Trinkhalle (Michaelsberg): 1839–42 errichtete Friedrich Hübsch das v. einem wunderschönen Garten umgebene Gebäude mit korinthischer Vorhalle. Das Giebelrelief stammt v. Xaver Reich* und zeigt die Heilung Kranker durch Quellnymphen. Die 14 Wandfresken illustrieren lokale Sagen. Im Trinksaal wird das Wasser der Friedrichs- und der Heinrichsquelle (Nürtingen) ausgeschenkt.

Außerdem erwähnenswert: *Bertholdbad, Hardbergbad, Haus des Kurgastes, Haus des kleinen Kurgastes, Staatliches Rheumakrankenhaus. Thermalbrunnen,* z.B. im Park des Hotels »Badischer Hof« in der Sophienstr. (Reiherbrunnen).

Weitere Sehenswürdigkeiten: *Alter Bahnhof:* zentrale Informationsstelle, Bürger- und Kulturzentrum (Theater). – *Florentinerberg:* Gelände der Landesgartenschau v. 1981. – *Fußgängerzone:* Lange Str., Gernsbacher Str.. – *Gönneranlage:* 1909 angelegter Jugendstilgarten mit Brunnen und Plastiken. – *Internationaler Club:* (Lichtentaler Allee): 1820 v. Friedrich Weinbrenner* für Königin Friederike v. Schweden als Sommerpalais errichtet; heute gesellschaftliches und organisatorisches Zentrum während der Pferderennen. – *Paradies*: 1925 angelegte Wasserkunstanlage. – *Rosenneuheitengarten* (Beutig). – *Wildgehege*: 1971 für Dam-, Rot-, Schwarz- und Muffelwild angelegt.

MUSEEN

Stadtmuseum im Baldreit (Küferstr.): 1979/80 als Ergänzung der Stadtgeschichtlichen Sammlung eingerichtet. Exponate zur Stadtgeschichte. *Öffnungszeiten:* täglich außer Mo 10.00–12.00, 14.–17.00 Uhr.

Stadtgeschichtliche Sammlung (Neues

Schloß): Funde aus der Römerzeit, Küchen- und Handwerksgeräte, Puppen, Spielzeug, Brillen, Orden. *Öffnungszeiten:* täglich 10.00–12.30, 14.00–17.00 Uhr; im Winter geschlossen.

Zähringer Museum (Neues Schloß): Exponate zur Stadtgeschichte, Bilder und höfische Kunst des 16.–19. Jh., Erinnerungen an berühmte Kurgäste. Führung im Sommer 15.00 Uhr außer So.

Umgebung

Altes Schloß Hohenbaden (3 km n): Die 1584 und 1597 durch Brände zerstörte Burg war vom 11. bis 15. Jh. Sitz der badischen Markgrafen. Vom Turm aus bietet sich ein herrlicher Rundblick.

Autobahnkirche St. Christophorus: 1977 an der Autobahnraststätte Baden-Baden erbaute pyramidenförmige Kirche aus Oberkirche und Krypta.

Battert-Felsen: Überreste einer keltischen Ringanlage. Heute Klettergarten. Von der Felsenbrücke herrlicher Rundblick.

Ebersteinburg (6 km nö): Die ma Burgruine, v. der aus sich ein herrlicher Rundblick bietet, war früher Sitz der Grafen v. Ebersteinburg, später auch der Markgrafen.

Geroldsauer Wasserfall (6 km s): Reizvolles Ausflugs- und Naherholungsgebiet.

Klostergut Fremersberg: 1716–21 auf Geheiß der Markgräfin Sibylla Augusta v. Ludwig Michael Rohrer* errichtet. Heute Weingut.

Iffezheim (12 km nw): 1858 vom Kasinobetreiber Bénazet gegründete Galopp- und Hindernisrennbahn, eine der führenden int. Rennbahnen der Welt. Frühjahrsmeeting, Große Reitwoche von Baden-Baden (Ende August) als bedeutendste Galopprennsportveranstaltung Deutschlands.

Merkur (5 km ö): Auf dem ehem. »Großen Staufen« wurde ein Votivstein für den röm. Gott Merkur gefunden. Der 668 m hohe Berg ist landschaftl. Wahrzeichen v. B.-B. und vielbesuchtes Naherholungsgebiet.

Neuweier (5 km sw): Das Schloß entstand

Baden-Baden, Trinkhalle

Baden-Baden, Altes Schloß Hohenbaden, Innenhof

im 12. Jh. als Wasserburg und erhielt 1549 sein heutiges Gesicht.

Turm Fremersberg (5 km sw): Fernseh- und Aussichtsturm auf dem 530 m hohen Fremersberg.

Wolfsschlucht: Reizvolles Ausflugsgebiet mit Engels- und Teufelskanzel, 2 Felsen, v. denen aus ein Engel und der Teufel Streitgespräche geführt haben sollen.

Yburg (ca. 9 km sw): Die Ritterburg wurde 1245 erstmals erwähnt, man nimmt jedoch an, daß hier schon viel früher eine Festung existierte. Heute beliebtes Ausflugsziel, v. dem aus man einen herrlichen weiten Rundblick genießen kann.

7847 Badenweiler

Breisgau-Hochschwarzwald

Einw.: 4000 Höhe: 450 m S. 258 □ B 4

Funde aus der mittleren und jüngeren Steinzeit weisen auf eine frühe Besiedlung hin. Die Thermalquellen waren schon den Kelten und Römern bekannt. Ringwälle in der Umgebung könnten noch aus vorrömischer Zeit stammen. 1784 wurden die Ruinen eines römischen Badegebäudes entdeckt und freigelegt. Der römische Kurort, dessen Namen man noch nicht kennt, hat südöstlich der Bäder gelegen.
Die mittelalterliche Burg *Badin* gehörte 1122 den Zähringern, wurde aber bereits 1157 staufisch. Sie wechselte dann mit dem Ort mehrfach die Besitzer, bis beide 1503 an die Markgrafen von Baden fielen. Um 1750 begann hier der moderne Kurbetrieb. Die Quellen wurden neu gefaßt. Die Kuranlagen und der Kurpark, in dem wegen des milden Klimas subtropische Pflanzen gedeihen, wurden nach Plänen von Johann Michael Zeyher angelegt. Das Markgrafenbad erfreut sich auch heute noch wegen seiner Heilbäder, die besonders bei Herz-Kreislauf-Beschwerden und Erkrankungen der Wirbelsäule, der Gelenke, Muskeln und Nerven angezeigt sind, großer Beliebtheit. In Badenweiler starben 1904 der russische Dichter Anton Pawlowitsch Tschechow, 1928 der letzte Großherzog von Baden, Friedrich II., und 1952 die Großherzogin Hilda.

Ruine der röm. Thermen: Im heutigen

Badenweiler, Byzantinische Kapelle

Badenweiler, Burgruine

Kurpark liegt die im 1. Jh. n. Chr. angelegte röm. Therme. Eine erste Anlage wurde wahrscheinlich durch ein Erdbeben beschädigt, die Thermen wurden aber wieder aufgebaut. Möglicherweise war ein röm. Architekt aus der nahen röm. Stadt Augusta raurica (Augst) der Erbauer der über 92 m langen und 33 m breiten großzügigen Anlage, die sich in 2 symmetrische, v. einer Mittelmauer voneinander getrennte Hälften aufteilt. Die Grundrißzeichnung gibt einen Überblick über die einzelnen Räume, die zum Teil über Bodenheizung verfügten. Passend in die Nische der S-Front (N), wurde ein der Diana Abnoba geweihter *Altar* gefunden. Sein Stifter war ein aus Gallia Narbonensis stammender M. Sennius Fronto. Die Ausgrabungen sind noch nicht beendet. Geführte *Besichtigungen* sind nur dienstags um 17.00 Uhr und sonntags um 11.00 Uhr möglich.

Ev. Pfarrkirche: Sie wurde 1892 v. Josef Durm* anstelle einer got. Vorgängerkirche errichtet. Aus ihr stammen die *Wandgemälde* aus der 2. Hälfte des 14. Jh. im Chor, darunter aus der tonnengewölbten Eingangshalle der alten Kirche eine Darstellung der Legende v. den drei Lebenden und den drei Toten, die fälschlich oft »Totentanz« genannt wird.

Kath. Pfarrkirche St. Peter: 1958 bis 1960 erbaute Erwin Heine* auf elliptischem Grundriß eine moderne Kirche mit gebogenen Backsteinwänden und einer v. 12 Betonstützen getragenen gewölbten Betondecke. Licht fällt durch versteckte Fenster und ein Lichtband unterhalb der Decke auf die Altarzone, die durch ein *abstraktes Mosaik* in blauen Farbtönen und parabolischen Formen v. Hubert Kirchgäss* betont wird.

Kapelle: Der 1862 von Heinrich Hübsch* errichtete Zentralbau im byzantinischen Stil war bis 1960 die alte kath. Kuratiekirche.

Burgruine: Die obere Burg mit dem Palas

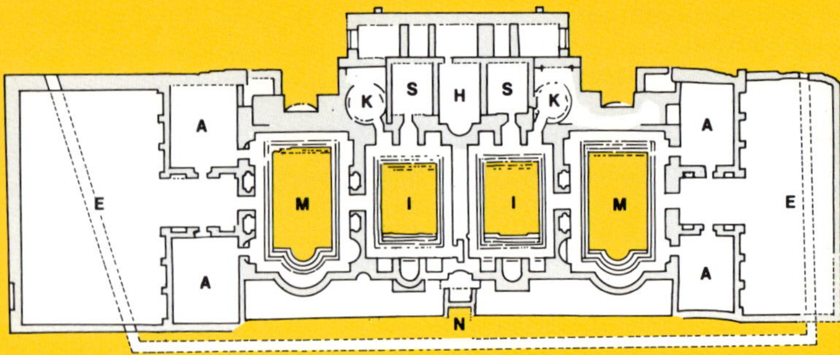

Badenweiler, röm. Thermen E Eingangshalle, **A** Auskleideraum, **M** Mittelbecken, **I** Innenbecken, **S** Schwitzraum, **H** Heizung, **K** Kaltwasserbecken, **N** Nische

ist eine spätroman. Anlage mit Buckelquadern. Die Außenbefestigungen stammen aus der Zeit des Dreißigjährigen Krieges. 1678 sprengten die Franzosen im Holländischen Krieg die Burg. Sie wurde 1975 renoviert.

Großherzogliches Palais: Das ehem. Oberamtshaus v. 1586 wurde 1784 renoviert und 1887–88 zur großherzoglichen Residenz umgebaut.

Belvedere: Das hübsche, mit Säulen geschmückte kleine Lusthaus erbaute 1811 Friedrich Weinbrenner*.

Das **Staatliche Markgrafenbad** erbaute nach dem Vorbild antiker Thermen 1875 der Architekt Leonhard. Es wurde 1956 durch eine große Halle v. Horst Linde* erweitert und in den 70er Jahren großzügig modernisiert. 1981 wurde ein neues Thermal-Bewegungsbad als Glaskuppelbau hinzugefügt.

Kurhaus: Anstelle des alten, 1851–53 nach Plänen v. Friedrich Jakob Eisenlohr* erbauten Kurhauses entstand 1972 unterhalb des Burgbergs nach Plänen v. Klaus Humpert* eine neue moderne Anlage in mehreren terrassenförmig übereinanderliegenden Geschossen. Die Sichtbetonwände sind z.T. mit farbenfreudigen Wandmalereien überzogen.

7506 Bad Herrenalb
Calw

Einw.: 7607 Höhe: 367 m S.255 □ D 1

Bad Herrenalb, Heilbad und heilklimatischer Kurort, liegt am Schnittpunkt von 7 Schwarzwaldtälern und erfährt durch die

Bad Herrenalb, Zisterzienserkloster (l), Grabmal des Markgraf. Bernh. I. v. Baden (r)

Ruine des im Bauernkrieg 1525 und im Dreißigjährigen Krieg 1643 zerstörten *Zisterzienserklosters Herrenalb* eine malerische und kunsthistorisch bedeutende Bereicherung.

Ehem. Zisterzienserkloster: Graf Berthold III. v. Eberstein stiftete das Kloster 1148 zusammen mit seiner Gemahlin Uta wegen seiner glücklichen Rückkehr aus dem 2. Kreuzzug (beide gründeten später auch das benachbarte Kloster →Frauenalb.). Als Filiation des Elsässer Klosters Neuburg wurde es ab 1149 nach dem Schlichtheitsgebot des erst 50 Jahre alten Zisterzienserordens erbaut. Von den spätroman. Gebäuden aus der Zeit um 1200 sind nur (w) *Vorhalle* (Paradies) und *Sakristei* der Klosterkirche sowie eine *Zehntscheuer* erhalten.
Zahlreiche schlanke Säulen mit sparsam verzierten Kelchkapitellen gereichen dem einst überdachten *Paradies* (11 x14 m) zum Schmuck, so v.a. die gekoppelten Säulen, die in die rundbogigen Zwillingsfenster der Werksteinmauern aus rötlichem Sandstein eingestellt sind. Der steile got. *Giebel* mit dreibahnigem Maßwerkfenster (Fischblasenmotiv), einer Christusfigur und hohem krabbenbesetztem Fialentürmchen wurde erst 1462 auf die Eingangsfront des Paradieses aufgesetzt. Durch die beiden roman. *Rundbogenportale* mit abgetreppten Gewänden gelangte man einst in die ehem. Klosterkirche, die man sich Grabungen zufolge als querschiffslose Säulenbasilika mit Dreiapsidenschluß und Chorschranke vorstellen muß. Im gut erhaltenen spätgot. *Chor* (1478) aufwendige *Tumba* (Kenotaph, um 1431) in Straßburger Manier für Markgraf Bernhard I. v. Baden mit der liegenden und betenden Rittergestalt des in Pforzheim Bestatteten. Interessante got. *Schlußsteine* (Zisterzienserwappen, Ebersteiner Rose, nackter Heiliger; alle um 1250) am Kreuzrippengewölbe der s Nebenkapelle.
Die mehr als 150 Jahre alte *Kiefer* auf einem Mauersockel des Paradieses darf als Naturwunder gelten. – Turm und Schiff

der heutigen Kirche wurden 1739 im Barockstil erbaut.

Außerdem sehenswert: Die *Heimatstube* birgt eine Sammlung zur Klostergeschichte, darunter handgeformte Dachziegel. – In das *Rathaus* ist ein Eckturm (1432) der ehem. Klosterumfriedung verbaut.

Umgebung

Eyachmühle (10 km ö): Alte *Lehensägemühle* nahe bei der Brücke über die forellenreiche Eyach im gleichnamigen, ruhigen Schwarzwaldtal.

Zieflesberg (5 km s): Die malerische *Plotzsägemühle* (13. Jh., restauriert) zählt zu den ältesten Zweckbauten des Schwarzwaldes. Ihr Inneres kann während der Kursaison an Montagen besichtigt werden.

7812 Bad Krozingen

Breisgau-Hochschwarzwald

Einw.: 12000 Höhe: 234 m S. 258 □ B 4

Für eine Besiedlung seit der Zeitenwende sprechen die Spuren römischer Bauten und die Alemannengräber, die in der Umgebung gefunden wurden. 807 wird der Ort als *Scrozzinca* in St. Galler Urkunden erwähnt. Im Mittelalter lagen hier mehrere Klostergehöfte. 1388 wurde aus Neuenburg die Propstei des Klosters St. Blasien nach hier verlegt. 1911 wurde eine Thermalquelle mit hohem Kohlesäuregehalt erbohrt. Seither entwickelt sich Bad Krozingen zum Thermalheilbad.

Glöcklehof-Kapelle St. Ulrich: Den Rechteckbau unter einem Satteldach mit Dachreiter schließt im O ein eingezogener Rechteckchor mit Tonnengewölbe ab. Er stammt aus ottonischer Zeit, wurde aber im 18. Jh. verändert. 1936 entdeckte man im Chor bedeutende *Wandmalereien*, die 1959 bis 1960 restauriert wurden. Sie sind stilistisch mit St. Galler Buchmalereien aus dem 9. Jh. verwandt, so daß man ihre Entstehungszeit um das Jahr 900 ansetzen kann. Sie zeigen Christus in der Mandorla, das Gastmahl des Herodes, die Enthauptung Johannes' des T. und in einer Fensterlaibung das Opfer Kains und Abels. Am rechten Chorbogen und an der anschließenden Wand befinden sich *spätgotische Bildfelder* in rechteckigen Rahmen. Sie zeigen die Taufe Christi und die hl. Maria.

< Bad Herrenalb, Zisterzienserkloster, Maßwerkfenster

Bad Herrenalb, Ehem. Zsterzienserkloster, Denkmal des Markgrafen

Kath. Pfarrkirche St. Alban: Eine got. Anlage wurde im 17. Jh. bis auf den noch erhaltenen W-Turm zerstört. Im 18. Jh. baute man einen einfachen Rechtecksaal an. Der *Hochaltar* stammt aus der 1. Hälfte des 18. Jh., der *Ölberg* an der äußeren SW-Ecke entstand 1760.

Schloß: Der ehem. Propsteisitz v. St. Blasien ist ein dreigeschossiger einfacher Rechteckbau mit einem Treppenturm in der Front, der mit 1579 datiert ist. Einige Stuckdecken entstanden 1720. Nach Plänen v. Johann Caspar Bagnato* wurde das Schloß 1748 barock umgestaltet und mit Stukkaturen v. Joseph Anton Vogler*

Bad Krozingen, Glöcklehof-Kapelle St. Ulrich

S.J. versehen. Das Schloß befindet sich in Privatbesitz. Einige Säle des Schlosses beherbergen seit 1976 die v. dem Cembalisten Fritz Neumeyer zusammengestellte *Sammlung historischer Tasteninstrumente.* Sie kann donnerstags v. 16.00 bis 17.00 Uhr und nach Konzerten besichtigt werden.
Im Garten steht die *Schloßkapelle St. Blasien,* die mit 1608 datiert ist. Auch sie wurde Mitte des 18. Jh. barockisiert. 1960 wurde sie restauriert. Die vorzüglichen *Stukkaturen* scheinen aus dem Feichtmayr-Umkreis zu stammen.
Altarbild und *Deckengemälde* von Simon Göser.

Dampfmaschinen-Museum: Es befindet sich in der Kemsstraße 2 und ist frei zugänglich.

Außerdem sehenswert: Mitte des 17. Jh. baute die aus Savoyen stammende reiche Unternehmerfamilie Litschgi ein *bürgerliches Wohnhaus* mit Erker, das 1982 restauriert wurde (Basler Str. 12).

Umgebung

Eschbach (6 km sw): Der W-Turm der *kath. Friedhofskirche St. Agnes* stammt aus dem 12. Jh. Sein tonnengewölbtes Erdgeschoß war die ehem. Eingangshalle. An das Langhaus v. 1890 schließt sich im O der $^5/_8$-Chor an, der z.T. noch im 13. Jh. gebaut wurde. Er enthält ein Sakramentshaus, dessen obere Pyramide mit dem dornengekrönten Christus ein Wandgemälde ist.
Heitersheim (7 km sw): Im frühen MA war ein hier gelegener Hof im Besitz des Klosters Murbach im Elsaß. 1297 erwarben die Johanniter hier Güter. Von 1505 bis 1806 war Heitersheim Residenz der Großkomture dieses Ordens. Von dem im 16. Jh. erbauten *Johanniterschloß,* einem weitläufigen Wasserschloß mit Innenhof und einem 2. Geviert aus Verwaltungs- und Wirtschaftsgebäuden, sind nur noch Reste erhalten, so der barocke Kanzleibau v. 1740. – Die *kath. Pfarrkirche St. Bartholomäus* erbaute 1825 bis 27 Christian Arnold. Sie wurde 1958 renoviert. Altäre, Kanzel und Taufbecken sind Werke Jodok Friedrich Wilhelms. Die Kirche enthält Grabdenkmäler bedeutender Johanniter. – Das *Pfarrhaus,* Teil eines ehem. Franziskanerklosters, wurde 1616 erbaut.
Wettelbrunn (6 km s): Die *kath. Pfarrkirche St. Vitus* wurde 1733 gebaut. Auffallend ist ihr eigenwilliger Giebel. An der S-Seite des Langhauses steht ein roman. Turm.

7263 Bad Liebenzell
Calw

Einw.: 6600 Höhe: 320 m S. 255 □ E 1

Der unweit von Pforzheim im Nagoldtal gelegene heilklimatische Thermalkurort erhielt bereits in der 2. Hälfte des 14. Jh. das Stadtrecht und wird beherrscht von einer sehenswerten Burgruine.

Burgruine: Die wohl im 12. Jh. v. den Grafen v. Calw gegr. und ab 1196 unter den Grafen v. Eberstein weitergebaute Burg gelangte Mitte des 13. Jh. durch

Bad Liebenzell, Burgruine mit Pfarrkirche >

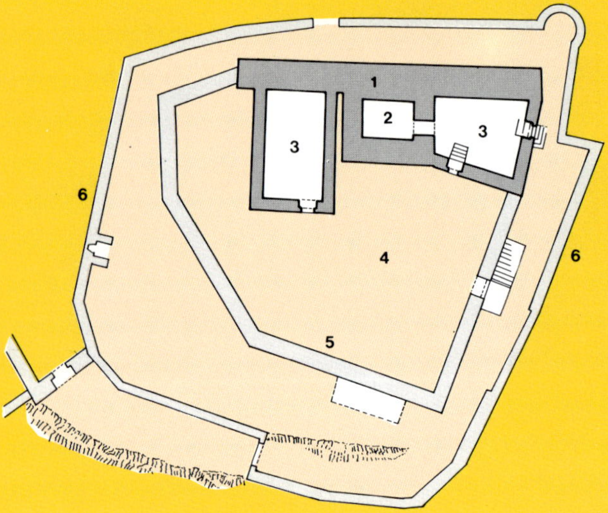

Burg Liebenzell (rekonstruierter Grundriß) **1** roman. Schildmauer mit tonnengewölbtem Wehrgang **2** Bergfried mit Wendeltreppe und Plattform **3** frühgot. Steinhäuser, Wohnhäuser **4** Innenhof der polygonalen Kernburg **5** Burgmauer **6** Zwingermauern

Schenkung an den Dt. Ritterorden, der sie 1273 an Markgraf Rudolf v. Baden verkaufte. Schon 1603 als »Burgstall« (also Ruine) bezeichnet, wurde die Burg nach 1954 durch die Initiative v. Gustav Adolf Gedat v. Jugendlichen aus ganz Europa zum internationalen *Jugendzentrum* mit Jugendherberge ausgebaut.

Aus sorgfältig gefügten Rustikaquadern ist der älteste Teil der fünfeckigen Anlage gefügt, der 35 m hohe *Bergfried* und die mächtige *Schildmauer*. Zu den Plattformen der letzteren führen Wendeltreppen in der Mauerstärke. Unter der Krone der Schildmauer tonnengewölbter Wehrgang, der durch den Bergfried hindurchführt. Reste roman. und frühgot. *Steinhäuser* (13. Jh.) an der Innenseite der Schildmauer. Die gesamte Anlage war ursprünglich von einem zusätzlichen *Mauerbering* (Zwingermauern teilweise erhalten) umgeben, v. dem lange Flügelmauern zur Stadt hinabführten.

Außerdem sehenswert: Die mehrfach umgebaute *Pfarrkirche* bewahrt einen sehenswerten spätgot. Chor mit $^5/_8$-Schluß und einem niedrigen Sterngewölbe, das über kleinen Kragsteinen ansetzt. Schönes geschnitztes Chorgestühl aus dem 16. Jh.

Umgebung

Monakam (2 km n): In der *ev. Pfarrkirche* (1802) figürlich geschnitztes spätgot. Tabernakel (Szenen aus der Passionsgeschichte, 1497), das jenen v. Hans Schüchlin in →Tiefenbronn als Vorbild erkennen läßt.

Neuhausen (8 km nö): Die 1521 spätgot. erneuerte *Pfarrkirche St. Urban* erhielt 1596

Neuhausen (Bad Liebenzell), Pfarrkirche St. Urban

ihren W-Turm mit oktogonalem Glockengeschoß und Haube. Im geräumigen Inneren, dessen sterngewölbter Chor, netzgewölbte Sakristei und schlichtes Langhaus mit Muldendecke an Augsburger Bautraditionen anknüpfen, verdient auch die prachtvolle Rokoko-Ausstattung (18. Jh.) Beachtung. Im Chor Herrschaftsloge (um 1740) und Tabernakel (um 1750). Prachtvolle Kanzel. Älter als die Seitenaltäre (um 1780) sind 2 beschnittene hochgot. ehem. Altarflügel (um 1450) aus dem Umkreis Hans Multschers* an der N-Wand des Langhauses. Von den Grabmälern und Epitaphen verdienen die beiden für Johann Pleickart v. Gemmingen († 1603) und seine Frau Beachtung. - In der 1475 vom Meister der Lautenbacher Gnadenkapelle erbauten *Sebastianskapelle* spätgot. Wandmalereien (Weltgericht, um 1480) an der Langhausostwand. Qualitätvolle Schnitzarbeiten an Hauptaltar (um 1480), Seitenaltären (um 1510) und im Langhaus (Hl. Muttergottes und hl. Barbara, um 1480). An der flachen Langhausdecke Fragmente v. Schablonenmalerei (um 1480).

Schellbronn (12 km n): Im Inneren der *Pfarrkirche St. Nikolaus* (1752) sehenswerte figürliche und ornamentale Deckenstukkaturen und gute Rokoko-Ausstattung.

Steinegg (11 km nö): Die Mitte des 15. Jh. erbaute *Burg Steinegg* war ab 1840 dem Verfall preisgegeben und wurde nach 1933 zum Jugendheim ausgebaut. Neben dem Bergfried (Archivturm, um 1440) verdient die den 14 Nothelfern geweihte, barock erneuerte Burgkapelle mit schönem Stuckdekor (1732) und Rokoko-Altar einen Besuch.

7624 Bad Rippoldsau-Schapbach

Ortenaukreis

Einw.: 2500 Höhe: 400–900 m S. 257 □ C 2

Die im ruhigen und lieblichen Wolftal gelegene Doppelgemeinde wurde schon im Mittelalter als Heilbad geschätzt. Nach

Bad Säckingen, Panorama mit alter Brücke

einem Großbrand im Jahre 1592 und der Zerstörung durch die Schweden 1643 wurde der Ort mühevoll wieder aufgebaut.

Klösterle: Das 1141 gegr. kleine Kloster war bis zu seiner Säkularisation (1802) ein Benediktinerpriorat. Die *Pfarr- und Wallfahrtskirche* besitzt eine schmucke Doppelturmfassade.

Umgebung

Kniebis (9 km n): Auf dem langgestreckten Bergrücken des Kniebis (971 m, Landschaftsschutzgebiet) sind Reste historischer Befestigungsanlagen zu sehen, so die auf badischem Gebiet gelegene *Schwedenschanze* (17. Jh.) aus dem Dreißigjährigen Krieg sowie die *Alexanderschanze* (1734) und die *Schwabenschanze* (1796). – Vom einstigen *Kloster Kniebis* im Forbachtal zeugen noch das ehem. Hospiz (heute Klosterruine) und die Ruine der 1799 von napoleonischen Truppen zerstörten hochgot. Klosterkirche, deren Vorhalle noch schöne spätgot. Maßwerkfenster zeigt.

7880 Bad Säckingen

Waldshut

Einw.: 15000 Höhe: 300–600 m S. 258 □ B 5

Zahlreiche Funde aus der mittleren und Jungsteinzeit, der Bronzezeit, aus keltischer, römischer und alemannischer Zeit belegen die frühe Besiedlung der Umgebung und der alten Rheininsel, auf der im 6. bzw. 7. Jh. der irische Mönch Fridolin eine Missionszelle gründete, die er dem hl. Hilarius weihte. Daraus entwickelte sich im 7. Jh. ein königliches Eigenkloster, das seit 878 ein Frauenkloster war, dem später nur adelige Damen angehörten. Es wurde im 10. Jh. durch die Ungarn und später mehrmals durch Brände zerstört. 1173 unterstellte sich das Stift den Habsburgern, seine Äbtissinnen waren seit 1307 bis zur Säkularisation 1806 Reichsfürstinnen und

Bad Säckingen, Trompeterschlößle

Bad Säckingen, Münster St. Fridolin

Herrinnen der sich um das Kloster herum entwickelnden Stadt. Diese konnte sich aber erst vergrößern, nachdem man den Rhein abgedämmt und südlich der Stadt vorbeigelenkt hatte. Das Stiftsmeieramt fiel an die Amtsvögte, die im 17. Jh. in Säckingen ein Schloß erbauten. Bereits im Mittelalter war die warme Quelle beliebt, den Titel Bad erhielt Säckingen aber erst 1978.

Münster St. Fridolin: Die Baugeschichte umfaßt 6 Perioden: 1. Eine karolingische Kirche, v. der nur noch die Krypta erhalten ist. 2. Ein roman. Bau, dessen spärliche Reste in der Turmfront nachweisbar sind. 3. Nach Bränden in den Jahren 1272 und 1334 erfolgte 1343–60 ein Neubau als got. *dreischiffige Basilika* zu 6 Jochen mit stark eingezogenem, dreiseitig geschlossenem Chor; dieser Grundcharakter hat sich bis heute erhalten. 4. 1571 wurden die Türme durch Peter Bye verstärkt, erhöht und mit Spitzhelmen gekrönt. 5. Nach dem durch franz. Truppen gelegten Brand v. 1678 führte Michael Wiedemann* bis 1703 eine erste Barockisierung durch. Johannes Rueff* baute die beiden *Türme* wieder auf, erhöhte sie nochmals und schloß sie nun mit den bis heute erhaltenen Zwiebelhauben ab. Vollendet wurde dieser Umbau 1720–30 durch Johann Caspar Bagnato*. Die *Vorhalle* und die beiden querschiffartig an das Langhaus gelehnten *Achteckkapellen* (Schutzengel und Apostel) wurden gebaut; in ihnen sind die üppige hauptsächlich v. Johann Schmuzer* besorgte *Stuckdekoration* und die v. Francesco Antonio Giogioli* gemalten *Fresken* erhalten. Sie zierten bis zum Brand v. 1751 den gesamten Kirchenraum. 6. Nach diesem Brand begann Johann Jakob Albrecht* den spätbarocken Wiederaufbau, zu dem v.a. die Erneuerung der Langhaus- und Turmdächer gehörte. Er ließ die Obergadenfenster brechen, den Chorbogen senken, die Arkaden rundbogig ausfüllen und neben die W-Front 2 *Rechteckkapellen* anbauen (St. Anna und St. Gallus, heute Herz Jesu). Die *Stuckarbeiten* v. Johann Michael Feichtmayr* und die *Fresken* v.

Franz Joseph Spiegler* sorgen für den rokokohaften Eindruck der Kirche. Die Gemälde schildern im Langhaus die Legende des hl. Fridolin und im Chor das Leben der Gottesmutter. Die barocke *Ausstattung* hat den Brand überstanden. Zu ihr gehören der *Hochaltar* v. Johann Philipp Pfeiffer* (1721), die *Kanzel* v. Joseph Mooß* mit dem bleiernen Kanzelträger v. Johann Freytag* (1719–21) und das *Chorgestühl* (1702). Die 6 *Holzreliefs* mit Darstellungen aus dem Leben des hl. Fridolin stammen noch aus dem 15. Jh. Renoviert wurde die Kirche 1968–75.

Der bedeutende Kirchenschatz enthält v. a. den silbernen *Fridolinschrein*, wahrscheinlich eine Arbeit v. Gottlieb Oernster* (1764), sowie eine mit getriebenem Goldblech überzogene *Buchkassette* aus dem 10. Jh. Die Münsterschatzkammer mit vielen weiteren wertvollen Kunstgegenständen kann nach Vereinbarung besichtigt werden. An der äußeren Chorwand befinden sich *Grabdenkmäler* aus dem 17. und 18. Jh., darunter auch das des »Trompeters« Franz Werner Kirchhofer und seiner Frau Maria Ursula v. Schönau.

Ehem. Stiftsgebäude: Die *ehem. Abtei*, ein spätgot. Bau mit Treppengiebel, errichtete 1570–90 Peter Bye*. Das Kielbogenportal zieren die Wappen zweier Äbtissinnen. Der *Alte Hof*, ein Bau aus dem 14. Jh., war Sitz der Reichsfürstin. Er wurde im 16. Jh. barockisiert. Bei der Restaurierung v. 1974 entdeckte man eine Fassadenmalerei aus der Zeit um 1600. Weitere Reste der Stiftsgebäude sind in der Umbauung des Kirchplatzes versteckt; Haus 12 stammt aus dem 16. Jh., seine Bekrönung aus dem 18.

Bad-Teinach-Zavelstein, Ev. Pfarrkirche

Ehem. Nonnenstiftskirche: Der Vorgängerbau wurde zerstört. Der zweitürmige barocke Neubau war 1703 vollendet, geriet aber 1751 in Brand. Das dreischiffige Langhaus ist überwölbt, der eingezogene Chor ist langgestreckt.

Schloß Schönau, sog. Trompeterschlößle: Die Amtsvögte erbauten sich als Sitz um 1600 dieses Schloß. Es wurde als Schauplatz des Versepos »Der Trompeter v. Säkkingen«, das der hier 1850–51 als Amtsrevisor tätige Viktor v. Scheffel schrieb, berühmt. Nach Verwüstungen im Dreißigjährigen Krieg wurde es Ende des 17. wiederhergestellt und im 18. Jh. vergrößert. Im Inneren befinden sich *Stukkaturen* und *Deckengemälde.* Es beherbergt heute 2 Museen: das Hochrheinmuseum und das Trompetenmuseum (folgender Text).

Hochrheinmuseum: Es birgt eine bedeutende vor- und frühgeschichtliche Sammlung, heimatkundliche Exponate aus der Umgebung, eine Sammlung v. Schwarzwalduhren und die Scheffelstube. *Geöffnet* jeweils dienstags, donnerstags und sonntags v. 14.00 bis 17.00 Uhr.

Trompetenmuseum: Es ist an denselben Tagen ebenfalls v. 14.00 bis 17.00 Uhr geöffnet und besitzt eine umfangreiche Trompetensammlung sowie andere Ausstellungsstücke mit Trompetenmotiven.

Rathaus: Anstelle eines alten Stiftsgebäudes wurde 1815 der Bau als Adelspalais errichtet. Er wird seit 1850 als Rathaus genutzt.

Villa Berberich (Parkstr. 1): In diesem Bau finden Kunstausstellungen statt, außerdem befindet sich hier eine *Mineraliensammlung* mit über 1100 Mineralien, die mittwochs und samstags v. 15.00 bis 17.00 Uhr und sonntags v. 15.00 bis 18.00 Uhr besichtigt werden kann.

Alte Rheinbrücke: Die 200 m lange gedeckte Holzbrücke, die nach Stein im Kanton Aargau führt, ruht auf Pfeilern aus der Zeit um 1575. Die Konstruktion der Brücke stammt aus der Zeit um 1600, sie wurde allerdings mehrfach erneuert.

Außerdem sehenswert: Einige *alte Häuser,* so der Hallwyler- oder Commenterhof (um 1600), der ehemals dem Deutschritterorden zu Beuggen gehörte und auch Scheffelhaus genannt wird, weil Scheffel hier gewohnt hat, weiter das Haus Rheinbrückenstr. 44 mit Fassadenstukkaturen (18. Jh.) und das ehem. Franziskanerinnenkloster mit gotisierten Gebäuden (1653–59), die heute als Wohnungen genutzt werden. Von den *ehem. Befestigungsmauern* sind Reste am Rheinufer und der runde *Gallusturm* mit Zeltdach im N (1343) sowie der *Diebsturm* (im 19. Jh. umgebaut) im S erhalten.

Brauchtum: Am Sonntag nach dem 6. März findet die *Fridolinsprozession* statt. - Jeden Sommer wird das *Brückenfest* veranstaltet. In unregelmäßigen Abständen wird die Oper »Der Trompeter v. Säckingen« von Victor Ernst Nessler aufgeführt.

7264 Bad Teinach - Zavelstein

Calw

Einw.: 2300 Höhe:340–740 m S.255 □ E 1

Ortsteil Bad Teinach

Ev. Pfarrkirche/Dreifaltigkeitskirche: Die frühbarocke ehem. Hofkirche der württembergischen Herzöge birgt eine außergewöhnlich reiche altprotestantische Ausstattung (1665). Von besonderem Interesse ist ein Flügelaltar (1673) mit kabbalistischem Bildprogramm (christologisches Weltgebäude), dessen Bezeichnung »turris Antoniae« an seine Stifterin, Prinzessin Antonia v. Württemberg († 1679), erinnert. Besichtigung des Innenbildes nur bei einer Führung (mittwochs 15.00 Uhr, sonntags nach dem Gottesdienst).

Außerdem sehenswert: Zwischen dem Kurhaus und der Pfarrkirche sind 3 *Brunnenschalen* bemerkenswert, die aus dem Kreuzgang des Klosters →Hirsau stammen. Von den historischen Badgebäuden (19. Jh.) verdient vor allem das 1841 bis 1842 von Gottlob Georg Barth* und Nikolaus Friedrich Thouret* erbaute Gebäudeensemble mit Badhotel, Trinkhalle und Kurverwaltung Beachtung.

Bad Teinach-Zavelstein, Ev. Pfarrkirche, Flügelaltar

Ortsteil Zavelstein

Burg: Von der roman. Burganlage (1. Hälfte 13. Jh.) ist der aus Buckelquadern gefügte spätstaufische *Bergfried* erhalten. Abgesehen v. Fragmenten des Vorwerkes der ma Ringmauern und des Renaissancepalas wurde die Burg Zavelstein 1692 zerstört. Die Plattform des Bergfrieds dient heute als Aussichtspunkt. - Zavelstein galt bis zur Gemeindereform 1975 mit seinen 2 Häuserreihen entlang der Hauptstraße als kleinste Stadt Württembergs. Die 1578 erbaute St.-Georgs-Kirche (heute ev. Pfarrkirche) besitzt einen tonnengewölbten roman. Turmchor und zahlreiche Adeligen-Grabmäler aus Renaissance und Barock. - Im Frühjahr spektakuläre Krokusblüte rund um den Ort (Ende März/Anfang April).

Bickesheim, Wallfahrtskirche.

7552 Bickesheim

Rastatt

Einw.: 1500 Höhe: 110 m S.254 □ C 1

Wallfahrtskirche Maria Bickesheim: Die mehrfach erneuerte Wallfahrtskirche dieses n Ortsteiles von *Durmersheim* bewahrt vor der dreischiffigen gotischen Basilika, die um 1256 unter Markgraf Rudolf I. anstelle einer romanischen Kapelle erbaut wurde, noch die frühgotischen *Säulen* und *Chorbogen*. Im Katharinenchor (1. Hälfte 14. Jh.) O-Fenster mit *Glasmalereien* (Muttergottes, restauriert) aus der Bauzeit sowie kunsthistorisch bedeutsame *Wandmalereien* (Gottvater und Evangelisten, Szenen aus den Viten Christi und Mariä, Heilige; alle 2. Hälfte 14. Jh.). Der mit Skulpturen von Johann Valentin Götz* bestückte Rokokohochaltar (1737) von Martin Eigler* bezieht ein neu gefaßtes *Gnadenbild* (thronende Muttergottes mit Ebersteiner Rose, um 1300) mit einer *Barockkanzel* aus dem Jahre 1671.

Umgebung

Au am Rhein (4 km nw): Die klassizistische *Pfarrkirche St. Andreas* (1960 restauriert) wurde 1838/39 nach Entwürfen v. Johann Ludwig Weinbrenner* erbaut. Hinter der harmonischen Fassade mit eingezogenem Turm verbirgt sich ein schlichter Saal mit platt geschlossenem Chor.

Bietigheim (4 km s): Die ehem. *Hl.-Kreuz-Kirche* (heute Friedhofskapelle) bezieht einen wuchtigen roman. W-Turm (um 1150) mit in den 1746 bis 1750 von Johann Peter Ernst Rohrer* spätbarock erneuerten und ebenso ausgestatteten Bau mit ein.
Am Langhausbogen des Turmes hängen romanische Hochreliefs (Löwe und Betender).

Muggensturm (9 km sö): In der 1737 barock veränderten *Margarethenkapelle* mit romanischem Chorturm steht ein sehenswerter spätgotischer Schnitzaltar (etwa um 1480/90 restauriert) mit einer neuen Fassung.

Ötigheim (7 km sw): Die klassizistische Fassade der *Michaelskirche* (1828-30) zeichnet sich durch ihren eingezogenen Fassadenturm aus. Ihr Erbauer, Johann Ludwig Weinbrenner*, versah den Chor des saalartigen rechteckigen Langhauses

Blansingen, Ev. Pfarrkirche, Fresko (Passion) (l); Fresko (Auferstehung) (r)

anders als in Au am Rhein (vgl. oben) mit einer Halbrundapsis.

7859 Blansingen Lörrach		
Einw.: 550	Höhe: 338 m	S.258 □ A 4

Alemannische Gräber bezeugen eine frühe Besiedlung. Im frühen Mittelalter besaßen mehrere Klöster hier Güter. Blansingen fiel 1464 an die Herren von Hachberg. Heute gehört es zur Gemeinde Efringen-Kirchen.

Ev. Pfarrkirche, ehem. St. Peter: Eine Kirche wird 1173 genannt, sie wurde 1350 dem Kloster St. Blasien inkorporiert. Langhaus und polygonaler Chor (beide flachgedeckt) der jetzigen schlichten Anlage sind älter als der W-Turm v. 1497. 1955 wurden anläßlich einer Restaurierung bedeutende *spätmittelalterliche Wandmalereien* (vor 1457) entdeckt. Auf der W-Wand ist das Weltgericht mit Majestas Domini, der Fürbitterin Maria und dem Höllenrachen dargestellt, auf der N-Wand 13 Szenen aus der Passion Christi (2 weitere sind 1800 durch die Vergrößerung der Fenster zerstört worden). Die S-Wand zeigt - weniger gut erhalten - Szenen aus dem Leben und dem Martyrium des Kirchenpatrons, die Enthauptung des hl. Paulus und einen monumentalen Christophorus. In der Laibung des Chorbogens sind die klugen und törichten Jungfrauen abgebildet, auf dem Chorbogen Moses und Petrus. Reste eines Zyklus v. Heiligen finden sich in den Fensterlaibungen. Man kann 2 verschiedene Meister unterscheiden.

Gasthaus Röm. Hof: Hebelstube mit Bildern v. Johann Peter Hebel und Hermann Albrecht (1738).

Umgebung

Efringen (5 km sö): *Lutherkirche:* Der Turm stammt aus dem 13., das Langhaus

aus dem 15. Jh., es wurde 1702 umgebaut. Für verschiedene Anlässe gibt es hier besondere Zugangswege: Taufweg, Kirchweg, Hochzeitsweg, Totenweg.

Egringen (6,5 km sö): Das Dorf wird 758 als *Agrigingas* erwähnt. Die heute *ev. Pfarrkirche* war zunächst St. Gallus, dann Maria und Jakobus geweiht. Der Turm stammt noch aus dem 13. Jh. Er enthält in der als Chor genutzten Halle ein einfaches Sakramentshäuschen und spätgot. Gestühl, das teilweise mit geschnitzten Evangelistensymbolen verziert ist. Zur *Ausstattung* gehört ein vergoldeter Kelch (1487) v. Jörg Schongauer, Basel. – Neben der Kirche liegt ein großer *Meierhof* des Klosters St. Gallen, der später an das Basler Armenspital verkauft wurde. – Ein *ehem. Wasserschlößchen,* das alte Pfarrhaus mit 3 Stockwerken, liegt etwas weiter im SW.

Fischingen (8,5 km sö): Auch hier, im 772 als *Fiscingas* erwähnten Ort, besaß das Kloster St. Gallen einen Dinghof, den die Deutschherren v. Beuggen erwarben. Ein barocker Meierhof, dessen Portal mit Wappen verziert ist, steht in der Dorfmitte. – Die spätgot. *ev. Pfarrkirche* enthält Wandgemälde aus der Zeit um 1420–30. Sie zeigen in 2 Reihen oben Szenen aus der Genesis, unten weitere Szenen aus dem Alten und Neuen Testament.

Istein (5 km s): Aus der Rheinebene erhebt sich steil der *Isteiner Klotz,* ein aus Tertiärgestein und Jurakalk gebildeter Felsen. In seinen Höhlen wurden mittelsteinzeitliche Geräte gefunden, die u.a. zur Gewinnung v. Jaspis benutzt wurden. Vor dem 1. und vor dem 2. Weltkrieg wurden hier Festungen angelegt, die aber später jeweils wieder gesprengt wurden. Erhalten ist nur der sog. Sanitätsstollen im Engetal. Bekannt wurde der Klotz durch die Novelle »Hugideo« v. Viktor v. Scheffel, die hier spielt, aber auch durch seine interessante Flora. Zur Zeit wird in der Felswand die aus dem MA stammende *St.-Veits-Kapelle* wieder aufgebaut.

An diesen Felsen schmiegt sich der Ort Istein mit seinen teilweise im 16. und 17. Jh. gebauten Fachwerkhäusern an. Auch 2 steinerne Herrenhäuser mit Treppenturm und Treppengiebel sind erhalten. – Die *kath. Pfarrkirche St. Michael* ist ein klassizistischer Bau, der 1822 unter Johann Ludwig Weinbrenner* errichtet worden war. 1956 wurde er restauriert. Die Altäre und die Kanzel v. Johann Anton Feuerstein* (1821/22) hat Jodok Friedrich Wilhelm* 1840 überarbeitet.

Kleinkems (1,5 km sw): Unweit der Autobahnausfahrt fällt der moderne Bau der *Hauptschule* auf, der 1963 v. Günter Schö-

Bonndorf im Schwarzwald, Schloß

ning* und Christian Türcke* errichtet worden ist. – Die aus dem 15. Jh. stammende *ev. Kirche* wurde oft umgebaut.
Mappach (6 km sö): Die *ev. Kirche* wurde 1830–31 im klassizistischen Stil Weinbrenners erbaut, der Chorturm aus dem 13. Jh. wurde miteinbezogen. In ihm konnte 1934 ein Zyklus v. Wandmalereien (um 1500) eines Basler Meisters freigelegt und restauriert werden. Er zeigt Szenen aus dem Leben der hl. Anna und der Jugend Mariens sowie darunter die zwölf Apostel. An der N-Wand des Chors befindet sich ein hl. Grab mit den gemalten schlafenden Wächtern. Am Chorbogen erkennt man Spuren v. Szenen aus dem Leben Jesu, in den Laibungen des Chorbogens die klugen und törichten Jungfrauen.
Märkt (10 km sö): In der *ev. Kirche* (13. Jh.) stellen Wandgemälde aus dem 14. und 15. Jh. Szenen aus dem Alten und Neuen Testament sowie aus dem Leben des hl. Nikolaus dar.

7823 Bonndorf im Schwarzwald

Waldshut

Einw.: 5300 Höhe: 845 m S. 259 □ D 4

Römische Funde und alemannische Plattengräber weisen auf eine frühe Besiedelung hin. Urkundlich wird Bonndorf 1223 erstmals als »Stadt« erwähnt. Als Teil der Landgrafschaft Stühlingen besaß Bonndorf die Reichsunmittelbarkeit unter verschiedenen Herrschaften. 1609 erwarb das Kloster St. Blasien die reichsunmittelbare Grafschaft Bonndorf. Mit diesem Besitz durfte sich der Abt von St. Blasien nun Fürstabt nennen. 1806 wurde Bonndorf badisch, 1848 schlug der Freischärler Hecker hier vorübergehend sein Hauptquartier auf. 1891 und 1951 wurden die Stadtrechte wiederverliehen. Bis 1924 war Bonndorf das höchstgelegene Amtsstädtchen Deutschlands.

Kath. Pfarrkirche St. Peter und Paul: Die 1842–50 v. Josef Berckmüller* erbaute Kirche enthält eine reiche Ausstattung des Malers, Bildhauers und Altarbauers Franz Simmler*. Es ist eine dreischiffige, pseudobasilikale Anlage, in der Architektur, Raum, Altarbau, Malerei, Skulpturen und Glasmalerei stimmungsvoll zusammenwirken.

Ehem. Schloßkapelle: Der kleine Quaderbau stammt aus dem Jahre 1727. Es ist ein in Sandstein gefertigter »edler Barockbau mit akademischen Allüren«. Um 1820 wurde die Kapelle in den heutigen Stadtgarten transferiert. Bis zur Erbauung einer eigenen ev. Kirche (1952) diente sie den ev. Christen als Gottesdienstraum.

Schloß: Nach dem Brand eines Vorgängerhauses wurde dieser Herrensitz als Wasserschloß in den Jahren 1592–95 v. einem Grafen v. Mörsberg errichtet, dessen Sohn es als »Playboy seiner Zeit« nicht halten konnte; er mußte es an das Kloster St. Blasien verkaufen. Abt Blasius III. ließ es 1723–26 umbauen und barockisieren mit einer Freitreppe und 2 Erkern mit Zwiebeltürmchen. Die Innenräume sind reich stukkiert. Den großen Festsaal (Aula) ziert ein Deckengemälde von Franz Joseph Spiegler* mit biblischen und allegorischen Themen. 1976/77 wurde das fürstliche Schloß restauriert. Es dient heute als Notariat, Stadtbibliothek, Narrenmuseum und Kreismuseum; in der Aula finden Schloßkonzerte statt.

Bräunlingen, Mühletor

Brauchtum: Bekannt ist die *Bonndorfer Fasnet* mit historischen Masken.

7715 Bräunlingen
Schwarzwald-Baar-Kreis

Einw.: 5400	Höhe: 700–1000 m	S.259 □ D 4

Bräunlingen war schon früh Mittelpunkt und Hauptort der Mark Baar, die 22 Siedlungen umfaßte. Als Geschenk Karls d. Gr. gelangte Bräunlingen in den Besitz des Klosters Reichenau, im 12. und 13. Jh. kam es zu den Zähringern, dann an die Grafen v. Freiburg-Urach, den späteren Fürstenbergern. 1305 wird Bräunlingen erstmals als Stadt genannt, 1358 erhielt es durch Herzog Rudolf das Marktrecht. 1305 kam die Stadt in den Besitz Österreichs und fiel dann im Jahre 1805 an Baden. Die Mark zerfiel.

Kath. Gottesackerkapelle St. Remigius: Vor der Stadt lag die um 900 gestiftete ehem. Mutterkirche der Mark, v. der jedoch wohl nichts mehr erhalten ist. Der Turm der heutigen Anlage und der roman. Chorbogen stammen aus der Zeit um 1200. Das Schiff wurde später gotisiert. Den *Hochaltar* soll um 1470 ein Villinger Maler geschaffen haben. Aus dem 17. und 18. Jh. stammen mehrere Epitaphe.

Mittelalterliche Burg: Von der bereits 1305 zerstörten Anlage sind nur noch wenige Reste erhalten.
Wahrzeichen der Stadt, die im Kern ihren ma. Charakter erhalten hat, ist das *Nieder- oder Mühletor*, das die Jahreszahl 1230 trug, 1903 aber zu einem Fachwerkbau umgebaut wurde. Die anderen Tore und Mauern hat man im 19. Jh. niedergerissen.
Städt. Heimat- und Stadtmuseum: Es bewahrt u. a. eine Maria-Johannes-Gruppe aus dem 12. Jh. auf.

Außerdem sehenswert: Neben dem Mühletor steht noch das im 14. Jh. erbaute *Kaplaneihaus*. – Weitere *ma. Bürgerhäuser* sind erhalten.

Umgebung

Döggingen (4,5 km s): Von hier aus kann man durch die Gauchach-Schlucht zur geologisch (Kalksteinfelsen), botanisch (Orchideen, Hirschzunge, Felsennelke) und zoologisch (570 Schmetterlingsarten) interessanten Wutach-Schlucht gelangen.

Breisach, Münster St. Stephan

Im unteren Wutachtal verkehrt eine *Museumsbahn*.

Löffingen (11 km sw): Historisch als Teil der Mark Baar hatte die Stadt eine ähnliche Entwicklung wie B. Die mittelalterlichen Fachwerkhäuser wurden 1535 Opfer eines Brandes, 1907 und 1921 verbrannten auch die letzten Holzhäuser. Erhalten sind die 1342 erwähnte *Stadtkirche St. Michael*, das *Mailänder Tor* und das *ehem. Kornhaus*, das heute als Rathaus genutzt wird. Etwas vor der Stadt liegt die *Wallfahrtskirche zum Schneekreuz*, die im 18. Jh. erbaut wurde.

Im *Heimatmuseum* (sonntags und mittwochs jeweils v. 10.30 bis 11.30 Uhr geöffnet) wird ein Alemannengrab gezeigt. Auch dieser Luftkurort ist beliebter Ausgangspunkt für Wanderungen in die Wutach- und Gauchach-Schlucht sowie in die Rötenbach-Schlucht und die Lothenbachklamm.

Unadingen (8 km sw): Der Turm der *kath. Pfarrkirche St. Georg* wurde 1520 errichtet. Seine Fenster zeigen Fischblasenmaßwerk, sein Portal übergreifendes Maßwerk. Die Rippen des Gewölbes der Turmhalle entspringen Wappenkonsolen. Nach einem Brand wurde das Langhaus 1729 neu errichtet. Im Chor finden sich ein Kreuzigungsrelief aus dem 15. Jh. und ein Wandtabernakel. Die weitere Ausstattung entstand um 1750.

7814 Breisach

Breisgau-Hochschwarzwald

Einw.: 9500 Höhe: 190–230 m S.258 □ A 3

Die größte Stadt im Bereich des Kaiserstuhls blickt von einer felsigen Anhöhe hinunter auf den Rhein. Sie besitzt einen Hafen, und die Bürger leben von verschiedenen Industrien und vom Weinbau – die »Zentralkellerei« ist eine der modernsten Anlagen ihrer Art in Europa.

Bereits die Römer erkannten die strategisch wichtige Lage des *Mons Brisiacus* und befestigten ihn im 4. Jh. durch ein Kastell.

Die Gründung der Stadt erfolgte im späten 11. Jh., und im 12. Jh. errichteten die Zähringer auf dem Eckartsberg eine mächtige Burg. Die folgenden Jahrhunderte sahen einen beständigen Kampf von Habsburgern und Franzosen um »des Heiligen Römischen Reiches Schlüssel und Ruhekissen«, wie man die Festung Breisach damals nannte. So sicherte beispielsweise Sebastien Vauban in der 2. Hälfte des 17. Jh. die rechtsrheinische Eroberung der

Breisach, Münster, Hochaltar, Detail

Breisach, Münster, Hochaltar, Detail

Breisach, Münster, Hochaltar, Detail

Breisach, Münster, Hochaltar, Detail

Truppen Ludwigs XIV. durch gewaltige Festungsanlagen, die 1743 im Auftrag Maria Theresias geschleift wurden. 1793 richteten die französischen Revolutionstruppen schwere Schäden an. 1805 kam Breisach zu Baden. Die Kämpfe des 2. Weltkriegs legten die Stadt zu drei Vierteln in Schutt und Asche.

Münster St. Stephan: Das mächtige Gotteshaus, das Anfang des 13. Jh. anstelle einer Stiftskirche des frühen 12. Jh. begonnen wurde, erhebt sich auf dem höchsten Punkt der Stadt, dem Münsterberg. Deutlich erkennt man die verschiedenen Bauphasen.

Ältester Teil ist das spätromanische dreischiffige basilikale Langhaus mit erhöhtem Mittelschiff und von Pultdächern gedeckten Seitenschiffen. Die beiden halbrunden O-Apsiden verschwinden fast zwischen den ungleich auslaufenden Querschiffarmen mit Dreiecksgiebeln und den Untergeschossen der quadratischen Türme, die durch ungleiche Obergeschosse auffallen: Der n mit gedrungenen Rundbogenfenstern und Glockengeschoßarkaden, Dreiecksgiebeln und Pultdach ist spätroman. Das durch Maßwerkfenster gegliederte und von einem Spitzdach und Ecktürmchen abgeschlossene Obergeschoß des s weist in die Zeit der Gotik. Er wurde also während der zu Beginn des 14. Jh. einsetzenden 2. Bauphase vollendet, als man daranging, das Münster zu einer Hallenkirche umzugestalten. Damals entstanden der durch Strebepfeiler mit Fialen gegliederte und v. hohen Spitzbogenfenstern durchbrochene polygonale O-Chor mit nach außen geöffneter Krypta und die W-Fassade mit zierlichem Kapellenturm und Hauptportal, in dessen Tympanon Szenen aus dem Leben des Kirchenpatrons dargestellt sind.

Die letzte, im 15. Jh. durchgeführte Bauphase betrifft vor allem den nach 1945 stark restaurierten Innenraum, der hell und

< *Breisach, Münster, Hochaltar*

klar wirkt und verschiedene interessante und kostbare Ausstattungsstücke birgt.
1931 legte man in der W-Halle das 1488-91 vom Colmarer Maler und Kupferstecher Martin Schongauer* geschaffene dreiteilige *Monumentalfresko* »Das Jüngste Gericht« frei: Richterspruch (W-Wand), Höllenqualen (N-Wand) und himmlische Seligkeit (S-Wand). Ein reizvolles Beispiel für die detailverliebte Steinmetzkunst der Spätgotik bietet der zwischen 1490 und 1500 entstandene *Lettner* mit schlanken Arkaden, reichem Maßwerk, zierlichen Wimpergen und Baldachinen sowie Figuren, die u.a. den Kirchenpatron, die Stadtpatrone Protasius und Gervasius, die Gottesmutter und ihre Eltern darstellen. 1523-26 schnitzte ein durch die Initialen H.L. bezeichneter Meister den spätgot. dreiflügeligen *Hauptaltar*, bei dem die plastisch ausgestaltete Predella und die Flügel einen reizvollen Kontrast zum hohen, filigranen Gesprenge bilden. In der Predella sieht man die 4 Evangelisten, im Mittelschrein die Krönung Mariens unter Dreipaß und reichem Rankenwerk, in den Seitenflügeln stehen die hll. Gervasius, Protasius, Stephanus und Laurentius. Den zarten Baldachin zieren eine Anna selbdritt, Engels- und Heiligenfiguren. Erwähnung verdienen außerdem das spätgot. Chorgestühl, 3 spätgotische, während der Zeit des Barock gefaßte Holzfiguren (Maria, der hl. Mauritius und Papst Gregor), der v. 4 sitzenden Löwen getragene silbergetriebene Reliquienschrein der beiden Stadtheiligen, das Sakramentshaus (um 1520), die Heiliggrab-Nische und die Renaissancekanzel.

Kappelwindeck (Bühl), Marienkirche

Außerdem sehenswert: Das 1670 v. Vauban errichtete *Rheintor* mit seiner dem Zeitgeschmack entsprechend reich und pompös ausgestalteten Prunkfassade ist als einziger Rest der »franz. Bastionen« erhalten. Auch Reste der *Mauern* blieben an einigen Stellen.

7580 Bühl Rastatt		
Einw.: 23000	Höhe: 130 m	S.254 □ C 1

Der durch die »Bühler Frühzwetschge« (eine Pflaumenzüchtung des 19.Jh.) und das »Bühler Zwetschgenfest« im September bekannte Städtchen an der Mündung des Bühlertales in die Rheinebene besitzt seit 1403 das Marktrecht.

Rathaus: Im *Rathausturm* (um 1520), dem Wahrzeichen Bühls, ist ein Überrest der spätgot. Kirche St. Peter und Paul erhalten, die Hans v. Maulbronn* zugeschrieben wird. Im 4.Geschoß verjüngt sich der quadratische Turm eigenwillig zur achteckigen Konstruktion, die im unverputzten 5.Obergeschoß fortgeführt ist, das v. zweibahnigen Spitzbogenfenstern durchbrochen und v. einer Fischblasenmaßwerkbrüstung beschlossen wird und in einem laternenbekrönten Pyramidendach gipfelt. - Das benachbarte neugot. *Münster St. Peter und Paul* (1873-77) lohnt wegen der Chorfenster-Glasmalereien (Offenbarung Gottes im Alten und Neuen Testament, 1955-58) v. Albert Burkart* einen Besuch.

Außerdem sehenswert: Im 1910 gegr. *Heimatmuseum* (Luisenstr. 2) kann man an jedem 1.Sonntagnachmittag des Monats die stattliche Urkundensammlung (11.-19.Jh.), frühgeschichtliche und ma Exponate sowie ein Münzkabinett besichtigen. - *Bühler Friedenskreuz* (2 km s): 14 m hohes, 1952 eingeweihtes Kreuz als Mahnmal für alle Opfer der Gewalt.

Umgebung

Altwindeck (4 km sö): Von der bereits 1212 erwähnten *Burg Windeck*, deren Ruine man oberhalb des Weilers Riegel zwischen Rebhängen und Wald findet, sind 2 gigantische, aus Quadern gefügte Bergfriede, eine Giebelwand des ehem. Palas und der ehem. Mauerbering erhalten. Der mehrfach vergeblich v. den Straßburgern belagerte Stammsitz der streitbaren Ritter v. Windeck wurde nie erobert oder zerstört, nach 1561 aber dem Verfall preisgegeben.

Balzhofen (4,5 km nw): Der Besuch der 1701 errichteten Kirche *St. Anna* lohnt sich wegen des schönen Barockaltars aus der Bauzeit in ihrem harmonischen Inneren.

Bühlertal (5 km ö): Die im 17./18.Jh. erneuerte *Kapelle im Zinken-Hof* birgt eine kostbare Rokoko-Ausstattung, darunter schöne Seitenaltäre und der prachtvolle Hochaltar (1758) v. Johann Ferdinand Kymli*. Ihre Straßburger Glocke (1749) goß Matthäus Edel*. – In der *Marienkapelle* (um 1850/60) gegenüber dem Rathaus sehenswerte Rokokoskulpturen (Kruzifixus, Maria Immaculata). – Beschilderter *Weinlehrpfad* (ca. 1,7 km) durch das Rebgebiet am Grenisberg.

Kappelwindeck (2 km s): Die v. Franz Ignaz Krohmer* errichtete barocke *Marienkirche* (1765) zeichnet sich durch eine mit Eckpilastern, Voluten und Figuren geschmückte Fassade aus, die den W-Turm miteinbezieht. Das durch Eckpilaster und einen gesprengten und verkröpften Giebel akzentuierte Turmuntergeschoß wiederholt die Formen des zentralen Portals. Über dem mittleren Geschoß mit Nischenfigur und Uhr thront das achteckige Glockengeschoß mit phantasievoll kombinierter Zwiebel- und Glockenhaube.

Neusatz (6 km s): Das ehem. *Wasserschloß Waldsteg* entstand als rechteckige Anlage mit Burghof und Wassergraben um einen mächtigen roman. Wehr- und Wohnturm (um 1300), der sich trotz des Umbaus der Anlage zum Pfarrhaus (nach 1788) erhalten hat.

Ottersweier (3,5 km s): In der mehrfach erweiterten *Wallfahrtskirche Maria-Linden* (1756) mit spätgot. Chor (1484) interessantes got. Gnadenbild (thronende Muttergottes, um 1320/30).

Vimbuch (3 km nw): In der *Pfarrkirche* findet man einen 1508 v. Nikolaus v. Hagenau* signierten und prachtvoll geschnitzten Altaraufsatz mit kunstvollen Heiligengestalten (Dionysius, Bartholomäus und Judas Thaddäus).

7801 Burkheim

Breisgau-Hochschwarzwald

Einw.: 850 Höhe: 212 m S.256 □ A 3

Bei Ausgrabungen auf einer Höhe westlich des Orts entdeckte man 1932–33 eine wahrscheinlich befestigte Siedlung aus der Zeit um 1000 v.Chr. Das Museum für Urgeschichte in Freiburg bewahrt die spätbronzezeitlichen Funde auf.

Eine »Villa Burchheim« wird 778 erwähnt. Besitzer war das Kloster Ettenheimmünster. Seit dem 10.Jh. amteten hier als Vögte des Klosters Einsiedeln die Herren von Üsenburg. Im 13.Jh. wurde Burkheim zur Stadt erhoben. 1330 wurde es an Österreich verkauft und fiel 1806 an Baden.

Niederrotweil (Burkheim), St. Michael, Spätgotischer Hochaltar

Niederrotweil (Burkheim), St. Michael, Spätgotischer Hochaltar, Detail

Heute gehört Burkheim zur Gemeinde Vogtsburg im Kaiserstuhl, der größten Weinbaugemeinde Baden-Württembergs.

Kath. Pfarrkirche St. Pancratius: Eine »basilica S. Petri« wird im 10. und 11. Jh. erwähnt. Von dem ma Bau blieb lediglich die früher als Chor dienende spätgot. offene Halle des Turmuntergeschosses mit schönem Sterngewölbe erhalten. Sie enthält in den Fensterlaibungen und an der Decke bedeutende *Gemälde,* die um 1500 geschaffen wurden. Sie stellen St. Michael und die Marter der hl. Ursula sowie die Symbole der Evangelisten dar. Der *spätgot. Taufstein* (Ende 15. Jh.) ist mit Astwerkskulptur geschmückt.
Um 1742 erfuhr die Kirche eine durchgreifende Barockisierung. Der Hochaltar mit feingegliedertem Baldachin stammt aus der Zeit um 1750.

Schloßruine: An der Stelle einer ma Burg ließ Lazarus v. Schwendi 1572–74 ein Schloß erbauen. Der rechteckige Hauptbau hatte 3 Geschosse mit großen Giebeln. Er enthielt eine Mittelhalle mit einläufiger Treppe und im Obergeschoß einen *Rittersaal* mit 2 Kaminen v. 1570. 1672 wurde das Schloß v. den Franzosen zerstört.

Mittelalterliche Befestigung: Teile der Stadtmauer und das O-Tor sind noch erhalten.

Rathaus: Der dreigeschossige Renaissancebau v. 1604 hat ein wappengeschmücktes schönes Portal und einen polygonalen Treppenturm.

Außerdem sehenswert: Im Ort stehen noch mehrere schöne, meist datierte *Fachwerkhäuser* aus dem 16., 17. und 18. Jh.

Umgebung

Achkarren (6 km sw): In diesem Weindorf befindet sich das *Kaiserstühler Weinbaumuseum.* Es ist zwischen Palmsonntag und

Allerheiligen montags-freitags v. 14.00 bis 17.00 Uhr und an Samstagen und Sonntagen v. 10.30 bis 16.00 Uhr geöffnet.

Bischoffingen (2 km ö): Gräberfunden zufolge wurde das Gebiet schon vor der Jungsteinzeit besiedelt. Nach ersten namentlichen Überlieferungen wurde *Piscofigin* im Jahre 1010 v. Kaiser Heinrich II. dem Bischof v. Basel übergeben. Bischof Adalbero überwies im Jahre 1010 ein Gut in Bischoffingen an das Kloster Sulzburg, das damals dem Hochstift Basel unterstellt war.

Im 11. Jh. war in Bischoffingen ein Basler Dienstadel, nachweislich ein Hermann v. Bischoffingen, ansässig. Das Basler Domkapitel in Freiburg verkaufte den Besitz bereits 1598 an den Markgrafen Jakob v. Baden. - Die *ev. Pfarrkirche* in einem ehem. befestigten Kirchhof besitzt im noch got. Chor Wandmalereien aus dem 14. Jh. Sie zeigen den Weltbaum aus der Baarlam-Joschafat-Legende und Szenen aus der Kindheit und der Passion Christi. In den Fensterlaibungen Apostel, Propheten und Kirchenlehrer. Die 1909 entdeckten Bilder sind stark restauriert worden.

Jechtingen (2 km n): 1973 wurden hier ein *röm. Grenzkastell* und ein dazugehörendes Gräberfeld entdeckt und konserviert. Die 370 unter Kaiser Valentian I. erbaute Festung war bis 401 oder später besetzt. Möglicherweise hat sie später noch den Alemannen und Franken gedient. - Das Turmerdgeschoß der *kath. Kirche St. Cosmas und Damian* ist spätroman. Die Kapitelle weisen Fratzen und Ornamente auf. Frühgot. ist das Kreuzrippengewölbe. Die Holzstatue der hl. Margareta auf dem neugot. Altar stammt aus dem späten 15. Jh. Die Kanzel wurde 1750-60 eingebaut. - Neben dem röm. Kastell steht die *Ruine der Burg Sponeck,* die vor 1300 erbaut wurde, aber seit dem Dreißigjährigen Krieg verfällt. Der fünfeckige Turm ist 1930 auf den Resten des ma Bergfrieds - historisch nicht getreu - aufgebaut worden.

Niederrotweil (2 km s): Die *kath. Kirche St. Michael* wurde möglicherweise im 8. Jh. im 762 erwähnten *Rotvilare* begründet. Erstmals beurkundet ist sie 1157. Nachdem sie 1350 dem Kloster St. Blasien inkorporiert worden war, wurde sie in der 2. Hälfte des 14. Jh. erneuert. Das rechteckige zweischiffige Langhaus wird v. einem stark erhöhten, halbrunden O-Chor abgeschlossen. An das durch 3 Pfeilerarkaden abgetrennte n Seitenschiff stößt im O der teilweise noch roman. Turm. Zur Ausstattung gehören ein Sakramentshäuschen im Chor und ein Baldachin aus Keramik über einer Wandnische im Seitenschiff. Der *spätgot. Hochaltar* gilt als Spätwerk des Meisters H. L.*. Im Schrein ist die Krönung der Maria zwischen dem hl. Michael und Johannes d. T. dargestellt, auf den Flügeln Michael als Seelenwäger, Christi Taufe, die Enthauptung des Täufers und der Sturz der Verdammten, in der Predella Christus im Apostelkollegium. Das Gesprenge ist verlorengegangen, nur noch 5 Statuetten sind erhalten. Der Altar ist vermutlich eine Stiftung des Abtes Johann III. v. St. Blasien (1519-52).

Niederrotweil, St. Michael, Fresken

Im Chor wurden *Wand- und Deckenmalereien* aus dem 14. Jh. freigelegt: im Gewölbe Christus, die Evangelistensymbole und der hl. Michael, an den Wänden Apostel und Szenen aus dem Neuen Testa-

Calw, Fachwerkhäuser mit Marktbrunnen

Calw, Marktbrunnen am Rathausplatz

ment. Spuren weiterer Wandgemälde finden sich im Langhaus. Die Malerei an der Emporenbrüstung stammt aus dem 18. Jh.

Oberbergen (5 km ö): Der Ort ist vielleicht der bekannteste der vielen kleinen Weinorte des Kaiserstuhls. Hier wächst die berühmte und von vielen geliebte »Oberbergener Baßgeige«.

Sasbach (4 km n): Der nw des Orts liegende vulkanische Limberg war schon im 1. Jh. v. Chr. von Kelten besiedelt. Unter Kaiser Augustus errichteten die Römer hier ein Lager, das vermutlich der Versorgung diente. Später legten sie auch am Fuß des Berges ein Lager an. Im MA stand hier die *Limburg*, auf der Rudolf von Habsburg geboren worden sein soll. Sie ist heute Ruine.

Die *kath. Pfarrkirche St. Martin* wurde 1741 gebaut. Ihr Turm ist noch roman. Ursprungs, er zeigt im 3. Stock steinerne Masken. Der barocke Hochaltar stammt aus der Mitte des 18. Jh., die Seitenaltäre sind etwas älter.

C

7260 Calw
Calw

Einw.: 23 5000 Höhe: 350 m S.255 □E 1

Zu Füßen der 1075 erstmals erwähnten, heute nicht mehr existierenden Burg der Grafen von Calw entwickelte sich das

Altburg (Calw), Martinskirche, Spätgot. Chorgestühl

gleichnamige Städtchen an der Nagold. Calw erhielt im 13. Jh. das Stadtrecht, gelangte 1345 an Württemberg und erlebte dank seiner günstigen Lage als Umschlageplatz für Holz (Holländertannen) und Salz sowie seiner leistungsstarken Webereien und Gerbereien eine wirtschaftliche Blüte, die nur von Verwüstungen im Dreißigjährigen und Französischen Erbfolgekrieg (Brände 1634 und 1692) unterbrochen wurde. Bekanntester Sohn von Calw ist der Schriftsteller Hermann Hesse (1877 bis 1962), der all jene Geschichten und Erzählungen, die in Calw und Schwaben spielen, unter dem Titel »Gerbersau« zusammenfaßte.

Nagoldbrücke: Die aus Werksteinen gefügte *Nagoldbrücke* erhält durch die auf dem mittleren Brückenpfeiler über quadratischem Grundriß erbaute got. *Brückenkapelle St. Nikolaus* (um 1400) ihre charakteristische Note. Im Inneren oktogonal angelegtes Rippensystem an der Flachdekke. Chor mit abgeschrägten Ecken und zweibahnigen got. Maßwerkfenstern. Auf dem steilen Satteldach zierlicher Dachreiter mit Spitzhelm.

Altstadt: An seinem außergewöhnlich hohen Giebel erkennt man das stattliche *Haus Rau* (1694, Lederstr.), eines der zahlreichen *Fachwerkhäuser*. – Neben dem *Rathaus* mit rundbogiger Erdgeschoßlaube (1673) und abgetreppten Obergeschossen (1726) verdient auch der *Marktbrunnen* (1686) mit einem wappenhaltenden Löwen auf dem Abakus seiner Rotsandsteinsäule Beachtung. – Die neugot. *ev. Stadtkirche* (1855) war urspr. den hll. Petrus und Paulus geweiht und bewahrt den got. Chor vom Ende des 14. Jh.

Heimatmuseum und Hermann-Hesse-Gedenkstätte (Bischofstr. 48): Im *Haus Vischer-Schütz* (1787–91, restauriert), einem Patrizierhaus eines Calwer Handelsherren aus der »Zopfzeit«, ist seit 1964 das örtliche Museum eingerichtet. Neben Sammlungen zum Zunftwesen, zur »Calwer Zeughandelscompagnie«, zur

Calw, Brückenkapelle St. Nikolaus

Volkskunst und sakralen Kunst sind auch alte Möbel, Zinngeschirr und Trachten, v.a. aber Erinnerungsstücke an Hermann Hesse zu sehen. Seine Erstausgaben, Zeichnungen und Aquarelle werden begleitet v. Fotografien und Zeichnungen v. Günter Böhmer, die die Lebensstationen des Dichters illustrieren.

Umgebung

Altburg (5 km w): In der spätgot. *Martinskirche* (heute ev. Pfarrkirche) sehenswerter Chor mit Netzgewölbe, Apostel- und Prophetenbüsten auf Konsolen, spätgot. geschnitztem Chorgestühl und interessantem Wandgemälde (Stifter Tristram v. Waldeck, um 1520). An der S-Wand des Langhauses mit eigenwilliger got. Holzdecke Fresken (Marientod mit Heiligen) aus dem frühen 15.Jh.

Althengstett (5 km ö): Die *ev. Kirche* besitzt einen urspr. roman. Chorturm, der später achteckig überbaut und um ein spätgot. Chörlein erweitert wurde. - Sein Netzgewölbe setzt auf eleganten Konsolsteinen an. - Martin Möslin* aus dem benachbarten Stammheim gestaltete das *Pfarrhaus* (1609).

Neuhengstett (7 km nö): In der um 1700 unter dem Namen »Le Bourset« gegr. Waldensersiedlung schlichte *Saalkirche* (1769, heute ev. Kirche) mit dreiseitigem Chor und ö Kanzel.

Stammheim (5,5 km sö): Die *Martinskirche* (1790, heute ev. Pfarrkirche) bezieht einen got. Chorturm mit kreuzrippengewölbtem Untergeschoß (14.Jh., heute Sakristei) mit ein. - In Richtung Calw findet man die *Untere Mühle* (seit 1978 Restaurant), deren riesiges Wasserrad (∅ 11,5 m) früher mehrere Mahleinrichtungen antrieb.

D

7809 Denzlingen

Emmendingen

Einw.: 11500 Höhe: 234 m S. 256.□ B 3

Ev. Pfarrkirche, ehem. St. Michael: Die v. den Deutschherren erbaute Kirche wird 1275 erstmals urkundlich erwähnt. 1713, während des Spanischen Erbfolgekrieges, plünderten die Franzosen die gesamte Inneneinrichtung. Später verfiel der Bau. 1970 wurde der Turm der Kirche renoviert. Seit über 130 Jahren nisten auf ihm Störche.

Ehem. St.-Georgs-Kirche: Der Bau, wahrscheinlich ein Werk eines Schülers v.

Denzlingen, St.-Georgs-Kirche. Rechts: Dornstetten, Nonnenbrunnen mit Fachwerkhaus

Erwin v. Steinbach, wird 1302 urkundlich genannt. Seine älteste Glocke trägt die Jahreszahl 1591. Nach einem Brand im Jahre 1691 wurde die Kirche 1756 erneuert. Der 44 m hohe Turm (1898 ausgebessert) im spätgot. Stil ist im unt. Teil wesentl. älter. 1960–61 wurde die Kirche restauriert.

Ruine der St.- Severin-Kirche: Dieses kleine Kirchlein gehörte zum Mauracher Hof. Beide wurden in der 1. Hälfte des 10. Jh. errichtet.

Umgebung

Buchholz (3 km nö): Wahrscheinlich ein Graubündner Architekt baute 1750 für den Kaiserlichen Rat F. A. Bayer v. Buchholz das kleine *Schloß*. Der einfache Rechteckbau liegt unter einem Walmdach. Er birgt gute Rokokostukkaturen. Die Kapelle an der O-Seite stammt aus den Jahren nach 1766; ihre mit dem Hauptgebäude verbundene Empore ist als Bibliothek eingerichtet. Beachtenswert ist auch das hübsche Gartenhäuschen.

Heuweiler (2 km s): Auf den beiden Nebenaltären der *kath. Pfarrkirche St. Remigius* v. 1750 befinden sich 2 Gemälde, die mit »F. S. SAB. PINft F. B. Ao 1664« gezeichnet sind. Sie stellen die Geburt Christi sowie Verkündigung und Heimsuchung dar. Die Holzstatuette des hl. Remigius stammt aus dem 16. Jh., sie ist modern gefaßt. – Am Wirtshaus zum Rebstock befindet sich eine *Muttergottes mit Kind* aus der Zeit um 1520.

7295 Dornstetten

Freudenstadt

Einw.: 5800 Höhe: 600 m S.257 □ D 2

Das schon 767 erwähnte Bergstädtchen hoch über dem Tal der Glatt zählt zu den ältesten Siedlungen des mittleren Schwarzwaldes. Es konnte sich dank seiner Lage an der *Kniebisstraße*, der höchstgelegenen

Etappe des Handelsweges von Augsburg nach Straßburg, wirtschaftlich entwickeln, erhielt 1270 das Stadtrecht und wurde 1320 württembergisch.

Martinskirche (ev. Stadtkirche): Eine roman. Basilika, v. der Säulenbasen des Langhauses erhalten sind, wurde 1499 zur schlichten *Saalkirche* umgestaltet. Den charakteristischen *W-Turm* (1490) mit Durchgang im Erdgeschoß ziert am 5. Geschoß eine spätgot. *Maßwerkgalerie;* den Aufbau darüber erhielt der Turm erst nach 1675. Im Inneren Empore mit Renaissancesäulen. Wandgemälde (Apostel und Propheten, um 1600) im Langhaus. Bemerkenswerter spätgot. *Chor* mit einem Netzgewölbe, dessen Rippen über figürlich gestalteten Kragsteinen (Apostel) ansetzen. – Vor der Kirche steht der 1743 errichtete *Nonnenbrunnen* mit wappenhaltendem Löwen.

Marktplatz: Dem kopfsteingepflasterten Marktplatz gereichen der *Marktbrunnen* (1509) mit einer Ritterfigur aus Rotsandstein und zahlreiche *Fachwerkhäuser* (17./18. Jh.) mit Steinunterbau und prächtigen schmiedeeisernen Aushängeschildern zur Zierde, darunter das ehem. *Amtshaus* und das *Rathaus.*

Elzach, St. Nikolaus, Taufstein

Heimatmuseum (Marktplatz): Neben Bauernmöbeln, bäuerlichem Gerät und altem Handwerkzeug einstiger Gewerbezweige (Holzdreher, Huf- und Wagenschmied, Kupferschmied, Sattler, Weber und Ziegler) werden an Sonntagnachmittagen auch Entwicklungsreihen zu verschiedenen Techniken (Textilherstellung, Beleuchtung, Feuerlöschgeräte etc.) gezeigt.

Umgebung

Glatten (3 km s): Die hoch gelegene *ehem. Franziskanerinnenkirche St. Ulrich* (14./19. Jh.; heute ev. Pfarrkirche) bewahrt einen spätgot. Turmchor, dessen Kreuzrippengewölbe (14. Jh.) auf Ecksäulen ruht, sowie im spätgot. Inneren einen großen Taufstein (14. Jh.). – Neben der Kirche altes *Pfarrhaus* (1600).

Hallwangen (4 km n): Neben der kleinen *Renaissancekirche* (16. Jh.) erstreckten sich einst die Bauten des Dominikanerinnenklosters *Engeltal.*

Heiligenbronn (8 km nö): In der Kapelle der *Erziehungsanstalt* stehen 2 Vesperbilder (14. Jh.) und eine große spätgot. Muttergottesstatue (um 1470) aus Urspring bei Blaubeuren. – Unter dem Hochaltar im Chor der *Pfarrkirche* entspringt eine Heilquelle. – Ein interessantes got. Vesperbild (um 1350/60) aus Stein ziert das moderne *Krankenhaus.*

Neuneck (6 km s): Schön erhaltener alter Ort mit *Brücke* und *Mühle,* dem sog. *Unteren Schloß* mit Haustein-Untergeschoß und einer kleinen spätgot. *Kirche* mit niedrigem Staffelgiebelturm seitlich des Chors. Im Inneren mit flacher Holzdecke (1493) sehenswerte Ausstattung, darunter ein spätgot. Taufstein (1524), eine Steinkanzel und ein got. Wandtabernakel sowie figürlich verzierte Epitaphe (16. Jh.).

Oberiflingen (8 km sö): In der spätgot. *ev. Kirche* (1509), die man leicht an ihrem spätroman. W-Turm aus Buckelquadern erkennt, sind ein spätgot. Kruzifixus (urspr. gefaßt) und ein Wandtabernakel (1515) mit Baldachin sehenswert.

Schopfloch (4 km sö): Die *ev. Kirche* (1618) des Ferienorts besitzt noch einen roman. Chorturm, dessen got. Kreuzrippengewölbe auf Fratzenkopfkonsolen ansetzt.

7601 Durbach
Offenburg

Einw.: 3700 Höhe: 216–873 m S.256 □ C 2

Die im Herzen der Ortenau an der *Badischen Weinstraße* gelegene, 1255 erstmals urkundlich erwähnte Weinbaugemeinde bewahrt eine Reihe alter *Fachwerkbauten* und malerischer *Giebelhäuser.*

Pfarrkirche St. Heinrich: Die über den Grundmauern des ev.-lutherischen ersten Gotteshauses (1620) erbaute kath. Kirche (1648 geweiht) wurde 1789/90 erneuert. Auf dem Langhausdach achteckiger, schindelverkleideter Dachreiter mit Zwiebelhaube. Im eingezogenen Chor ein venezianisch geprägtes Gemälde (»Hl. Familie«, 16. Jh.). Schöne *Barockkanzel* und Nebenaltäre (1790).

Außerdem sehenswert: *Heimatmuseum* mit Exponaten zur Ortsgeschichte und zum Weinbau.

Umgebung

Ebersweier (3 km nw): In der 1824 erbauten, äußerlich schlichten *Pfarrkirche Hl. Kreuz* überraschen 3 sehenswerte Barockaltäre mit seitlichen Rocailleschnitzereien; sie gelangten aus dem ehem. Kapuzinerkloster in →Oberkirch hierher. Die Kreuzigungsgruppe stammt aus der Zeit um 1750/60.
Das gut erhaltene *Schlößchen Wiedergrün* (ehem. Burgstadel) wurde bereits 1280 erstmals genannt und wie die 600jährige *Weilermühle* (heute *Mühlenmuseum*) mehrfach erneuert.

Staufenberg (1 km nö): Die im 11. Jh. vom Straßburger Bischof Otto v. Hohenstaufen gegr. *Burg Staufenberg* (383 m) wurde im Dreißigjährigen Krieg (1632) und im Franz. Erbfolgekrieg (1689) stark beschädigt. In der sagenumwobenen ma Burganlage (restauriert) mit Torbau (19. Jh.) und Burghof, heute Wahrzeichen des Durbachtales, kann man auf der Aussichtsterrasse unterhalb eines hohen Treppengiebels bei einer Weinprobe die Ortenauer Weinberge bewundern.

E

7807 Elzach
Emmendingen

Einw.: 6300 Höhe: 150–360 m S.256 □ C 3

Als *Eltavelt* wird der Ort 1178 erwähnt. Um 1290 gründete Wilhelm von Schwarzenberg eine befestigte Stadt, die, an der Handelsstraße zwischen dem Elsaß und Schwaben liegend, eine gewisse Bedeutung bekam. Aber sie errang nie die hohe Gerichtsbarkeit. Elzach wurde zusammen mit der Herrschaft Schwarzenberg mehrfach verpfändet; 1603 fiel es an die Herren v.

Elzach, St. Nikolaus, Madonna

Reischach. Im Januar 1806 besetzten die Württemberger die Stadt, die seit dem 13. Jh. zum Hause Österreich gehörte. Ende Februar 1806 zogen sie wieder ab. Elzach wurde badisch.

Kath. Pfarrkirche St. Nikolaus: Von der 1522 erbauten spätgot. Kirche ist nur noch der polygonale Chor mit Netzgewölbe erhalten. Das Langhaus aus dem 18. Jh. enthielt bis zur Kirchenrenovierung 1958 ein jüngeres Netzgewölbe aus Stuck. Der klassizistische Turm stammt aus dem Jahre 1828. 1957-58 erweiterte man das Langhaus durch den Anbau v. Seitenschiffen. Der spätbarocke Hochaltar kam aus dem Kloster Oberndorf (die Seitenaltäre stammen aus Ettenheimmünster). Barock sind auch der Taufstein und die Kanzel. Der Taufstein v. 1480 ist nach der Nikolausglocke das zweitälteste Stück der Kirchenausstattung. Im Chor sind neben dem got. Sakramentshäuschen mit luftigem Gesprenge 8 *Glasgemälde* v. 1524 aus der Werkstatt des Hans Gitschmann* v. Ropstein erhalten.

Wallfahrtskapelle Maria zu den Neun-Linden: Anstelle eines seit 1778 zerstörten Vorgängerbaus errichtete man 1912 für das Muttergottesgnadenbild aus dem frühen 16. Jh. eine neugot. Kapelle.

Altes Rathaus: Der Bau stammt aus dem 17. Jh. und war mindestens seit dem Dreißigjährigen Krieg das Rathaus der Stadt. Hier befindet sich die *Heimatkundliche Sammlung,* die montags v. 10.00 bis 12.00 Uhr besichtigt werden kann. Das *neue Rathaus* v. 1909 ist im neugot. Stil erbaut. Im Trauzimmer (Turmzimmer) befindet sich eine Kabinettscheibe v. 1523 aus der Werkstatt des Hans Gitschmann* v. Ropstein.

Stadtbild: Einige Elemente der ma Stadt sind heute noch sichtbar, wie Teile der *Stadtmauer* und die Lage der *Brunnen* entlang der Hauptstraße. Manche *Häuser* tragen ma Züge. Nach dem großen Brand v. 1583 blieben nur 3 Bürgerhäuser und das Pfarrhaus bei der Kirche erhalten. Das Modehaus Gepler am Nikolausplatz, das mit der Apotheke zusammen früher Amtshaus war, und das Haus Castell, das ehem. Pfarrhaus, haben got. Dachformen, Giebel und Fenster.

< *Emmendingen, St. Bonifatius*

Brauchtum: Der eigtl. Ursprung der Elzacher »Fasnet« liegt schon Jh. zurück. Die wichtigsten Bräuche fanden zu nächtlicher Stunde statt und blieben deshalb lange in der Anonymität. Erst in unserem Jh. wurde die Elzacher Fasnet mit ihren alten Bräuchen immer bekannter. Die Fasnet ist geprägt v. Umzügen der Schuttig mit den roten Zottelgewändern, dem Schneckenhut, der geschnitzten Holzlarve und der »Saublodere«, v. dem Taganrufen, dem Narrengericht und dem »Schiibeschlage« (»Schiibefasnet«), das am 4. Sonntag nach der eigtl. Fastnacht stattfindet.

Umgebung

Oberprechtal (5 km nö): Die alte und die 1781 neu erbaute Pfarrkirche dienten v. 1577 - 1976 beiden Konfessionen. Die neue *Pfarrkirche* mit barocker Inneneinrichtung birgt schöne Statuen. In der *Holzer-Kapelle* befindet sich die »Schmerzhafte Muttergottes in der Prächt«, ein Vesperbild aus der Zeit um 1380.

7830 Emmendingen

Große Kreisstadt

Einw.: 25000 Höhe: 200-288 m S.256 □ B 3

Anemuotinga wird Emmendingen 1091 in den Urkunden genannt. Es war Hauptort der Markgrafschaft Hachberg und seit 1418 Marktflecken. Die Mauern aus dieser Zeit wurden aber bereits 1424 geschleift und erst nach der Stadterhebung durch Markgraf Jacob III. auf den alten Fundamenten wieder aufgebaut. Im Juni 1590 fand in der sog. Kapitelstube des Schlosses das »Colloquium Emmendingense« statt, ein Religionsgespräch, das in der Gegend die Gegenreformation einleiten sollte. 1796 besiegten die Österreicher in der Schlacht bei Emmendingen die Franzosen.
Dem Dichter Jakob Michael Reinhold Lenz hat Goethes Schwager, der Oberamtmann Johann Georg Schlosser, hier Asyl

verschafft. Daran erinnert noch das sogenannte Lenzhäuschen. 1957 starb der Schriftsteller Alfred Döblin (»Berlin Alexanderplatz«) in Emmendingen.

Ev. Stadtkirche: Vom spätgot. Vorgängerbau, den der Freiburger Münsterbaumeister Hans Niesenberger* um 1491 errichtete, ist nur noch der netzgewölbte Chor erhalten. Ab 1813 erfolgten dann mehrere Neu- und Umbauten. Beachtenswert das lebensgroße *Grabrelief* des 1574 gestorbenen Markgrafen Karl II. v. Baden und Hachberg.

Kath. Pfarrkirche St. Bonifatius: Die 1863 erbaute Kirche wurde mehrfach erweitert. Ein gemalter *Flügelaltar* stammt aus dem 15. Jh.

Rathaus: Den 1729 errichteten zweigeschossigen Bau schmücken ein Uhrtürmchen und ein Balkongitter. An seiner Schmalseite steht in einer Nische die Büste des Markgrafen Karl Wilhelm v. Baden.

Außerdem sehenswert: Am *Marktplatz* stehen noch alte Häuser. Das *Stadttor* aus dem 17. Jh. erhielt 1929 eine 2. Durchfahrt.

Markgrafenschloß: Der ehem. Hof des Klosters Tennenbach wurde 1588 zum Schloß umgebaut. Es zeichnet sich durch einen achteckigen Turm mit Fachwerkaufbau und Zwiebelturm aus.
Hier befindet sich heute das *Heimatmuseum.* Es bewahrt Erinnerungen sowohl an Goethes Schwester Cornelia Schlosser, die in der Landvogtei wohnte und starb, als auch an den Maler Fritz Boehle* auf. Zwischen Mai und Oktober ist es mittwochs v. 15.00 bis 17.00 Uhr und samstags v. 10.00 bis 12.00 Uhr geöffnet.

Museumsbahnhof (Kollmarsreuter Str. 7): Er ist samstags v. 8.00 bis 12.00 und v. 14.00 bis 17.00 Uhr geöffnet. Hier werden alte Dampflokomotiven und Wagen aufbewahrt und restauriert. An manchen Sonntagen findet auch Fahrbetrieb statt.

Umgebung

Hochburg, Burgruine (3 km ö): Auf der 347 m hohen Felskuppe wurde schon im 11. Jh. eine Burg erbaut, die v. 1220 bis 1415 vergrößert wurde. 1557–77 erfuhr sie durch Ummantelung des Felsens und die Anlage v. Vorwerken eine Erweiterung.

Emmendingen, Ev. Stadtkirche, Grabrelief des Markgrafen Karl II. von Baden und Hachberg (l); Tennenbach (Emmendingen), Kapelle der ehem. Zisterzienserabtei (r)

1599–1636 kamen noch 7 Bastionen dazu. 1689 sprengten die Franzosen die Befestigungen und Bauten. Die Ruine ist nach Heidelberg die größte des badischen Oberlandes.

Landeck, Burgruine (5 km nw): Die etwa 1260 durch Walther v. Geroldeck erbaute Burg war im Besitz verschiedener Herren; sie wurde 1525 im Bauernkrieg zerstört. Erhalten sind Teile der Oberburg mit Schwibbogen zwischen den Felsen, der Palas der Unterburg mit spätroman. und frühgot. Doppelfenstern sowie Reste der Kapelle.

Nimburg (6 km w): Die *ev. Pfarrkirche* gehörte urspr. zu einer Antoniterpropstei und wurde 1456 erbaut. 1956 entdeckte man hier bei einer Restaurierung interessante protestantische *Fresken* v. 1718.

Reute (4 km sw): Die *Alte kath. Pfarrkirche St. Felix und Regula* wurde 1430 bis1440 errichtet, Mitte des 18. Jh. barockisiert und 1904 renoviert. Ihr Turm steht neben dem Chor.

Die *St.-Gallus-Kapelle* v. 1626 ist der einzige Rest eines 1756 abgebrannten Schlosses der Herren v. Harsch. – Anstelle einer ma Wasserburg erbauten die Dungern 1757 das *Weiherschloß* (heute Teil des Psychiatrischen Landeskrankenhauses E.). Über den beiden Stockwerken liegt ein Mansardendach. Der dreigeschossige Mittelrisalit zeigt Portal, Balkon und Dreiecksgiebel.

Tennenbach (6 km nö): Die *ehem. Zisterzienserabtei* wurde 1161 gegr. und 1806 aufgehoben. Die Klostergebäude nach dem Hirsauer Muster riß man 1829 ab, die dreischiffige Klosterkirche ebenfalls; sie baute man jedoch in Freiburg als Ludwigskirche wieder auf. 1944 wurde sie zerstört. Erhalten ist nur eine Kapelle aus der 2. Hälfte des 13. Jh. in reiner Frühgotik. Das Schiff ist in 2 breitrechteckige Kreuzgewölbe unterteilt und wird v. einem regelmäßigen $^5/_8$-Chor abgeschlossen. Die Kapitelle sind ohne Blattschmuck, die schlanken Fenster ohne Maßwerk.

7833 Endingen am Kaiserstuhl

Emmendingen

Einw.: 7200 Höhe: 187 m S.256 □ B 3

Erstmals urkundlich erwähnt wird der Ort 862. Die Siedlungsteile Ober- und Nieder-Endingen wurden 1285/86 durch Hesso IV. von Üsenberg vereint und zur Stadt erhoben. Alte Rechte besaßen hier die Klöster Andlau und Einsiedeln. Nach dem Aussterben der Üsenberger kam En-

Endingen am Kaiserstuhl, St. Petrus (l); St. Petrus, Got. Relief, Sitzender Petrus (r)

Endingen, Neues Rathaus

Endingen, Kornhaus

dingen 1379 an Vorderösterreich. Im Bauernkrieg und im Dreißigjährigen Krieg hat die Stadt erheblichen Schaden erlitten, der zu einem starken Rückgang der Bevölkerung führte. Endingen wurde 1805 badisch. Die 3 Gemeinden Amoltern, Kiechlinsbergen und Königschaffhausen, ehemals selbständig, kamen im Zuge der Gemeindereform zu Endingen. Die Rebanlagen der Gesamtgemeinde machen nun Endingen, zuvor zweitgrößte Winzergemeinde Badens, zur drittgrößten in Baden-Württemberg.

Kath. Pfarrkirche St. Petrus: Johann Baptist Häring* erbaute die jetzige Kirche 1772–75 unter Einbeziehung v. Turm und Portal des Vorgängerbaus. Eine Kielbogennische über dem W-Portal beherbergt ein *got. Relief* des sitzenden Petrus (um 1450). In Außennischen der Querhäuser befinden sich ein Salvatorbild (um 1775) und eine *got. Marienstatue* (um 1480). Rokokohaft sind noch Seitenaltäre, Tabernakel und Kanzel. Den Übergang zum Klassizismus zeigen bereits die Stukkaturen. Die Altarblätter und die vielen teils großen Deckengemälde stammen v. Johann Pfunner*. Klassizistisch wirkt der Hochaltar.

Kath. Kirche St. Martin (Wallfahrtskirche): Das Langschiff v. 1846 wird v. einem spätgot. Chor mit reichverziertem Sakramentshäuschen v. 1471 abgeschlossen. Über dem Hochaltar die »Weinende Muttergottes v. Endingen« (Marienstatue um 1430), 1615 ereignete sich das »Tränenmirakel«, später wurde die Statue mit einem Barockgewand versehen. Teile des Turmes stammen aus dem späten 15.Jh. Das Bogenfeld mit dem das Kreuz tragenden Lamm ist eine Kopie nach dem roman. Original.

Altes Rathaus: 1527 entstandener zweigeschossiger Renaissancebau mit spätgot. Fenstern. Er erhielt im 18.Jh. einen geschwungenen Giebel und ein barockes Portal. Der Ratssaal im Obergeschoß hat eine stuckierte Decke. 14 *Glasfenster* (Wappenscheiben) v. Stiftern (1528/29) wurden vermutlich in der Werkstatt des Hans Gitschmann v. Ropstein* hergestellt. Bürgersaal, Nebenräume und das Treppenhaus bergen heute die Schätze des *Kaiserstühler Heimatmuseums*.

Kornhaus v. 1617: Es wurde im spätgot. Stil mit Staffelgiebeln erbaut. In allen Geschossen befinden sich zweischiffige Hallen, kunstvoll gefertigte Stein- oder Holzsäulen und sonstiger Schmuck v. Steinmetzen.
Das Kornhaus ist seit Jahren Rathaus. Es wurde in denkmalspflegerischer Hinsicht sehr gut ausgebaut.

Neues Rathaus: Das ehem. Bürgerhaus Krebs wurde im 18. Jh. erbaut. Sein Mittelrisalit trägt einen Balkon mit schmiedeeisernem Gitter, die Tür ist elegant gerahmt. Es ist von einem Satteldach gedeckt; die Innenräume sind reich stuckiert. 1952 wurde das Haus denkmalsgerecht renoviert.

Königschaffhauser Stadttor: Dieser eine Torturm v. 4 der 1319 erstmals genannten Befestigung ist noch erhalten; neuer Ausbau 1581. Stadtwärts das Wappen v. E. und das v. Österreich.

Ältere Bürgerhäuser auf dem Marktplatz und in einigen Straßen, hauptsächlich der Hauptstr., aus dem 17. und 18. Jh. Typisch für die Fußgängerverbindungen zwischen den Häuserblöcken, »Gässli« genannt. In den 80er Jahren Sanierung der Altstadt.

Stadtteil Amoltern (4 km sw): Ab 1150 finden sich Nachweise v. *Amiltran*. Sehenswert sind die *kath. Pfarrkirche St. Vitus* und *Fachwerkhäuser*.

Stadtteil Kiechlinsbergen (5 km sw): Die *kath. Pfarrkirche St. Petronilla*, 1813 nach Plänen v. Friedrich Arnold errichtet, beherbergt alte barocke Altäre. Das Blatt des rechten Seitenaltars malte 1774 Johann Pfunner*.
Das *Schloß*, ehem. Propstei des Klosters Tennenbach, soll bereits 1730 Peter Thumb* begonnen haben. Vollendet wurde der stattliche Bau 1778.

Ettenheim, Bartholomäuskirche

Stadtteil Königschaffhausen (4,5 km w): Seit 995 als *vila Scafhuson* urkundlich nachgewiesen. Charakteristisch für das Ortsbild sind viele hohe *Torbogen*, die zu den Bauernhöfen führen.

Umgebung

Forchheim (2,5 km n): Die *kath. Pfarrkirche St. Johannes Bapt.* ist bis auf den Turm ein Bau v. 1907. Die got. Muttergottesstatue stammt aus der Schule des Meisters H. L*.
Weisweil (7,5 km n): Turm u. Chor – beide mit Kreuzrippengewölben – der *ev. Pfarrkirche* sind got., das Langhaus wurde im 18. Jh. erneuert und verlängert.
Wyhl (4 km nw): Das kleine Rheindorf wurde in den 70er Jahren bekannt wegen seines Widerstands gegen den Bau eines Atomkraftwerks.
Die *kath. Pfarrkirche St. Blasius* erbaute 1777 Johann Baptist Häring. Der Turm stammt bis zum achteckigen Glockenge-

schoß von der roman. Vorgängerkirche. Die Statue des Titelheiligen stammt aus dem 18. Jh. Die Bilder im Chor und die Altarblätter malte Johann Pfunner*.

7637 Ettenheim Ortenaukreis		
Einw.: 9200	Höhe: 190 m	S.256 □ B 3

Der schon im frühen 8. Jh. gegründete Ort am Ausgang des Ettenbachtales in die Rheinebene erhielt um 1312 das Stadtrecht von den Straßburger Bischöfen, denen es bis zur Säkularisation (1803) die Treue hielt. Heute lohnt sich ein Besuch des an der *Badischen Weinstraße* gelegenen Städtchens wegen seines intakten Stadtkerns mit vielen barocken *Bürgerhäusern* und alten *Fachwerkbauten*.

Bartholomäuskirche: Die dominierende *Stadtkirche* erhielt ihre aufwendige Treppenanlage und ihre spätbarocke Gestalt 1768–77 unter Beteiligung der Baumeister Franz Ignaz Krohmer* und Franz Anton Salzmann*. Das *Äußere* des Baus wird durch den Kontrast seiner rötlichen Sandsteingliederungen zu den verbleibenden Putzflächen belebt. Im harmonischen Innenraum *Deckengemälde* (1777) v. Franz Josef Stöber. Von der Rokoko-Ausstattung verdienen das *Hl. Grab* (1777) und das Hauptaltargemälde v. Johann Pfunner* Beachtung.

Rathaus: Dem schlichten Zweckbau (1757), dessen Erdgeschoßlaube einst Marktzwecken diente, gereichen ein obeliskenbesetzter Volutengiebel und der Rathausturm zum Schmuck. – Das nahe gelegene *Amtshaus* wurde um 1800 zur Exilresidenz für den ausgewiesenen Straßburger Fürstbischof Kardinal de Rohan umgebaut.

Außerdem sehenswert: Streckenweise erhaltener *Stadtbering* mit 2 sehenswerten *Torbauten* (1778/83).

7637 Ettenheimmünster Ortenaukreis		
Einw.: 500	Höhe: 200 m	S.256 □ B 3

Nur noch spärliche Mauerreste künden vom einstigen, 734 gegründeten *Benediktinerkloster*, das noch 1738–40 vom Vorarlberger Baumeister Peter Thumb* großzügig erneuert wurde, bevor es 1803 der

Ettenheimmünster, St. Landolin

Ettenheimmünster, St. Landolin, Portal

Säkularisation zum Opfer fiel und in der Folge abgebrochen wurde.

Pfarrkirche St. Landolin: Die nach 1687 erbaute *ehem. Wallfahrtskirche* wurde 1765 v. Franz Joseph Salzmann* um das Querhaus vergrößert. Der schlichte Rotsandsteinbau verdankt ihm auch den sparsamen Giebelschmuck an W-Fassade und Querhausarm. Die *Kapelle* vor der W-Fassade wurde 1672 um die Landolinsquelle (an der der irische Mönch Landolin der Legende nach 640 ermordet wurde) herumgebaut und erhielt 1765 ihre spätbarocke Gestalt. In dem v. Wandpfeilern gegliederten Innenraum überraschen eine qualitätvolle *Stuckdekoration* und die Deckengemälde (Leben des hl. Landolin, um 1770) am Stichkappengewölbe. Letztere stammen wie das Hauptaltarblatt v. Anton Morath*. Frater Paul Schramm* schuf die beiden lateralen Heiligenfiguren (hll. Petrus und Paulus), Johann Michael Winterhalter* die neugefaßten Plastiken der mittelmäßigen Seitenaltäre (um 1770) und die Kanzel. Beachtenswerter *Rokokohochaltar.* Großes Können verraten die prächtigen *Schnitzarbeiten* an den beiden chornahen Beichtstühlen, an der Emporenbrüstung und am Prospekt der kostbaren *Orgel,* die der berühmte Straßburger Orgelbauer Johann Andreas Silbermann* schuf. Alte Ausstattungsstücke der ehem. Klosterkirche sind das Predigtpult und die übrigen Beichtstühle (um 1705) sowie die aus Silber getriebene und partiell vergoldete *Reliquienbüste* (hl. Landolin, 1506) in der Sakristei.

Umgebung

Gisenburg (1,5 km s): Hoch über dem Ettenbachtal findet man im Klosterwald die Ruine der *Gisenburg,* v. deren ma Bergfried sich Mauerteile erhalten haben.

Münchweier (2 km w): Die klassizistische *Pfarrkirche St. Landolin* (1828) birgt im schlichten Inneren 2 sehenswerte Spätrokoko-Seitenaltäre aus kunstvoll komponiertem Rocaillewerk (um 1760). Hinter dem Altar findet sich das Epitaph des hl. Landolin.

7505 Ettlingen

Karlsruhe

Einw.: 37000   Höhe: 130–410 m   S.255 □ D 1

Im 1. Jh. nach Christus entstand am Kreuzungspunkt zweier wichtiger Römerstra-

St. Landolin, Rokokoaltar (l); Ettlingen, St. Martin (l) mit Stadtturm (r)

Ettlingen, Schloßkapelle, Asam-Fresken

ßen eine ausgedehnte röm. Siedlung, die in den letzten Jahren systematisch ergraben wurde (Reste einer röm. Badeanlage unter der Martinskirche konserviert). Die Stadt Ettlingen wurde 788 erstmals als *Ediningom* in Güterverzeichnissen des Klosters Weißenburg im Elsaß erwähnt, erhielt 965 Markt- und 1192 Stadtrecht und fiel 1219 an Baden. 1689 zerstörten die Truppen des Sonnenkönigs Ludwig XIV. die blühende Stadt. Im Verlauf des 18. Jh. entstanden zahlreiche Barockbauten wie das Schloß (Ausbau der Renaissance-Schloßruine zum Barockschloß), das Rathaus und die Martinskirche, die bis heute das Bild Ettlingens prägen, wo sich bereits im 19. Jh. verschiedene Industrien ansiedelten, und das durch die alljährlich im Juli und August stattfindenden Schloßfestspiele sowie das Museum und zahlreiche Sonderausstellungen viele Kulturliebhaber anzieht.

Kath. Stadtkirche St. Martin: Bereits in karolingischer Zeit entstand der Vorgängerbau der bestehenden Kirche über der röm. Badeanlage, die später als Grabstätte für fränkische Adlige gedient hatte. Vom im 11. und 12. Jh. erstellten roman. Bau blieben Fundamente des Chorturms und Mauerteile der Sakristei erhalten. Im 13. Jh. erfolgte der Ausbau zur dreischiffigen Basilika und die frühgot. Ausgestaltung des Turmchors. Die 1459 erfolgte Erhebung zur Stiftskirche zog den Anbau des im Stil der Spätgotik gehaltenen hohen Chors, dessen Gewölbemalereien aus dem späten 19. Jh. stammen, und die Erweiterung des Baus nach sich. Da das Langhaus der Feuersbrunst v. 1689 zum Opfer gefallen war, erfolgte 1733–39 ein barocker Wiederaufbau nach Plänen v. Johann Michael Ludwig Rohrer*. Einziger Schmuck der eleganten, v. Kolossalpilastern und Gesimsen gegliederten, mit einem Schweifgiebel versehenen W-Fassade sind eine Statue des Kirchenpatrons und das Allianzwappen Baden-Baden/Sachsen Lauenburg. Den Turm schließen ein polygonales Obergeschoß und eine barocke Laterne ab. Der Innen-

Ettlingen, Schloßkapelle, Asam-Fresken

Ettlingen, Rathaus (l) und Stadtturm (r)

raum wirkt schlicht und ein wenig kühl. Deckengemälde stammt von Professor Wachter.

Schloß: Von der um 1250 errichteten ma Burg steht heute noch der Bergfried, vom ca. 1600 vollendeten Renaissanceschloß blieben trotz des Feuers v. 1689 wesentliche Teile erhalten. In den Jahren 1728–33 erfolgte auf Initiative der Markgräfin Sibylla Augusta, die sich auch sonst um den Wiederaufbau v. E. verdient machte, nach Plänen Michael Rohrers* der Ausbau der Ruine zum Barockschloß, da sich die Bauherrin nach dem Tod ihres als »Türkenlouis« in die Geschichte eingegangenen Mannes zum Witwensitz wählte. Die schmucklose Vierflügelanlage mit der durch wuchtige Rundtürme begrenzten S-Seite wirkt streng und ein wenig behäbig. Dank feinfühliger Restaurierung der Scheinarchitekturmalerei v. Lucca Antonio Colomba* strahlt dagegen die Hoffassade des S-Flügels wieder die alte dezente Barockeleganz aus. Über dem Portal erhebt sich ein auf 4 Säulen gestützter zierlicher Balkon, über dem das fürstliche Allianzwappen angebracht ist. 1612 schuf Johann Schoch* den reizvollen Wandbrunnen (Delphinbrunnen) mit reichem Beschlagwerk und wasserspeiendem Delphin. Mit leichter, feinfühliger Hand schuf der Italiener Riccardo Retti* die Stukkaturen der Innenräume des S-Flügels: zartes Bandelwerk, Putten, Vögel, Fische, Masken, Muscheln, Vasen. Der immer noch schönste Raum des Schlosses ist die ehem. *Kapelle* im O-Flügel, in der heute Konzerte und Festveranstaltungen stattfinden. Die architektonische Gestaltung der Kapelle oblag Rohrer. Die v. gemalter Scheinarchitektur umrahmten *Fresken* an der Decke und den Wänden, die Martyrium und Glorifikation des hl. Nepomuk darstellen, sind ein Meisterwerk des aus Bayern stammenden Künstlers Cosmas Damian Asam* (1732) – nach ihm nennt man die nun zum Konzertsaal ausgebaute Kapelle auch Asamsaal. Zu den Sammlungen im Schloß →Museen und Sammlungen.

Rathaus: Seit 1738 wendet der zweigeschossige Barockbau seine Fassade mit dem eleganten, v. einer Statue der Justitia bekrönten Schweifgiebel, in dessen Zentrum eine Nischenfigur des hl. Georg steht, dem Marktplatz der Stadt zu. Das Unterteil des mit dem Gebäude verbundenen Rathausturms stammt aus dem MA, welsche Haube und Laterne verleihen ihm seit dem 18. Jh. sein ins Gesamtbild passendes barockes Gepräge.

Museen und Sammlungen: Das Schloß (geöffnet Di–So 10.00–17.00 Uhr) dient heute auch als Museum. Hier sind untergebracht:
Albgaumuseum (Erdgeschoß, O- und S-Flügel): Hier gewinnt man anhand zahlreicher qualitätvoller Fundstücke und Objekte einen Überblick über Geschichte und Entwicklung von Stadt und Umland v. der Römerzeit (Neptunsstein) bis zum 19. Jh.

Karl-Albiker-Museum (W-Flügel): Werke des Bildhauers Karl Albiker* (1878 bis 1961) und von dessen Freundeskreis O. A. Kiefer*, H. Meid*, A. Haueisen* und M. Laeuger*.

Karl-Hofer-Museum (W-Flügel). Dauerausstellung mit Werken eines der bedeutendsten Maler unseres Jahrhunderts, Karl Hofer* (1878–1955).
Musik- und Uhrenkabinett (W-Flügel): Automatische Musikinstrumente, Spieldosen und Uhren.

Ostasiatische Kunst (O- und S-Flügel). Kunsthandwerk aus China und Japan (17. bis 19. Jh.), Porzellan, Werke der Schnitz-, Glas- und Steinschneidekunst, Lackarbeiten. Zweigmuseum des Lindenmuseums Stuttgart. Zahlreiche Sonderausstellungen aus den verschiedensten Bereichen der Kunst werden durchgeführt. Führungen stündlich an Wochenenden und nach Voranmeldung.
Auskunft: 07243/101 273.

Außerdem sehenswert: Neben Mauerresten blieb v. der ma Stadtbefestigung der runde *Lauerturm* des 15. Jh. erhalten.
Aus der Zeit der Spätgotik stammt der *Georgsbrunnen* (1494, Marktplatz), während

der Renaissance entstanden der *Narrenbrunnen* (1549, vor dem Schloß) und der *Schildhalterinnenbrunnen* (ca. 1650). Das *Gefalle-nendenkmal* am Rathaus ist ein Werk Oskar Alexander Kiefers*.
Dem historischen Stadtkern mit kleinen Straßen und Gäßchen verleihen liebevoll bewahrte *alte Häuser* eine idyllische Atmosphäre.
An neueren Gebäuden sind zu erwähnen: die *Thiebautschule* (1875), die *Schillerschule* und die *Herz-Jesu-Kirche* (1906).

Stadtteil Ettlingenweier: *Pfarrkirche St. Dionysius.* Das im späten 18. Jh. barockisierte, urspr. got. Gotteshaus birgt den von Johann Bargör* und Christoph Möckel* geschaffenen barocken Hochaltar der ehem. Ettlinger Schloßkapelle, die 1741 entstandene Orgel des ehem. Klosters Frauenalb und eine schöne Kanzel von 1760.

Schloß Favorite

F

Favorite, Schloß
Rastatt

Höhe: 120 S.254 □ C 1

Die verwitwete Markgräfin Sibylla Augusta, Gemahlin des »Türkenlouis«, ließ 1710 bis 1712 von Michael Ludwig Rohrer* nach ihren eigenen Plänen nahe dem Ort Kuppenheim ein kleines Sommerschloß mit Barockgarten anlegen, der heute allerdings verwildert und ein englischer Park ist. In Erinnerung an die böhmisch-österreichische Heimat der Bauherrin ist die Anlage, die sich heute hinter schönen alten Bäumen versteckt, dem österreichischen Barock verhaftet.

Der Außenbau, ein dreigeschossiges Rechteck mit Kieselputz, wirkt eher schlicht und einfach, v. weitem betrachtet ein wenig wie ein englisches Landhaus. Zum erhöhten dreiachsigen Mittelrisalit an der N-Fassade, den ein mit dem markgräflichen Wappen geschmückter Dreiecksgiebel abschließt, führt eine doppelläufige Treppe empor. Der von ihr begrenzte Mittelteil des Untergeschosses öffnet sich in gedrungen wirkenden Rundbogenarkaden. Auch die Gliederung, Wandpilaster und Gesimsbänder, ist schlicht. Das Dach krönt ein schlichter, einfacher polygonaler Turm mit geschlossener Laterne. An der Gartenseite ergänzen frei stehende zweigeschossige Bauten das Ganze zu einer Dreiflügelanlage.

Prachtvoll, ja in den Privatgemächern der Bauherrin (NO-Flügel) und ihres Sohnes (SO-Flügel) pompös und fast schon ein wenig überschwenglich ist dagegen die Ausstattung der *Innenräume,* die nicht franz. Eleganz, sondern alpenländische Üppigkeit prägt. Selbst die Schloßküche im Erdgeschoß ist mit ihrem Kupfer- und Zinngeschirr, den Fayencen und Terrinen aus Straßburg ein kleines Schmuckkästchen. Zentrum des Schlosses ist der rechteckige Garten- und Speisesaal, dessen Kanten durch Nischen abgerundet werden. Im Obergeschoß umlaufen Emporen mit rostmarmornen Brüstungen, die Pilaster in Arkaden gliedern, die Schmalseiten. Als Farben dominieren Rost, Gold und das Blau der Nürnberger Kacheln, gemalte Putten und Rankenwerk lassen die Decke leicht erscheinen. Die Nischen besetzen weiße Statuen v. Allegorien und Genien. In den Räumen der Markgräfin mit reich in Gold und Farben gefaßten Stukkaturen bringen immer wieder an Spalieren hochkletternde Seidenblumen die Natur auf die Zimmerwände. Die mit Fayencen und Porzellan spielenden gemalten Putten an den Decken sowie die zahlreichen erlesenen Kleinkunstwerke aller Art zeugen v. der Sammelleidenschaft Sibyllas für alles Schöne und Kostbare. Die herrliches *Porzellan* aus China und ganz Europa sowie eine reiche Auswahl an *böhmischem Glas* umfassende Kollektion im Obergeschoß stellt einen weiteren Höhepunkt dar. Chinesische Papier- und Seidentapeten und japanische Objekte zeugen in den Räumen ihres Sohnes v. der damaligen Vorliebe für alles Exotische. Die Petra-Dura-Arbeiten aus erlesenen Materialien und die Spiegel dagegen kommen aus Florenz. Gobelins mit feiner Petit-Point-Stickerei, Stuckmarmorintarsien, Delfter Kacheln und immer wieder üppige Stukkaturen vervollständigen auch hier das Bild reichster barocker Prachtentfaltung.

Beschaulicher wirkt dagegen die im Garten befindliche *Magdalenenkapelle,* ein überkuppeltes Oktogon mit mehreren kleinen Räumen, das durch die religiösen Themen gewidmete schlichte Ausgestaltung an eine Eremitage erinnert und v. der Fürstin oft für besinnliche Stunden aufgesucht wurde.

Das Schloß ist heute von Rastatt verwaltetes *Museum* und vom 16.3.-15.11. Di bis So geöffnet. Vom 16.3.-30.9. finden zwischen 9.00 und 16.00 Uhr stündlich Führungen statt.

Schloß Favorite, Giebel

Umgebung

Bischweier (5 km nö): Die ehemals der hl. Anna geweihte *Kapelle* vereint got. und barocke Elemente.
Haueneberstein (2 km sw): Spätgot. *Pfarrkirche* mit barocken Veränderungen.

7828 Feldberg

Breisgau-Hochschwarzwald

Einw.: 2000 Höhe: 900–1500 m S.259 □ C 4

Der Feldberg ist mit 1493 m über dem Meeresspiegel der höchste Berg des Schwarzwaldes. Seine Kuppe ist unbewaldet. Bei gutem Wetter hat man einen Fernblick, der im Süden von den Bayerischen Alpen über die Tiroler und Ostschweizer Alpen, die Churfirsten, Eiger und Jungfrau bis zum Montblanc reicht.
Auf dem Gipfel stehen der alte Feldbergturm und die Wetterwarte, auf einem Nebenhügel, dem Seebuck (1448 m), befinden sich das Bismarckdenkmal und der Fernsehturm.
Die Gegend war nur schwach besiedelt. 1634 gründeten Glasbrenner die Siedlung Altglashütten. Erst mit der Erschließung des Feldbergs als Luftkur- und Wintersportort wuchs die Bevölkerung.

Kath. Pfarrkirche Christi Verklärung: 1962 bis 65 erbaute Rainer Disse* diese höchstgelegene Pfarrkirche der Bundesrepublik. Der Grundriß des Stahlbetonbaus ist ein Quadrat, zu dem sich die innere Orientierung diagonal verhält, so daß sich der Altarraum in einer Ecke befindet. Darüber erhebt sich der aus 2 spitzwinkligen Flächen gebildete Turm. Das Dach kragt weit aus. Die Glasfenster von Karl-Heinz Wienert* drücken symbolisch die Verklärung aus. Ein Schwarzwälder Granitblock dient als Altarmensa. Aus Graubünden stammt das im späten 14. Jh. geschnitzte Kruzifix. In der linken Seitenkapelle steht eine barocke Madonna.

Umgebung

Grünwald (22 km ö): Die *kath. Pfarrkirche St. Martin* wurde 1883 erbaut. Aus ihrer Vorgängerkirche, die zu einem 1360 gegr. Paulinerkloster gehörte, stammt das figurenreiche *Sandsteinrelief*. Es ist um 1370 in der Umgebung der Familie Parler entstanden und zeigt im oberen Streifen architektonisch gerahmt 3 Szenen aus der Passion

Schloß Favorite, Brunnensäule, Detail

Feldberg

Schluchsee

und im unteren die Anbetung der Hl. Drei Könige.

Schluchsee (15 km sö): Um den künstlich gestauten Schluchsee herum liegen die weitverstreuten Ortsteile, die teilweise als heilklimatischer Kurort anerkannt sind. Die *Nikolauskirche* wurde 1275 erbaut, die Zwiebelhaube des Turms und das Schiff mit dem tief herabgezogenen Walmdach sind wesentlich jünger. – Das *Schluchsee-kraftwerk* bei Seebrugg kann besichtigt werden.

7564 Forbach

Rastatt

Einw.: 5700	Höhe: 330 m	S.255 □ D 1

Alte Murgbrücke: Am s Ortsrand v. F., dem Hauptort im mittleren Murgtal, spannt sich in einem einzigen Bogen eine gedeckte *Holzbrücke* über die Murg. Getreu dem Original (1776–78) wurde sie 1954/55 mit ihrer charakteristischen Unterbauverschalung und dem schindelgedeckten, leicht gekrümmten Satteldach mit konkav gebrochenen Walmen (Dachstirnseiten) erneuert. Sie ist heute das Wahrzeichen des modernen Fremdenverkehrs- und Kurorts.

Umgebung

Bermersbach (2 km nw): Aus frühgeschichtlicher Zeit stammen die *Giersteine*. Sie sollen den Kelten einst als Opfersteine gedient haben. – *Murgtäler Dorfmuseum* (in der ehem. Schule), eine umfangreiche Darstellung zu Leben und Arbeit im Murgtal in 3 Jh.

Schwarzenbach-Talsperre (9 km sw): Als technische Sehenswürdigkeit darf die 1923 bis 1926 errichtete Staumauer des knapp 3 km langen Schwarzenbach-Stausees gewertet werden. Die an der Basis 45 m dicke *Talsperre* ist 65 m hoch und 380 m lang. Über Leitungen in unterirdischen Stollen speist der Speicher das 1919 erbaute Murg-

Kraftwerk zwischen Raumünzach und F.

7501 Frauenalb
Karlsruhe

Einw.: 200	Höhe: 300 m	S.255 □ D 1

An der Stelle eines um 1180 von den Grafen von Eberstein im Albbachtal gegründeten Frauenklosters, das im frühen 17. Jahrhundert aufgelassen wurde, begann unter der Abtissin Margarethe von Greith im späten 17. Jh. der Neubau des Benediktinerinnenklosters, das später (1802) säkularisiert wurde und nach einem Brand (1853) dem Verfall preisgegeben war.

Ehem. Klosterkirche: Die Ruine der 1727-51 unter Bauleitung v. Peter Thumb* nach dem Vorarlberger Bauschema errichteten Klosterkirche wurde jüngst (1985/86) in ihrem Baubestand gesichert und dient nun bei Sommerkonzerten als malerische Kulisse. Die quadratischen Türme der breiten *Zweiturmfassade* besitzen achteckige, v. ovalen Schallöffnungen durchbrochene Glockengeschosse, die heute mit flachen Pyramidendächern gedeckt sind; am N-Turm Balusterbrüstung. Die v. Gesimsen und Pilastern gegliederte *Fassade* mit Erdgeschoßlaube gipfelt in einem geschweiften Volutengiebel. Durch eine Vorhalle unter der Nonnenempore gelangte man einst in das geräumige Innere des Langhauses, dessen Mauern unten v. Segmentbogenfenstern, oben v. hohen Rundbogenfenstern durchbrochen sind. - Das ehem. *Abteigebäude* (1672) und die v. Franz Beer* (S- und O-Flügel, 1704) und Peter Thumb* (W-Flügel, um 1730) konzipierten *Konventgebäude* besitzen an Fenstern und Portalen teilweise Hausteinrahmungen. - Im Gartenhaus des terrassierten *Abteigartens* (um 1730) sehenswerte Muttergottesfigur (um 1740).

Umgebung

Moosbronn (10 km w): Die 1746-49 nach Plänen v. Franz Ignaz Krohmer* erneuerte *Wallfahrtskirche Maria Hilf* erkennt man schon v. weitem an ihrem Fassadenturm.

Frauenalb, Ehem. Klosterkirche, Giebel

Im Inneren der Saalkirche mit Ausnahme des Hauptaltars (1954) harmonische Rokoko-Ausstattung aus der Bauzeit.

7800 Freiburg im Breisgau
Freiburg/Südbaden

Einw.: 175994	Höhe: 276 m	S.258 □ B 4

Im Jahre 1091 errichteten die Zähringer auf dem über Freiburg aufragenden Schloßberg eine Burg. 1093 schufen sie mit der Gründung von St. Peter (siehe dort) eine neue Grabstelle für die Familie. Sie hatten also ein Gebiet, durch das wichtige, Schwaben und das Elsaß verbindende Handelsstraßen liefen, zum fürstlichen Wohnsitz erkoren. Obwohl sich im Einzugsgebiet der heutigen Stadt rasch verschiedene kleinere Siedlungen entwickelten, gilt das Jahr 1120 als offizielles Gründungsdatum des Marktortes Freiburg, der dank einer für damalige Verhältnisse freiheitlichen Verfassung rasch zu einem blühenden Gemeinwesen wuchs und bereits um 1200 von einer wehrhaften Mauer umgürtet war. 1218 verstarb Bertold V., ohne einen Erben zu hinterlassen. Die Herrschaft fiel an die Grafen von Urach, die sich fortan »von Freiburg« nannten.

Der Silberabbau in der Gegend des Schauinsland, blühender Handel und tüchtige Handwerkszünfte ließen Bevölkerung und Stadt so anwachsen, daß sie Mitte des 13. Jh. über die alten Mauern hinauswuchs. Beträchtlich gestiegen war auch das Selbstbewußtsein der Freiburger. Stück für Stück zwangen sie den ungeliebten gräflichen Stadtherren ihre Rechte ab und unterstellten sich schließlich 1368 nach Zahlung einer enormen endgültigen Ablösesumme den fernen Habsburgern. 1457 rief Erzherzog Albrecht VI. die Universität ins Leben, die 3 Jahre später eröffnet wurde und bis heute einen guten Ruf genießt. 1498 kam König Maximilian I., um Reichstag zu halten. Dank der Habsburger konnte sich die Reformation in Freiburg nicht durchsetzen, und die Stadt bot vielen Religionsflüchtlingen Zuflucht - so auch für nahezu 150 Jahre dem Basler Domkapitel.

Die kriegerischen Auseinandersetzungen des 17. und 18. Jh. verschonten auch Freiburg nicht: 1632 plünderten die Soldaten des Dreißigjährigen Krieges die Stadt, 1677 setzten sich hier Truppen Ludwigs XIV. fest, und Militärbaumeister Vauban baute Freiburg zu einer der trutzigsten Festungen der Region aus. 1697 übernahmen erneut die Österreicher das Ruder. 1744/45 ließ Franzosenkönig Ludwig XV. Vaubans Wehranlagen schleifen. 1770 wurde die Durchreise der zukünftigen französischen Königin Marie Antoinette zu einem Fest großen Stils, und ihr Bruder, Kaiser Joseph II. (1741-90, regierte ab 1765), beeinflußte zu Ende des 18. Jh. durch seine Reformen auch das Leben in Freiburg, wo mehrere Klöster säkularisiert wurden. Die Neuordnung Europas unter Napoleon I. führte dazu, daß Freiburg 1806 dem neu gegründeten Großherzogtum Baden zugeschlagen wurde und bedeutete unter anderem die Aufhebung aller noch verbliebenen Klöster.

Freiburg, Münster

Ab Mitte des 19. Jh. erfolgten ein neuer Aufschwung und zahlreiche Modernisierungsmaßnahmen wie Eröffnung einer Eisenbahnlinie, Verlegung von Gas-, Wasser- und Stromleitungen. Am 27. 11. 1944 legte ein alliierter Luftangriff weite Teile der Altstadt in Schutt und Asche. Bereits kurz nach dem Krieg begann der Wiederaufbau, wobei man sich stark um eine originalgetreue Wiederherstellung des Stadtbildes bemühte. So kann man in der Altstadt nicht nur reizvolle enge Gassen und schmucke, Gediegenheit und bürgerlichen Wohlstand widerspiegelnde Häuser bewundern, sondern auch die sog. Bächle, in denen früher das für die Stadtreinigung und etwaige Feuerlöscharbeiten wichtige Wasser floß. Außerdem lockt die Erzbischofs- und Universitätsstadt durch das herrliche Münster, zahlreiche Museen, gepflegte Gastlichkeit und eine landschaftlich reizvolle Umgebung mit vielfältigen Freizeitmöglichkeiten zahlreiche Besucher an.

SAKRALBAUTEN

Münster Unserer Lieben Frau (Münsterplatz). *Geschichte:* Sie beginnt um das Jahr 1120 mit einer Pfarrkirche für die Bürger der neu gegr. Zähringersiedlung, v. der heute allerdings nichts mehr erhalten ist.

Um 1200 gab Bertold V. einen neuen Bau in Auftrag, der nicht nur den Reichtum der blühenden Marktsiedlung widerspiegeln, sondern auch als würdige Grabstätte seiner Familie dienen sollte. Somit schuf er die Basis für eines der herrlichsten ma Gotteshäuser Deutschlands, das sich rühmen darf, den »schönsten Turm der Christenheit« zu besitzen. Nach dem Vorbild der Basler Bischofskirche, einem spätroman. Meisterwerk, entstanden zunächst das Querhaus, die Hahnentürme und das Chorhaupt. Bis ab etwa 1220 unter den neuen Stadtherren die Bauarbeiten weitergingen, hatte sich der Architekturstil gewandelt, und die Formen der Frühgotik hatten sich durchgesetzt. Erste Versuche im neuen Stil stellten die Ostjoche des Langhauses dar. Als Vorbild diente nun das Straßburger Münster, und ein dort geschulter Baumeister erstellte den Rest des Langhauses und die unteren Geschosse des Fassadenturms, der um 1330 als hochgot. Meisterwerk seine Vollendung fand. Vermutlich, weil es sich bei dem Gotteshaus »nur« um eine Pfarrkirche handelte, hatte man sich für nur einen Turm entschieden. 1354 legte man den Grundstein zur Erweiterung des Chores. Diese Arbeit begann Hans von Gmünd, der sich meisterlich auf die Formensprache der Spätgotik verstand. Da die Bauarbeiten zwischen ca. 1370 und 1471 unterbrochen waren, fand die Chorweihe erst 1513 statt. 1620 kam schließlich noch die Renaissancevorhalle am s Querhaus hinzu. 1827 wurde das Münster Bischofskirche.

Außenbau: Am Anfang soll der markanteste Bauteil stehen, der 115 m hohe *W-Turm.* Zwischen den mächtigen, durch Gesimse gegliederten Eckpfeilern des Untergeschosses (die unter Baldachinen stehenden Grafenfiguren sind teilweise Kopien) öffnet sich das getreppte *Turmportal* mit Marienkrönung im Wimperg. Die 3 Säulen vor dem Portal entstammen dem frühen 18. Jh. und tragen Statuen der Gottesmutter und der Stadtpatrone Alexander und Lambertus. Ähnlich robust und massiv wie das Portalgeschoß wirken das folgende, v. einem schlichten Maßwerkfenster durchbrochene Kapellengeschoß und das v. der Sterngalerie abgeschlossene Uhrengeschoß. Leichter, im architektonischen Detail feiner und reicher, da später, wirken die v. reichlich Maßwerk, v. Fialen und Wimpergen belebten, leicht eingezogenen folgenden Geschosse. Den Abschluß des Turms bildet der spitze achteckige Helm, ein filigranes Gespinst aus offenen Kleeblattrosetten. – Wer schwindelfrei ist und nicht unter Höhenangst leidet, sollte unbe-

Freiburg, Münster, Portal, Tympanon

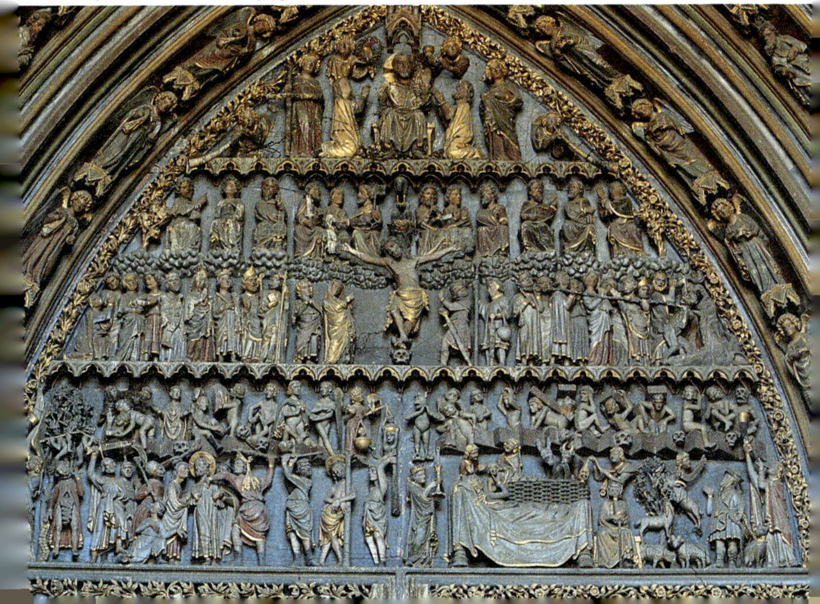

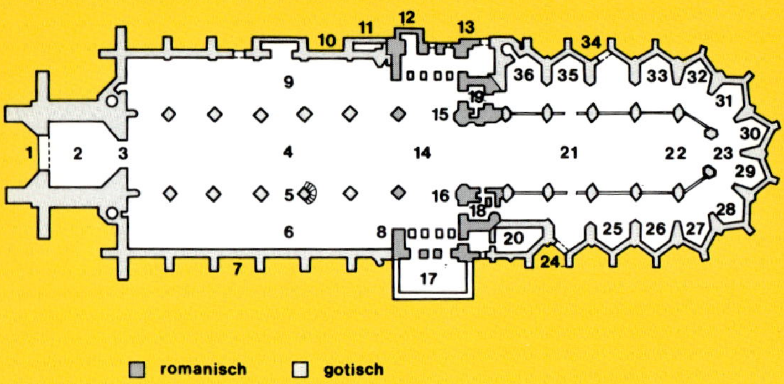

Freiburg, Münster 1 W-Turm mit Turmportal **2** Vorhalle **3** Hauptportal **4** Mittelschiff **5** Kanzel **6** s Seitenschiff mit Zunftfenstern der Schuster und Tuchmacher **7** s Seitenschiffportal (Lammportal) **8** Heiliggrabkapelle **9** n Seitenschiff mit Zunftfenstern der Küfer, Bäcker, Schmiede, Schneider und Maler **10** Grafenkapelle **11** Abendmahlskapelle **12** Peter-und-Paul-Kapelle **13** Alexanderkapelle **14** Vierung und Querhaus **15** Dreikönigsaltar **16** Annenaltar **17** Renaissancevorhalle vor dem südlichen Querhausportal **18** Nikolauskapelle **19** Magdalenenkapelle **20** Sakristei und Schatzkammer **21** Chor **22** Hochaltar **23** spätgot. Marienbrunnen (1511 bzw. 1545) **24** s Chorportal **25** Stürzelkapelle mit Taufstein **26** Universitätskapelle **27** Lichtenfels-Krotzingen-Kapelle **28** Schnewlinkapelle **29** 1. Kaiserkapelle **30** 2. Kaiserkapelle **31** Villinger-Böcklin-Kapelle **32** Sotherkapelle **33** Lochererkapelle **34** n Chorportal (Schöpfungsportal) **35** Blumeneggkapelle **36** Heimhoferkapelle

dingt hinaufsteigen - als Belohnung winken ein herrlicher Blick auf F. und seine wunderschöne Umgebung und die Möglichkeit, die Architekturdetails ganz aus der Nähe zu betrachten. Die im Glokkenstuhl hängende *Hosannaglocke* v. 1258 gilt als die älteste Angelusglocke Deutschlands. Anschließend das Langhaus mit hohem Mittelschiff und niedrigen Seitenschiffen, deren Dächer von mächtigen Strebebogen überspannt werden. Massive Strebepfeiler, die mit offenen Figurentabernakeln besetzt sind, stützen die Gewölbe. Spitzbogenfenster mit aus Kreis- und Paßformen gebildetem Maßwerk gliedern die Wände. Groteske Wasserspeier, Heiligenstatuen unter Baldachinen, durchbrochene Balustraden bilden das formenreiche Detaildekor. Die v. offenen, klaren Formen (Fenster, Friesbänder) bestimmten schlichteren Fronten der kurzen Querschiffe (die an eine ital. Renaissanceloggia erinnernde S-Vorhalle wirkt keinesfalls störend) weisen das Querschiff eindeutig als roman. aus. Auch an den Hahnentürmen wird der Unterschied zwischen beiden Stilrichtungen deutlich: schlicht wirkende Untergeschosse, durch got. Details leichter wirkende Obergeschosse, offene, ungleiche Spitzhelme. Verfeinerte, im Vergleich zum Langhaus zarter wirkende Detailausarbeitung (Maßwerk, Strebebogen und -pfeiler, Baldachine, Türmchen und Figuren) zeigt am anschließenden Chor den Unterschied zwischen Hochgotik (Langhaus, Turm) und Spätgotik.

Innenraum und Ausstattung: Ein anhand der Grundrißskizze erfolgender Rundgang erschließt die Schätze des Münsters. Das Turmportal (1) führt in die Vorhalle (2), deren Gewölberippen in einem mächtigen Sprengring zusammenlaufen. In den Feldern gemalte Engel und Ornamente des 19. Jh. Ratlosigkeit mag den heutigen Beobachter angesichts des vielfältigen Skulpturenschmucks und einer möglichen Deutung der Symbolik befallen, sind hier doch Engel, Heilige, Allegorien und biblische Gestalten auf engstem Raum nebeneinandergestellt und nach einem ausgefeilten theologischen Programm verbunden. Zentrum des Raumes ist das *Hauptportal* (3) an der O-Wand. Am Türpfosten grüßt eine liebliche *Madonna mit Kind* (um 1290), zu deren Füßen Jesse schläft. In den Portallaibungen linker Hand die anbetenden Könige und Ecclesia, rechter Hand Erzengel Gabriel, Maria, Maria und Elisabeth, Synagoge. Die Archivolten schmükken v. innen nach außen Engel mit Weihrauchfässern und Kronen, Propheten, die Könige Judas, die Patriarchen mit den Erzeltern. Das Tympanon gliedert sich in 5 »Etagen«. In der untersten Christi Geburt und Passionsszenen. Darüber die Auferstehung der Toten, bei der Michael als Seelenwäger mit Satan diskutiert. Im Zentrum des nächsten Feldes Kreuzigung, die Seligen, die Verdammten. Darüber die Apostel, die als Beisitzer des in der oberen Etage gezeigten Weltgerichts fungieren. Die Steinbänke an den Seitenwänden waren früher für die 24 Marktrichter bestimmt. An der N-Wand der Vorhalle sieht man Satan als galanten Verführer mit Handschuh und Rose, dessen Rücken jedoch eine offene, v. Ungeziefer zerfressene Wunde ist, Voluptas als reizvolle Frau, den mahnenden Engel, Gestalten aus dem Alten und Neuen Testament, die 5 klugen

,Münster, Madonna am Hauptportal

Jungfrauen und Christus als Bräutigam. Südlich die 5 törichten Jungfrauen, Allegorien der 7 freien Künste, die hll. Margareta und Katharina. Das Turmportal flankieren 2 Mahnungsengel.

Weitläufig und würdig wirkt das hohe, schlichte Mittelschiff (4), durch das sich ein direkter Blick in den Chor öffnet. An den Bündelpfeilern stehen unter Maßwerkbaldachinen Statuen der Apostel und Christi, an der W-Wand eine schöne, v. 2 Engeln flankierte Marienstatue v. ca. 1280. Die Glasgemälde über der darüber befindlichen Michaelskapelle sind v. unten nicht zu sehen. Die spätgot. Kanzel (5) v. Jörg Kempf* (1560) erhielt Ende des 18. Jh. ihren Schalldeckel. Die Orgelempore an der N-Wand entstammt dem 19. Jh., die Marienstatue ist v. 1545. Die Bergbauunternehmer vom Schauinsland stifteten Mitte des 14. Jh. das sog. Schauinslandfenster im Obergaden (die anderen Fenster sind modern mit alten Teilen). Das Fresko über dem Querhausbogen (Marienkrönung) stammt vom Ende des 19. Jh. Die

reizvolle Schnitzmadonna am sö Vierungspfeiler ist spätgot. Den besonderen Reiz des s (6) und n (9) Seitenschiffs machen die herrlichen, in leuchtenden Farben erstrahlenden, wertvollen got. *Glasfenster* aus, die v. einheimischen Familien und den Handwerkszünften gestiftet und großenteils auch in F. gefertigt wurden. Die Heiliggrabkapelle (8) ist ein kunst- und ausdrucksvolles Beispiel hochgot. Steinmetzkunst des Oberrheingebiets v. ca. 1330–40. Jörg Kempf*, dessen Abbild man an seiner Kanzel sehen kann, schuf 1555 die Grafen- oder Ölbergkapelle (10). Die 1806 eingerichtete Abendmahlskapelle (11) birgt Steinfiguren Franz Xaver Hausers* (1806). Der davor befindliche Josephsaltar, vor dem mehrere Erzbischöfe bestattet sind, entstand im frühen 19. Jh. Trotz späterer Veränderungen vermittelt das Querhaus (14) noch immer einen guten Eindruck schlichter roman. Kirchenarchitektur. An der N- und S-Wand stehen heute die Teile des 1579 v. Hans Böringer* geschaffenen Renaissancelettners. Ein ausgezeichnetes Beispiel für spätroman. Glasmalkunst stellen die Querhausfenster dar. An der O-Wand der Peter-und-Pauls-Kapelle erhielten sich mit Fragmenten einer Kreuzigung aus der Mitte des 14. Jh. Teile der *Wandmalereien* des Münsters. Das in die N-Wand geschmiegte Endinger Chörlein ist eine Stiftung v. ca. 1322. Die Todtnauer Bergbauunternehmer stifteten die spätgot. Kapelle (13) mit dem 1515 nach einem Entwurf v. Hans Baldung, genannt Grien*, gefertigten Annafenster und den Reliquien des legendären Märtyrers. Die moderne Marienorgel im N-Querhaus datiert v. 1965. Der Bildhauer Hans Wydyz* aus Straßburg schuf 1505 den spätgot. Dreikönigsaltar (15), der Annenaltar (16) entstand um 1520 ebenfalls als oberrheinische Arbeit. Beide Altäre wurden im 19. Jh. erneuert. In der im s Hahnenturm befindlichen Nikolauskapelle (18) gefallen bes. die spätroman. Reliefs (Wolfsunterricht, Kämpfe zwischen Fabeltieren) aus dem frühen 13. Jh. Im n Hahnenturm liegt die Magdalenenkapelle (19). Die Besichtigung der Chorkapellen ist mit Führung möglich. Die Zeiten sind an der Nikolauskapelle angeschlagen. Ansonsten wendet man sich an das Dompfarramt, Herrenstr. 36, oder an die Freiburg-Informationen, Rotteckring 14.

< *Münster, Fenster der Malerzunft*

Hell und elegant öffnet sich der spätgot. Chor (21), dessen schlanke Pfeiler zum leicht wirkenden Netzgewölbe emporstreben. Das Licht fällt durch 11 Maßwerkfenster, die v. Kaiser Maximilian I. und seiner Familie (Chorhaupt), vorderösterreichischen Adeligen und Freiburger Bürgern gestiftet und teilweise nach Entwürfen v. Hans Baldung, genannt Grien*, Hans v. Ropstein* und Jakob Wechtlin* 1511–13 ausgeführt wurden, auf eine der hervorragendsten Altarschöpfungen des frühen 16. Jh., den 1512–16 v. Hans Baldung, genannt Grien*, gemalten *Hochaltar* (22). Er gilt als Hauptwerk des Künstlers und schildert, umgeben von filigranem Rankenwerk des Hans Wydyz*, in dem sich im Schrein Engelchen tummeln, in farblich intensiven und kraftvollen, durch viel Liebe zum Detail äußerst lebendig wirkenden Bildern das Marienleben: Verkündigung, Heimsuchung, Christi Geburt und Flucht nach Ägypten bei geschlossenen Flügeln und Marienkrönung mit Aposteln bei geöffneten Flügeln. Für die Predella schnitzte Wydyz* die Anbetung der Könige. Auf der Rückseite verewigte sich Hans Baldung innerhalb des Kreuzigungsgemäldes, außerdem sieht man die hll. Hieronymus, Johannes d. T., Laurentius und Georg, in der Predella Porträts der Münsterpfleger und die Signatur des Malers. Außerdem sind im Chor zu erwähnen: die Denkmäler der Zähringer (1794), Grabmäler für Konrad II. v. F., seine Frau und Schwiegertochter (14. Jh.) und das Grabmal für den österreichischen General v. Rodt († 1743; Grabmal v. J. L. Wentzinger, 1745).

Die *Kapellen* sind Stiftungen, die früher als private Begräbnis- und Andachtsräume dienten. Konrad Stürzel, Kanzler Maximilians I., stiftete 1505 die Stürzelkapelle (25) mit Kopie des v. Baldung, genannt Grien*, entworfenen Stifterfensters und reizvollem Rokokotaufstein, 1768 v. Anton Xaver Hauser und Joseph Hörr nach einem Entwurf v. Christian Wentzinger* geschaffen. Die Universitätskapelle (26) entstand 1505–10 als Grablege für Professoren und birgt mehrere Gedenkplatten. Die Altarflügel (Anbetung der Hirten und der Könige,

Stifterfamilie) sind Werke v. Hans Holbein d. J.* v. 1519–21 und stammen aus Basel. Gegenüber liegt der Eingang zur modernen Bischofsgruft. Die Lichtenfels-Krotzingen-Kapelle (27) wurde 1538 geweiht. Die 1528 vollendete Schnewlinkapelle (28) birgt Glasmalereien und Ausstattungstücke des 16. und 19. Jh. Die beiden Kaiserkapellen (29, 30) wurden mit Stiftungen der Habsburger ausgestattet. In der 2. Kaiserkapelle (30) steht heute der berühmte *Schnewlinaltar* (1515): Hans Baldung, genannt Grien*, malte außen Verkündigung, innen die beiden Johannes, eine Gebirgslandschaft und den Rosengarten. Die zentrale Szene, die ausdrucksvoll plastisch gestaltete Hl. Familie, ruht auf der Flucht nach Ägypten, schuf Hans Wydyz*. Die Villinger-Böcklin-Kapelle (31) wurde urspr. vom Großschatzmeister Maximilians I. gestiftet und vom Magdeburger Dompropst Böcklin († 1585), dessen Spätrenaissancegrabmal sich hier befindet, übernommen. Eine hervorragende roman. Arbeit ist das um 1200 entstandene Böcklinskreuz. In der Sotherkapelle (32) schönes Stifterfenster v. 1523. Die Lochererkapelle (33) birgt einen herrlichen, der Schutzmantelmadonna geweihten und v. Hans Sixt* v. Staufen 1521–24 geschnitzten Altar. Blumenegg- (35) und Heimhoferkapelle (36) entstammen dem 16. Jh. und bergen Ausstattungsstücke aus verschiedenen Epochen.

Stadtpfarrkirche St. Martin (Rathausplatz): Ab 1262 errichteten die Franziskaner hier eine Kirche und ein Kloster, v. dem noch ein Teil des Kreuzgangs blieb. Nach den Zerstörungen des letzten Krieges wurde die Kirche 1949–51 wiederaufgebaut und stellt heute wieder ein schönes Beispiel für die Bettelordenskirchen des Oberrheingebiets dar. Interessant das aus dem Münster stammende *Martinsfresko* (um 1480) im s Seitenschiff, dessen Hintergrund die älteste Stadtansicht F. bildet.

Adelhauser Neukloster (Adelhauser Str.): Es entstand 1687–99 als Ersatz für im Dreißigjährigen Krieg zerstörte Dominikanerinnenklöster im Dorf Adelhausen. Aus der schönen *Ausstattung* ragen heraus: Kruzifix (14. Jh.), darunter Vesperbild am s Seitenaltar (16. Jh.), Sandsteinstatue der hl. Katharina (um 1270/80) und die Altäre aus dem 17. und 18. Jh.

Schwarzes Kloster (St. Ursula, Rathausgasse): 1708–10 v. Johann Baptist Heinze* erbaute Kirche mit verspieltem Bandelwerk- und Rocaillestuck. Das Hochaltar-

Freiburg, Münster, Hochaltar von Hans Baldung

bild (Mariä Schneewunder) schuf Johann Degler*. Seit 1894 altkath. Kirche (nur zu bestimmten Zeiten zugänglich).

Universitätskirche (Bertoldstr.): Der einfache Bau wurde zwischen 1692 und ca. 1700 v. Heinrich Mayer* als dem Vorarlberger Schema folgende Wandpfeileranlage als Kirche für das Jesuiten-Kolleg errichtet. Da 1944 Innenraum und Ausstattung vernichtet wurden, erneuerte man nur die Stukkaturen in den Seitenkapellen und schuf eine moderne Ausstattung. Die ehem. Kollegsgebäude beherbergen heute Institute der Universität.

Weitere Sakralbauten: *Augustinerkloster* (→Augustinermuseum). - *Evangelische Christuskirche* (Turnseestr.) v. 1890. - *Herz-Jesu-Kirche* (Stühlinger Kirchplatz) v. 1892-97. - *Kartause am Johannisberg* (Kartäuserstr., heute Altersheim), v. 1753-56. - *Konviktskirche St. Karl Borromäus* mit Erzbischöflichem Konvikt (Collegium Borromaeum; Herrenstr.), 1823-26 v. Christoph Arnold* erbaut, nach dem Krieg wiederhergestellt und mit moderner Ausstattung versehen. - *Lorettokapelle* (Kapellenweg) v. 1651. - *Michaelskapelle* und *Alter Friedhof* (Karlstr.), 1725 geweihte Saalkirche mit schönen Stukkaturen und Decken- und Hochaltarbildern des Tirolers Johann Pfunner*. In der Vorhalle 12 Darstellungen des Totentanzes. Auf dem im 17. Jh. angelegten herrlichen Friedhof zahlreiche schöne alte Grabsteine. - *Peterhof* (Bertoldstr.), im 16. Jh. für die Äbte v. St. Peter errichtet und im 18. Jh. barock erweitert. Reizvolle Kapelle v. 1587, an der Schwelle v. der Spätgotik zur Renaissance stehend (nicht öffentlich zugänglich).
St. Cyriak und Perpertua (Annaplatz) von 1753 bis 1756. - *St.-Johannis-Kirche* (Güntertalstr./Basler Str.) von 1894 bis 1899. *Neue Synagoge* (Engelstraße), 1987 eingeweiht.

PROFANBAUTEN

Altes Rathaus (Rathausplatz): Reizvoller Bau von 1557 bis 1559. Dahinter die aus dem 13. Jh. stammende »Gerichtslaube« (1975 bis 1979 wieder aufgebaut.).

Neues Rathaus (Rathausplatz): 1896-1901 entstand das Gebäude, indem man 2 Bürgerhäuser des 16. Jh. verband. Bes. reizvoll ist das Doppelhaus »Zum Rechen«, ein gediegener Renaissancebau mit Volutengiebeln und Eckerkern. Am s Erker erkennt

Freiburg, Münster, Schnewlingaltar, Verkündigungsengel v. H. Baldung (l), Flügelaltar (r)

Freiburg, Gerichtslaube im Rathaushof

man das Relief »Die Jungfrau mit dem Einhorn«.

Basler Hof (Kaiser-Joseph-Str.): 1494 bis 1496 für Konrad Stürzel v. Buchheim, den Hofkanzler Maximilians I., errichtet, 1588 bis 1677 Exilresidenz des Basler Domkapitels (daher der Name) und heute Regierungspräsidium F. Bes. reizvoll wirkt die v. Erkern und Statuen belebte Fassade mit Renaissanceportal (z. T. Kopien).

Haus »Zum Walfisch« (Franziskanergasse): Das reizvolle spätgot. Haus mit zierlichem Erker wurde 1514–16 für den Generalschatzmeister Maximilians I., Jakob Villinger, erbaut und ist heute Sparkasse.

Kaufhaus (Münsterplatz): Der reizvolle spätgot. Bau mit Treppengiebeln entstand 1520–32. Das dem Marktplatz zugewandte Untergeschoß öffnet sich in wuchtigen Rundbogenarkaden. An die Seiten schmiegen sich 2 Erker mit Wappen und v. bunten Ziegeln gedeckten Spitzhelmen. Hinter dem Balkon 5 Fenster mit sog. Vorhangbogen. Dazwischen stehen unter Baldachinen die 1530 v. Hans Sixt v. Staufen geschaffenen Statuen v. 4 Habsburgern: Maximilian I., Philipp der Schöne, Karl V. und Ferdinand I. Zum schönen, im Obergeschoß befindlichen Festsaal konnte man über eine Wendeltreppe im malerischen Hof gelangen (heutiger Zugang durch das Nebengebäude).

Martinstor (Kaiser-Joseph-Str.): Der um 1200 errichtete alte Torturm wurde 1901-03 aufgestockt und überragt nun wieder mit seinem v. Erkertürmchen flankierten, steilen Helm die umliegenden Gebäude, mit denen er sich zu einer reizvollen Einheit zusammenfindet.

Schwabentor (Salzstr.): Der mächtige quadratische Torturm v. ca. 1250 wurde ebenfalls um 1900 aufgestockt und 1953/54 wieder auf die urspr. Höhe gebracht. Die Landseite schmückt ein Bild des Stadtpatrons Georg v. 1903, auf der Stadtseite ist

Freiburg, Kaufhaus

das berühmte Schwabenbild zu sehen. Zusammen mit dem angrenzenden Haus bildet das Tor ein reizvolles Ensemble.

Universität (Bertoldstr.): Hauptsitz der Neuen Universität F. ist das 1907–11 v. Hermann Billing* in Jugendstilformen errichtete Kollegiengebäude I. Daran anschließend das 1957–61 entstandene, ganz auf Funktionalität ausgerichtete neue Kollegiengebäude II. Die Skulptur »Liegende Figur« ist ein Werk Henry Moores* v. 1952/53.

Colombischlößle (Colombipark): Inmitten eines schönen Parks steht die nicht reizlose, im hierzulande ungebräuchlichen und daher ziemlich exotisch anmutenden »Gothic Revival Style« (englische Neugotik) errichtete Villa v. 1859 bis 61 (→Museen).

Weitere Profanbauten: *Alte Münsterbauhütte* (Herrenstr.), entstanden Mitte des 16. Jh., nach 1600 aufgestockt. – *Alte Wache* (Münsterplatz) v. 1733. – *Deutschordenskommende* (Salzstr.) v. 1768, 1982 bis 1986 wieder aufgebaut, heute Gericht. – *Erzbischöfliches Ordinariat* (Herrenstr.) v. 1903 bis 1906. – *Erzbischöfliches Palais* (Münsterplatz), das ehem. Haus »Zum Ritter« (Ständehaus) v. 1756. – *Greiffenegg-Schlößle* (Schloßberg) v. 1805. – *Haus »Zur lieben Hand«* (Löwenstr.), ehem. Sitz des Statthalters v. St. Gallen v. 1769. – *Haus »Zum Herzog«* (Salzstr.), ehem. Hof der Abtei v. St. Blasien aus der Mitte des 16. Jh. (heute Stadtarchiv). – *Haus »Zum Schönen Eck«/Wenzingerhaus* (Münsterplatz), das Wohnhaus des Künstlers v. 1761. Schönes Treppenhaus mit Deckengemälde und Festsaal (siehe auch Museum für Stadtgeschichte) *Merian-Sautier'sches Haus/Schunkhaus* (Leopoldring/Habsburgerstr.) v. 1826, letzter Rest der klassizistischen Zähringer Vorstadt. – *Ölmühle* (Insel 1 a). *Sickingen-Palais* (Salzstr.), 1770 errichtet, 1962 bis 1965 wieder aufgebaut, heute Landgericht. – *Schwabentorbrücke;* Türme, Denkmäler und Geländer v. 1896. – *Stadt-*

theater (Bertoldstr.) v. 1905 bis 1910. - *Kaufhaus Schneider* (Kaiser-Joseph-Str.), 1973 bis 1975 nach Entwürfen v. Hans Mohl* errichtetes vielbeachtetes Beispiel für Neubau in alter Umgebung. - *Gasthof »Zum roten Bären«* (Oberlinden), ältestes Gasthaus Deutschlands mit ununterbrochener Wirtefolge seit 1387. - *Kornhaus* (Münsterplatz) v. 1498, 1970 rekonstruiert. - *Breisacher Tor* (Rempartstr.), einziger erhaltener Torbau der Vaubanschen Festung nach 1677. - *Alte Universitätsbibliothek* (Rempartstr.), 1896 bis 1901, heute Kollegiengebäude IV. - *Städtisches Verkehrsamt* 1935 bis 1936, erster moderner Arkadenbau in Freiburg. - *Haus »Zum alten Kameltier«* (Oberlinden) malerisches Haus mit aufwendiger Fassadendekoration von ca. 1710.

Außerdem sehenswert: *Bertoldbrunnen* (Kaiser-Joseph-Str.) mit Reiterstandbild des Zähringer-Herzogs, 1956. - *Fischbrunnen* (Münsterplatz) 15./16. Jh., 1970 versetzt. - *Oberlindenbrunnen* (Oberlinden) mit barocker Madonnenstatue. - *Schnekkenvorstadt,* das alte Handwerksviertel als Beispiel für die Stadterweiterung des MA. *Bertold-Schwarz-Denkmal* (Rathausplatz), für den Erfinder des Schwarzpulvers (19. Jh.). - *Konviktstr.,* gelungene Altstadtsanierung mit sehr bemerkenswerten Neubauten.

MUSEEN

Augustinermuseum (Augustinerplatz): Im ehem. Kloster der Augustiner-Eremiten untergebracht. Die im 13. Jh. errichtete Kirche wird, wie auch die Räume des Klosters (14. Jh.) mit schönem Kreuzgang, durch die Veränderungen in der Zeit des Barock geprägt. Gezeigt werden: ma Kunst und Kunsthandwerk. Glasfenster aus dem Münster. Originalskulpturen vom Münster. Außerdem eine große Barockabteilung: Malerei des 19. Jh.; Freiburger Zimmer des 18./19. Jh.; Jugendstilglas (Sammlung Silzer); Volkskundliche Sammlung mit Trachten, Keramik, Schwarzwalduhren und Exponaten zur Lebensweise der Schwarzwaldbauern.

Museum für neue Kunst (in der ehem. Adelhauser Schule, Marienstr.): Kunst des 20. Jh. bis zur Gegenwart mit Schwerpunkt Region Oberrhein. Museumscafé.

Museum für Naturkunde (Gerberau): Fauna und Flora des Oberrheingebiets, Mineraliensammlung, Bienenkunde.

Freiburg, Martinstor

Freiburg, Schwabentor

Museum für Völkerkunde (Gerberau): Exponate aus Afrika, Asien, Amerika, Australien und der Südsee. Schwerpunktthema Ostasien.
Öffnungszeiten für die vorgenannten Museen: Di, Do bis So 10.00 bis 17.00, Mi 10.00 bis 20.00 Uhr, Mo geschlossen.

Museum für Ur- und Frühgeschichte (Colombischlößle): Geschichte des Oberrheingebiets v. der Altsteinzeit bis zum frühen MA, Kelten, Römer, Alemannen und Franken.
Öffnungszeiten: täglich 9.00 bis 19.00 Uhr, kein Ruhetag.

Zinnfigurenklause (Schwabentor): Modelle und Dioramen zur Geschichte des oberrheinischen Bauerrnkrieges; Burgen der Gegend. *Öffnungszeiten*: 15.4. bis 15.11. Sa/So 10.00 bis 12.00, 15.00 bis 18.00 Uhr; Juni bis September täglich.

Museum für Stadtgeschichte (Wentzingerhaus, Münsterplatz): Geschichte v. F. v. den Anfängen bis zur Gegenwart, Stadtmodelle, Modell der Münsterbaustelle. Eröffnung voraussichtlich 1991.

Zunfthaus der Breisgauer Narrenzunft (Turmstr.): Sammlungen zur Freiburger Fasnet und zur Geschichte der schwäbisch-alemannischen Fastnacht. *Öffnungszeiten*: Sa 10.00 bis 13.00 Uhr und nach Vereinbarung.

Kleines Stuckmuseum (Liebigstr.): Putz- und Stucktechniken, Schwerpunkt 18. und 19. Jh. *Öffnungszeiten*: Mo bis Fr 13.00 bis 18.00, Sa 9.00 bis 13.00 Uhr.

THEATER

Städtische Bühnen Freiburg (Bertoldstr.): Oper, Tanztheater, Schauspiel, Spielzeit September bis Juli; Juni/Juli Freiburger Theaterfestival. – *Wallgrabentheater* (Rathausgasse): 96 Plätze, Privattheater v. internationalem Ruf. Im Sommer Freilichtaufführungen im Rathaushof. – *Alemannische Bühne* (Gerberau): Mundartstücke, Volkskomödien. – *Freiburger Kinder- und Jugendtheater* (Langemarckstr.): z.Zt. kein fester Spielort. – Verschiedene *Kleinkunstbühnen*.

Veranstaltungen: *Freiburger Fasnet* zwischen schmutzigem Donnerstag und Rosenmontag mit verschiedenen Veranstaltungen. – *Freiburger Frühjahrs- und*

Freiburg, Colombischlößle

Freiburg, Augustinermuseum, Details von Christus auf Palmesel (l), Vesperbild (r)

Herbstmesse. – *Freiburger Weintage,* letztes Wochenende im Juni Fr–Di auf dem Marktplatz. – *Hocks* oder *Hockede* (Straßen-, Orts- und Dorffeste im ganzen Einzugsgebiet) und Weinfeste vom Mai bis Juli, September und Oktober. – *Flohmarkt* im Möslepark, Ende Juni/Anfang Juli als größter nichtkommerzieller Flohmarkt Süddeutschlands. – *Freiburger Weihnachtsmarkt* (Rathausplatz), Anfang Dezember bis Heiligabend. – *Internationales Zelt-Musikfestival* am Mundenhof, im Juni, Musik v. Klassik bis Jazz, Kleinkunst, Kabarett. – *Orgelkonzerte* im Münster v. Juni bis September jeweils Di 20.00 Uhr. – *Freiburger Literaturgespräche* im Spätherbst. *ÖKO-MEDIA,* Tage des ökologischen Films. – *Orchesterfest,* jeweils eine Woche während der Sommerferien. – *Internationaler Violinwettbewerb Ludwig Spohr,* alle 3 Jahre. – *Freiburger Video Forum,* seit 1984 alle 2 Jahre.

Stadtteil Zähringen: *St. Blasius,* Kirchenbau v. 1823. – *Zähringer Burg,* Ruine einer großen Burganlage, nach der die Stadtgründer v. F. benannt sind.

Stadtteil St. Georgen: Reizvolles Winzerdorf vor den Toren v. F. – *Pfarrkirche St. Georg:* Anstelle der alten Hartkirche nach Plänen des Weinbrenner-Schülers Heinrich Hübsch* v. Lukas Engesser* errichtete, 1869 geweihte dreischiffige Hallenkirche, die sich an das Vorbild einer frühchristlichen Basilika anlehnt und in den 60er und 70er Jahren grundlegend renoviert wurde. Den großzügig und elegant wirkenden Innenraum erhellen moderne Glasfenster v. Benedikt Schaufelberger*. Von der Ausstattung seien erwähnt: die v. der alten Kirche stammenden Vorhallenportale; der restaurierte Renaissancetaufstein (um 1600); der Kanzelkorb (19. Jh.); der dem spätgot. Flügelaltar im elsässischen Kaysersberg nachgearbeitete Choraltar v. Josef Dettlinger*; der barocke Marienaltar; das ehem. Hochaltarblatt (Taufe im Jordan, 1753) v. Johann Pfunner; die barocke Kreuzigungsgruppe in der Krie-

Freudenstadt, Ev. Stadtkirche

gergedächtniskapelle und barocke St.-Georgs-Figur. – *Eugen-Keidel-Bad* (Mineralthermalbad), 1979 eröffnete, architektonisch interessante Badeanlage.

Umgebung

Ebnet (5 km sö): 1749–51 erbaute Christian Wentzinger* aus F. nach Entwürfen Johann Jakob Fechners* den idyllischen *Landsitz* der Freiherren v. Sickingen. Das v. einem englischen Park umgebene Anwesen gilt als schönstes Barockschloß des Breisgaus, ist heute Privatbesitz und wird für Konzertveranstaltungen und Vorträge genutzt.
Günterstal (4 km s): Ehem. *Zisterzienser-Nonnenkloster* mit Klostergebäuden des 18. Jh. (Kirche nach Brand neu gebaut) und schöner Toreinfahrt.
Kappel (7 km sö): *Kath. Pfarrkirche St. Peter und Paul:* Mitte des 18. Jh. nach dem Vorarlberger Schema errichtete Saalkirche mit schlichter Fassade, Dachreiter und halbrundem Chor. Zur Ausstattung gehört der ehem. Altar des Dominikanerklosters v. F.
Merzhausen (3 km sw): *Kath. Pfarrkirche St. Gallus* mit interessantem Doppelgrabmal (frühes 17. Jh.). – *Jesuitenschlößchen* aus der Mitte des 17. Jh.
St. Ottilien (Zufahrt v. Kartäuserstr. oder Zugang zu Fuß vom Schwabentor über den Schloßberg): Schon im MA erwähnter Wallfahrtsort mit 1503 erbauter *Kirche,* die 1714 barockisiert und vergrößert wurde. Im Chor wurden *Fresken* aus dem 16. Jh. freigelegt.

7290 Freudenstadt

Freudenstadt

Einw.: 20000 Höhe: 700–1000 m S. 257 □ D 2

1599 ließ Herzog Friedrich I. von Württemberg diese Stadt durch seinen Baumeister Heinrich Schickhardt* im Zentrum seines Staates »mitten im förchtigen Wald«

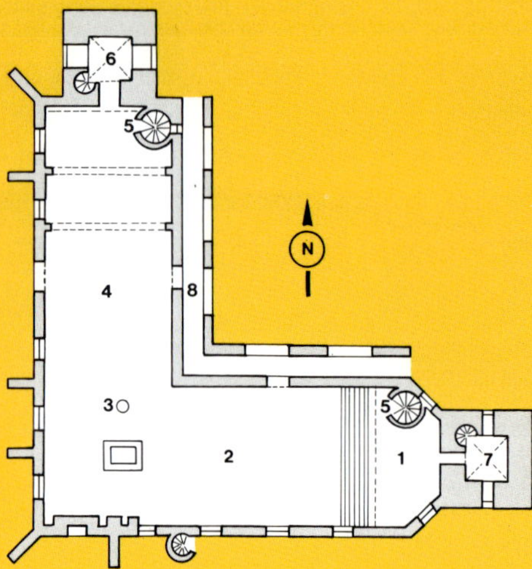

Freudenstadt, Ev. Stadtkirche 1 Erhöhter Chor **2** ehem. Gottesdienstraum, im 19. Jh. Männern vorbehalten **3** roman. Lesepult (um 1150) mit Evangelistenfiguren **4** Betraum, im 19. Jh. Frauen vorbehalten **5** Wendeltreppen zu den Emporen **6** N-Turm **7** O-Turm **8** Laube

planen und errichten. Um einen großen zentralen Marktplatz scharten sich drei mühlbrettartig angelegte Häuserzeilen, die um eine vierte erweitert wurden, als sich hier aus Kärnten, der Steiermark und Krain vertriebene Protestanten ansiedelten. Um 1670 wurde die Stadt zur Festung ausgebaut, der Festungsbau jedoch bald wieder eingestellt. Seit der letzten Jahrhundertwende entwickelte sich Freudenstadt zum internationalen Luftkurort. Gegen Ende des 2. Weltkriegs wurde die Stadt von der heranrückenden französischen Armee durch Artilleriefeuer in Brand geschossen. Das Feuer breitete sich infolge der Holzbauweise und des Wassermangels schnell aus. Von 1949 bis 1954 wurde Freudenstadt unter Beibehaltung des eigenartigen Grundrisses wieder aufgebaut. Seit dem 1. 1. 1988 ist es große Kreisstadt.

Ev. Stadtkirche: Ebenfalls v. Heinrich Schickhardt* erbaut und in den Stadtplan einbezogen, entstand 1601–08 in der sw Ecke des Marktplatzes diese *Winkelhakenkirche,* bei der 2 netzgewölbte Schiffe rechtwinklig zusammenstoßen. Der Renaissancebau zeigt auch mit den Spitzbogenfenstern gotisierende Stilelemente. Am Ende der beiden Schiffe steht jeweils ein Turm mit oktogonalem Obergeschoß und welscher Haube. Im Inneren steht die *Kanzel* im äußeren Winkeleck. Um die beiden Kirchenschiffe ziehen sich *Emporen.* Das Innere der Kirche zeigt heute nach dem Wiederaufbau ein eher schlichtes Bild. Zur Ausstattung, die aus Hirsau oder Alpirsbach stammen mag,

Freudenstadt, Marktplatz mit Stadt- und Rathaus >

gehören ein um 1100 entstandener roman. *Taufstein* mit phantastischen Tierplastiken, ein hölzernes *Lesepult* (um 1150), das v. den geschnitzten Figuren der Evangelisten mit ihren Symbolen getragen wird, und ein geschnitzter *Kruzifixus* aus der Zeit um 1500. Die Kirche kann Mo bis Fr außer Di v. 9.00 - 12.00 und v. 14.00 - 17.00, Sa v. 9.00 - 12.00, 14.00 - 17.00 und So v. 14.00 bis 18.00 Uhr besichtigt werden.

Marktplatz: Beim Wiederaufbau errichtete man die den Marktplatz umgebenden Häuser nicht wieder traufständig, sondern giebelständig. behielt aber die Arkaden rund um den Platz bei. Urspr. sollte hier ein mächtiges Residenzschloß gebaut werden, doch dazu kam es nie. Heute ist der quadratische Platz mit einer Seitenlänge v. 225 m v. einem Park und dem *Stadthaus* besetzt, außerdem stehen dort 3 *Rokokobrunnen*. Der ev. Kirche diagonal gegenüber steht das *Rathaus*. Am Stadthaus befindet sich eine Gedenksäule, die an Zerstörung und Wiederaufbau nach 1945 erinnert. Auf dem Marktplatz finden im Juli und Herbst besondere Feste statt.

Heimatmuseum: Im Stadthaus befindet sich die heimatkundl. und -historische Sammlung, die So von 10.00 bis 12.00 Uhr besucht werden kann. Führungen werden montags um 9.30 Uhr durchgeführt.

Kurtheater: Gastspiele finden vom Herbst bis zu Beginn der Sommerferien statt.

Veranstaltungen: Ein breitgefächertes *Mach-mit-Programm* der Städtischen Kurverwaltung (Promenadeplatz 1).

Freudenstadt, Ev. Stadtkirche, Taufstein

7632 Friesenheim

Ortenaukreis

Einw.: 10000 Höhe: 160 m S.256 □ B 2

In die Gemeinde Friesenheim sind die Orte Heiligenzell, Oberweier, Oberschopfheim und Schuttern eingegliedert.

Unweit der *römischen Straßenstation F.*, die heute (nahe der Eisenbahnlinie) ausgegraben und zur Besichtigung freigegeben ist, wurde das älteste rechtsrheinische *Benediktinerkloster* des Breisgaus und der Ortenau wohl v. iroschottischen Mönchen im 7. Jh. gegründet. Im Mittelalter wichtige Reichsabtei, wurde das Kloster öfters erneuert und nach der Säkularisation (1803) - abgesehen v. der Kirche und einem kleinen Teil der angrenzenden *Konventsgebäude* (16./17. Jh.) - abgerissen.

Ev. Pfarrkirche: Die Kirche (1768) besitzt einen Chorturm (1496) mit origineller gestaffelter Zwiebelhaube aus dem Rokoko und im Inneren Deckenfresken aus der Bauzeit v. Johann Baptist Nußbaumer*. - In der Nachbarschaft mehrere schöne *Giebel- und Fachwerkhäuser* (17./18. Jh.), darunter auch das *Rathaus* (17. Jh.).

Umgebung

Heiligenzell (2,5 km sö): Das dreistöckige sog. *Schlößle* (15. Jh.) zeichnet sich durch ein prächtiges klassizistisches Portal mit kleiner Freitreppe und einen Dachreiter mit Glockenhaube aus.

Oberschopfheim (3 km n): Die sog. *Gutleutkirche* bei Oberschopfheim war die ma Pfarrkirche für die Dörfer Leutkirch, Oberschopfheim und Diersburg. Der Ort Leutkirch selbst ging im 15. Jh. unter. Die

Kirche mit ihrem Chorturm aus dem 13. Jh. überlebte als Friedhofs- und Wallfahrtskirche und wurde 1964 als gesamte Kirche wiederaufgebaut. Bemerkenswert sind die Wandmalereien aus dem frühen 16. Jh. im Turmuntergeschoß.

Schuttern (2 km w): *Ehem. Klosterkirche Mariä Himmelfahrt*: Die 1773 spätbarock erneuerte Klosterkirche (heute Pfarrkirche) erkennt man schon v. weitem an ihrem hohen *Fassadenturm* mit figurenbesetzter Balustrade auf der Höhe des achteckigen Glockengeschosses, das v. einem polygonalen Glockendach mit Laterne und Spitzhelm bekrönt wird. Ein v. Säulenpaaren gerahmtes klassizistisches Rechteckportal an seinem Untergeschoß leitet über zum Inneren, dessen Grundriß das lat. Kreuz zugrunde liegt. Der Chor wird beidseitig v. Sakristeien flankiert und schließt wie die beiden Querhausarme mit konkav und konvex geschwungenem Gemäuer. Kostbarstes Ausstattungsstück ist eine spätgot. Straßburger *Muttergottesfigur* (um 1480) im s Querhausarm. Von 1972 bis 1975 wurden die Fundamente der Vorgängerkirchen ergraben und danach der Öffentlichkeit zugänglich gemacht. Hier kann man Teile des ältesten *Bildmosaiks* aus dem 10./11. Jh. bewundern, die das Motiv des Brudermordes an Abel darstellen.

Meißenheim (9 km nw): Die 1763–66 mit einer Mittelturmfassade und 2 Emporen erbaute *ev. Pfarrkirche* besticht mit einer glanzvollen Rokoko-Ausstattung, so mit einem Deckenfresko (Mariä Himmelfahrt, 1763) v. Johann Pfunner* und einer gleichzeitigen Orgel v. Johann Andreas Silbermann* mit bemalter Emporenbrüstung (18. Jh.) v. Sebastian Greither*. Christian Eitel* schuf die großartigen Rocaillekartuschen, die Rokokokanzel und den Stuckmarmoraltar (alle um 1763). – Im Kirchhof findet sich das *Grabmonument* (1866) für Friederike Brion (1752–1813), eine Jugendliebe Goethes.

7743 Furtwangen

Schwarzwald-Baar-Kreis

Einw.: 10000 Höhe: 640–1150 m S. 257 □ C 3

Bei einem Weiler Wangen, dessen Kirche 805 urkundlich erwähnt wird, überquerten früher die von Freiburg, Triberg und Donaueschingen kommenden Straßen in einer Furt die Breg. Um 1200 wurde der Wald gerodet, es siedelten sich Bauern und später auch Handwerker an. 1640 wurde die erste Schwarzwälder Uhr hergestellt, und bald wuchs Furtwangen neben Neustadt zu einem Zentrum des Uhrmacherhandwerks heran. 1850 wurde in Furtwangen die staatliche Uhrmacherschule, die jetzige Fachhochschule, gegr., und 1873 erhielt es das Stadtrecht. Heute werden hier auch elektrotechnische und feinmechanische Produkte hergestellt.

Kath. Pfarrkirche St. Nikolaus: Die im Ortsteil Schönenbach liegende Kirche besitzt noch einen roman. O-Turm (13. Jh.?). Sie wurde 1488 got. erneuert. Den Chor deckt ein Kreuzgewölbe, der Turm erhielt den achteckigen Spitzhelm. Eine *Sandsteinmadonna* stammt aus dem frühen 14. Jh., die Altäre datieren vom Ende des 19. Jh.

Kath. Pfarrkirche St. Andreas: In Neukirch wurde 1425 eine ältere Kirche durch eine got. ersetzt, die dann unter Verwendung v. Turm und Chor 1727–29 barockisiert und 1946–48 nach Bombenschaden erneuert wurde. Erhalten sind die got. Sakramentsnische im Chor, die Rokokokanzel und einige barocke Heiligenfiguren v. Matthias Faller*.

Die **kath. Pfarrkirche St. Cyriak** (Furtwangen) und die **kath. Pfarrkirche St. Johann Bapt.** (Rohrbach) sind neuroman. Bauten aus der Mitte des 19. Jh.

Martinskapelle: Nahe der Bregquelle – der am weitesten v. der Mündung im Schwarzen Meer entfernten Donauquelle – steht die roman. Kapelle. Sie wurde 1672 erneuert und 1952–53 wieder instand gesetzt und besitzt einige ältere Holzstatuetten, darunter eine Pieta und einen hl. Martin.

Deutsches Uhrenmuseum (Gerwigstr. 11): Robert Gerwig, der Erbauer der Gotthard-Schwarzwald- und Höllentalbahn, war der 1. Vorstand der Uhrmacherschule. Er gründete dieses Museum. Es zeigt neben der Entwicklung der Schwarzwalduhr eine reiche Sammlung historischer Uhren aller

Epochen. Das Museum ist im Sommer täglich v. 9.00 bis 17.00 Uhr, im Winter montags bis freitags v. 10.00 bis 12.00 und v. 14.00 bis 16.00 Uhr geöffnet.

Umgebung

Gütenbach (7 km w): In diesem Ort hat sich die Herstellung v. Spielwaren zur Kleinindustrie entwickelt.

Urach (6 km sö): Die *kath. Pfarrkirche Allerheiligen* ist eine der hier noch erhaltenen alten Wehrkirchen. Sie befindet sich in einem ummauerten Friedhof, an dessen Ecken Kapellen stehen. In der sö befindet sich eine Kreuzigungsgruppe (um 1680), in der sw eine Ölberggruppe (um 1770). Die barocke Kirche mit älterem Chor und N-Turm besitzt im Langhaus ein um 1730 bemaltes Holztonnengewölbe. Der Chor wurde um 1760 stuckiert. Aus dieser Zeit stammt auch die übrige Ausstattung, darunter der Hochaltar mit dem v. Johann Pfunner* gemalten Mittelblatt.

Vöhrenbach (8 km ö): Die auf dem Gut *Verinbach* 1244 durch 4 Grafen v. Urach gegr. Stadt wurde im MA durch mehrere Brände und 1639 durch die Schweden zerstört. Erhalten ist einzig das sog. Heidenhaus. – Die *Michaelskapelle*, auch *Bruderkirchlein* genannt, an der Straße nach Villingen ist aus einer seit 1330 belegten Einsiedelei hervorgegangen.

Gengenbach, St. Marien

G

7614 Gengenbach
Offenburg

Einw.: 11000	Höhe: 171 m	S. 256 □ C 2

Die reizvolle Stadt im Kinzigtal ist eine Gründung des seit dem 8. Jh. bestehenden Klosters. Um 1230 erhielt es Stadtrechte, 1366 erfolgte die Erhebung zur Reichsstadt. 1689 mußte auch Gengenbach schwere Zerstörungen hinnehmen, so daß heute vor allem Gebäude des 18. Jh. das Stadtbild prägen. 1803 erfolgte der Anschluß an Baden.

Kath. Stadtpfarrkirche St. Marien: Die ehem. Abtei und Kirche des im frühen 8. Jh. durch den hl. Pirmin gegr. Benediktinerklosters entstanden Anfang des 12. Jh. unter dem Einfluß des Reformklosters Hirsau als dreischiffige romanische Basilika mit Querschiff, dreischiffigem Chor und 5 halbrunden Apsiden. Obwohl gotische und barocke Veränderungen durch Restaurierung weitgehend zurückgenommen wurden, wirkt der Außenbau immer noch wie eine Mischung: roman. in Form und Linienführung, barock-elegant in der Ausgestaltung. Der 1716 vollendete barocke *Turm* zieht sofort die Blicke auf sich – nicht nur, weil er in der Gesamtanlage wie ein Fremdkörper wirkt, sondern auch, weil er mit seinem quadratischen, an den oberen Ecken mit Vasen besetzten Unter-

geschoß, dem durch Pilaster gegliederten und in ellipsenförmigen Schallfenstern geöffneten Glockengeschoß, der welschen Haube und der hohen, schlanken Laterne als einer der schönsten seiner Art im ganzen Umkreis gilt. Die W-Fassade schmücken eine barocke Gottesmutter mit Kind, eine roman. Steinmadonna und ein barockes Kirchenportal v. Philipp Winterhalter*.
Der Innenraum, in dem der aus elsässischen Kirchenbauten übernommene »Stützenwechsel« (bei dem abwechselnd runde, glatte Säulen mit schönen Würfelkapitellen und quadratische Pfeiler mit schlichten Gesimsen die gedrungenen Arkadenbogen tragen) bes. interessant ist, hat seine roman. Form zurückgewonnen. Die im späten 19. Jh. durchgeführte Aus- und Bemalung v. Gewölben und Architekturteilen ist bis heute umstritten, verleiht aber dem Gotteshaus eine nicht reizlose und für süddt. Kirchenbauten auch ungewöhnliche Atmosphäre. Von der *Ausstattung* verdienen das got. Hl. Grab (1505), ein Gobelin mit Passionsszenen (frühes 17. Jh.) und das barocke Chorgestühl Erwähnung.
Die Zerstörungen v. 1689 machten einen Neubau der Klosteranlage nötig, den Franz Beer* durchführte. Die nach dem Abbruch des O-Traktes verbliebenen, im Stil des »bürgerlichen« Barock gehaltenen Gebäude schließen sich im S an die Kirche an, so daß ein einheitlicher viereckiger Komplex entsteht. Das Innere, wo sich in einigen Räumen gute barocke Stukkaturen erhalten haben, wird heute v. der Fachhochschule Offenburg genutzt.

Friedhofskirche St. Martin (auch Leutkirche [Chorturmkirche]): Auch diese auf eine fränkische Gründung des 5. Jh. zurückgehende, im 15. Jh. errichtete und im 17. Jh. umgestaltete Kirche weist eine Mischung aus got. und barocken Elementen auf. Die üppigen Altäre entstammen dem 18. Jh., die Kanzel schuf 1762 Peter Schwab*. Seitenaltar v. Philipp Winterhalter* (1723/24), Barockorgel von Antoni Albrecht*, Hochaltar v. Josef Mayer (1722).

Einbethkapelle: Die einschiffige, v. einem Dachreiter gekrönte Wallfahrtskirche erhebt sich auf dem »Bergle«, v. dem aus sich ein schöner Blick auf G. bietet. Sie erhielt ihre heutige Form und die Ausstattung, v. der bes. die Altäre Erwähnung verdienen, im Laufe des 17. Jh. Bemerkenswert auch die Darstellung der acht Seligkeiten v. Ruth Schaumann*.

Rathaus: Stadtbaumeister Victor Kretz* errichtete 1784 das elegante dreigeschossige Gebäude mit in Arkaden aufgelöstem Untergeschoß, Peter Schwab* steuerte den Fassadenschmuck – Reichsadler und Stadtwappen, Allegorien v. Gerechtigkeit und Klugheit – bei. Repräsentativer Ratssaal mit schöner Ausstattung. Rathausuhr »Speckuhr«.

Stadtbefestigungen: Von den Mauern, die im 13. Jh. die Stadt umgürteten, ist nichts mehr zu sehen, v. der im 14. Jh. aufgebauten Anlage blieben neben Mauerresten das *Kinzigtor* und das *Haigeracher Tor* erhalten, außerdem der *Schweden-*, der *Prälaten-* und der *Niggelturm*. Sie alle erfuhren während der Zeit der Renaissance leichte Veränderungen und Umbauten.

Museen: *Museum Haus Löwenberg:* Sonderausstellungen zu Geschichte, Kunstgeschichte und zeitgenössischer Kunst. Zeugnisse aus der Geschichte der ehem. Benediktinerabtei. – *Narrenmuseum* (Nig-

Gengenbach, St. Marien

VOLKSBANK

gelturm): Gengenbacher Fasnachtsgestalten, schwäbisch-alemannisches Fasnachtsbrauchtum.

Außerdem sehenswert: Der gesamte Altstadtkern mit reizvollen *Fachwerkhäusern*, die vorwiegend aus dem 18. Jh. stammen, wurde nicht nur liebevoll und sachkundig bewahrt, sondern steht unter Denkmalschutz. Hervorzuheben sind der 1582 errichtete und 1718 restaurierte *Marktbrunnen* mit einem wappentragenden Ritter. Außerdem das auf Franz Beer zurückgehende *ehem. Kanzleigebäude*, ein mächtiger Steinbau mit Volutengiebel v. 1699, das heute unter dem Namen Pfaffsches Haus bekannt ist. Das *Löwenberghaus* entstand im 18. Jh. - Der außerhalb der Stadt gelegene *Löwenberger Garten* lädt mit 2 reizvollen Rokokopavillons und mehreren Skulpturen (u.a. *Mars* und *Minerva* v. Fidelis Sporer*) zum Spaziergang ein.

Stadtteil Reichenbach (3,5 km n): Auch die reizvolle kleine *Peterskapelle*, eine Chorturmkirche aus dem 12. Jh., erfuhr im 14. Jh. got. Veränderungen. Der Altar stammt aus der Zeit des Barock. - Peter Schwab* schuf den *Johann-Nepomuk-Brunnen*.

7562 Gernsbach

Rastatt

Einw.: 14000 Höhe: 170 m S.255 □ D 1

Die im unteren *Murgtal* gelegene Stadt (seit 1243) erlebte als Flößereizentrum der »Murgschifferschaft« - einer Zunft, die riesige Waldungen (Murgschifferschaftswald) ihr eigen nannte - von 1488 bis 1876 großen Wohlstand. Sie hat heute viel von ihrer früheren wirtschaftlichen Bedeutung an den hochindustrialisierten Nachbarort *Gaggenau* verloren, dafür aber trotz mehrerer großer Stadtbrände einiges von ihrem ursprünglichen Stadtbild bewahren können. An der Grundrißdisposition der *Oberstadt* (um 1800) war Friedrich Weinbrenner* maßgeblich beteiligt.

Jakobskirche (Untere Kirche): Die 1467-71

< Gengenbach, Marktbrunnen mit Obertor

Gernsbach, Liebfrauenkirche, Westturm

erbaute Kirche (heute ev. Pfarrkirche) besitzt ein saalartiges Langhaus mit später eingezogenem und bemaltem Spiegelgewölbe (1771) und einen spätgot. *Chor* mit Sterngewölbe. Neben dem kunstvoll gearbeiteten *Sakramentshäuschen* eines Schülers v. Nikolaus Gerhaert van Leyden im Chor verdienen auch die *Epitaphe* (16. Jh.) der Grafen v. Eberstein Beachtung.

Liebfrauenkirche (Obere Kirche): Die wohl aus der einstigen Burgkapelle hervorgegangene got. Kirche (um 1380/90) wurde 1401 vergrößert und 1833 v. August Moosbrugger* neugot. verändert. Der älteste Teil der Kirche, der wuchtige *W-Turm* (13. Jh.) mit gestaffeltem Spitzdach, diente urspr. wie der benachbarte *Storchenturm* mit seinem Fachwerkobergeschoß als Wehrturm der ma *Stadtmauer*. An seinem Portikus *Hl. Grab* aus dem 15. Jh. In gewolltem Kontrast steht die moderne Ausstattung (1971) zu den spätgot. Ausstattungsstücken wie der v. späteren Übermalungen befreiten *Pietagruppe* (um 1500) im Chor und den 3 Skulpturen (hll. Sebastian, Christophorus und Georg) an der W-Wand. An einem der kunstvollen got. Maßwerkfenster in den Seitenschiffen bes. leuchtende *Glasmalereien* (Kreuzigung Christi, 2. Hälfte 15. Jh.).

Altes Rathaus: Der erfolgreiche Murgschiffer Jakob Kast ließ sich 1617/18 dieses frühbarocke Wohnhaus erbauen. Die Bürger v. G. machten später den repräsentativen Bau zu ihrem *Rathaus*. Das dreistöckige Werksteingebäude zeichnet sich durch seinen kupfergedeckten *Eckerker,* seine Fenster mit gesprengten Bekrönungen und seinen hohen, seitlich mit Voluten und Obelisken geschmückten *Giebel* aus. – Auf dem nahen *Marktplatz* steht der *Marktbrunnen* (1549, restauriert) mit got. Brunnenbecken, Renaissancesäule und einer barocken Brunnenfigur (hl. Nepomuk, 17. Jh.).

Umgebung

Bad Rotenfels (7 km n): Im SW v. *Michelbach* mit seinen alten Fachwerkhäusern und einer Pfarrkirche, deren Turm noch aus dem 14. Jh. stammt, wurde *Schloß Rotenfels* 1818–27 v. Johann Ludwig Weinbrenner* in klassizistischer Manier erbaut. Seinen Namen erhielt das Schlößchen in Anlehnung an das eisenhaltige Gestein der Gegend, das sog. Rotliegende.

Eberstein (2 km s): *Schloß Eberstein,* im Unterschied zur nahen Ebersteinburg (→Baden-Baden) auch *Ebersteinschloß* oder *Neueberstein* genannt, wurde im 2. Drittel des 13. Jh. unter Graf Otto v. Eberstein auf einem schroffen Felsen oberhalb der Murg erbaut und gelangte im 17. Jh. an die Markgrafen v. Baden. Der wegen seiner fortschrittlichen Reformpolitik v. Herder als »bester Fürst, der vielleicht in Deutschland lebt«, gerühmte Markgraf Karl Friedrich v. Baden schenkte die Burg 1798 seinem Sohn Friedrich, der sie – 1803/04 unter der Leitung Friedrich Weinbrenners* – erneuern ließ. Hinter dem *Torbau* (1608) erkennt man heute die *Stallgebäude* (1838, Restaurant) und die charakteristische hohe *Schildmauer* (3 m dick) mit dem 1953 wiederaufgebauten, v. einem Pyramidendach bekrönten mächtigen *Bergfried.* Vor der Schildmauer steinerner *Eber* (18. Jh.) von Pieter Anton von Verschaffelt*. In der W-Mauer des Schloßhofes eine sehenswerte sandsteinerne *Kreuzigungsgruppe* (5 m hoch), die aus Kloster →Herrenalb hierher gelangte. Im Rittersaal prächtige Glasfenster.

Eberstein (Gernsbach), Schloß Eberstein

Hörden (3 km n): Der Gasthof »Zum Ochsen« wurde 1592–94 im Auftrag der wohlhabenden Murgschifferfamilie Kast urspr. als *Herrenhaus* errichtet. Älter sind Speicher und Kelleranlagen (1554). Zum Gutshof gehörte auch ein Trockenspeicher für Flößerei-Rüstzeug.
Loffenau (4 km ö): In der ma Turmkapelle der 1842 erneuerten *Hl.-Kreuz-Kirche* (heute ev. Pfarrkirche) überrascht ein erstaunlich vollständiger Freskenzyklus (Vita Christi und Heilige, um 1490). – Die *Plotzsägmühle* (13. Jh.) am Weg nach →Bad Herrenalb ist noch funktionstüchtig und kann besichtigt werden.
Weisenbach (4 km s): Ein Spazierweg führt zur malerischen *Wendelinskapelle* aus dem Jahre 1494, die auf einer aussichtsreichen Felsnase liegt.

7625 Gutach/Schwarzwaldbahn

Ortenaukreis

Einw.: 2200 Höhe: 250–800 m S.257 □ C 3

Weit über seine Bedeutung als Erholungsort und Heimat des Bollenhutes hinaus bekannt wurde Gutach, das an der Schwarzwaldbahn im idyllischen Gutachtal liegt, durch das nahe *Schwarzwälder Freilichtmuseum »Vogtsbauernhof«* (vgl. Umgebung), das auf die unermüdliche Initiative (seit 1964) v. Prof. Hermann Schilli zurückgeht.

Ev. Pfarrkirche: Die ehem. *Kirche St. Petrus* bewahrt im spätgot. *Turmchor* schöne Ornamentmalereien (Pflanzenmotive, um 1505). Langhaus und Kanzel stammen aus dem Jahre 1743. 1955 wurde die Grisaille-Scheinarchitektur entdeckt, die die n *Sakramentsnische* rahmt; über der Grisaille Darstellung des leidenden Christus unter einem fialenbesetzten Gehäuse.

Umgebung

Kirnbach (13 km nö): Neben dem gut erhaltenen *Jockelehof* v. 1588, der noch heute bewohnt und bewirtschaftet wird, ist im *Sumshof* (1616), dessen Heuboden unter dem Dach über eine rückwärtige Hocheinfahrt zugänglich ist, ein weiteres schönes Schwarzwaldhaus vom Kinzigtäler Typ erhalten.
Landwasserhofmühle (7 km sw): Die malerische kleine *Mühle* (18. Jh.) des Landwasserhofes besitzt ein oberschlächtiges Wasserrad aus Holz, das neben dem

Gutach, Vogtsbauernhof

Getreidemahlwerk auch eine Stabstampfe mit 2 Stößeln antreibt.

Vogtsbauernhof (4 km n): Das *Schwarzwälder Freilichtmuseum* dokumentiert die Geschichte des Schwarzwaldhauses sowie die Lebensweise, Wohnkultur und Arbeitswelt seiner Einwohner.

An einem Grenzstein des Klosters →St. Georgen l vorbei gelangt man zum schindelgedeckten *Hippenseppenhof* (1599), einem sog. Heidenhaus aus dem Hochschwarzwald mit externem Speicher, Hofkapelle (Tafelmalerei v. 1736) und einem Holzkohlemeiler.

Der benachbarte strohgedeckte *Vogtsbauernhof* (1570) ist das älteste erhaltene Gutacher Schwarzwaldhaus und gab 1963 den Anstoß zur Museumsgründung; l des Hauses steht ein Gutacher Speicher. Am Mühlbach liegen (v. oben nach unten) das Back- und Brennhäusle (19. Jh.), die Plotz- oder Klopfsägemühle (1673) mit benachbartem Bienenhaus, eine Hausmahlmühle, das Leibgedinghäusle - Austragshäuschen -, eine alte Hanfreibe sowie die (s) Hammerschmiede und Ölmühle.

Von der Hausmahlmühle führt der Weg zum (n) stattlichen *Lorenzenhof* mit Bähofen (Wiedküche) und einem Kinzigtäler Speicher (1612) sowie einer (w) Backhütte und einer Hochgangsägemühle. Vertreten sind auch ein *Schauinslandhaus* aus der Freiburger Gegend und ein *Hotzenhaus* aus der ehem. Grafschaft Hauenstein. - Die nach dem Prinzip der Autarkie angelegten Schwarzwaldhäuser, deren Wohnung und Wirtschaftsgebäude zum großen Teil unter einem Dach vereint sind (Eindachhöfe), wurden anschaulich mit allen alten Haus- und Wirtschaftsgeräten ausgerüstet und vermitteln deshalb einen äußerst lebendigen Eindruck der Schwarzwälder Bauernkultur.

H

Haslach, St. Arbogast

7612 Haslach 11.1.91
Ortenaukreis

Einw.: 6000	Höhe: 210 m	S.256	□ C 3

Die wohl schon im 12. Jh. zur Stadt erhobene Zähringersiedlung fiel – abgesehen von der Pfarrkirche – einem Großbrand (1704) zum Opfer. Viele der im 18. Jh. neu errichteten *Giebelhäuser* und *Fachwerkbauten* sind im historischen Stadtkern erhalten. Berühmtester Sohn der Stadt ist der Pfarrer und Volksschriftsteller *Dr. Heinrich Hansjakob* (1837–1916), dessen Geschichten (z. B. »Schneeballen«) den Schwarzwald und seine Bewohner charakterisieren.

St. Arbogast: Die außen und innen renovierte *kath. Pfarrkirche* ist leicht an ihren beiden Türmen zu erkennen: Der kleinere W-Turm (1481) besitzt ein got. Spitzdach, der barock gestaltete O-Turm n des Chors eine gestufte Glockenhaube mit Laternenbekrönung. Am Untergeschoß des W-Turmes spätroman. *Tympanon* (Sündenfall, 12. Jh.). Im Inneren der im 19./20. Jh. vergrößerten Kirche gute *Stukkaturen* (1782–92) des Freiburgers Joseph Meisburger* und figürlich skulptierte *Grabsteine* (um 1341) für Götz und Anna v. Fürstenberg. Joseph Mayer* aus Hayingen besorgte das plastische Schmuckwerk (1782) der *Orgel*. Großes Können verrät auch das v. Fritz Geiges* im Auftrag des Pfarrers Hansjakob angefertigte sog. *Christusfenster* im alten (w) Langhaus; seine eklektizistischen Glasmalereien vereinen roman. Bildtradition (Christus in der Mandorla, Kreuzigung, Christi Geburt, Verkündigung; 1890) mit got. Maltechnik und Farbigkeit. Die Seitenaltäre v. Meister Valentin* aus Offenburg sind v. makelloser Schönheit.

St. Christophorus: Die zwischen 1630 und 1632 erbaute Kirche des 1803 säkularisierten *Kapuzinerklosters* wurde 1913 renoviert und bewahrt Gemälde (»Marienkrönung«, 1614; »Verkündigung«, 1630) v. Matthäus Gundelach* am barocken Hochaltar. Die Seitenaltarbilder signierte Johann Georg Hildtbrandt* aus Wolfach 1719 bzw. 1729. – Gut erhalten sind die barocke Loretokapelle und die ehem. Klosteranlage (1632). Im alten Kapitelsaal ist seit 1980 das *Schwarzwälder Trachtenmuseum* mit alten bäuerlichen Volkstrachten (16.–19. Jh.) aus dem Schwarzwald und dem Oberrheintal eingerichtet, darunter auch die berühmten *Bollenhüte:* Die mit weißem Gips überzogenen Strohhüte sind mit 11 roten (bei Jungfrauen) oder schwarzen (bei Ehefrauen) Wollrosen besetzt. Bes. prächtig sind

Haslach, St. Christophorus

Haslach, St. Christophorus, Altar (l); Schwarzwälder Trachten aus Gutach-Kirnberg (r)

der bei Hochzeiten getragene sog. *Schäppel,* eine glasperlen- und bändergeschmückte Brautkrone sowie eine *Kinzigtaler Goldhaube.* Ferner verdienen die Vitrine mit historischen Exponaten badischer Feuerwehren, u.a. auch der Bürgerwehr v.H., sowie traditionelle geschnitzte *Fasnachtsmasken* Beachtung. *Geöffnet:* 1.4.–31.10. Di–Sa 9.00–17.00 Uhr, Sonn- und Feiertage 10.00–17.00 Uhr, 1.11.–31.3. Di–Fr 9.00–12.00 und 13.00–17.00 Uhr. Im Januar nur nach Vereinbarung.

Außerdem sehenswert: Neben dem *Alten Rathaus* (1733) sind v.a. der *Sebastiansbrunnen* (1738) und die ehem. *Zehntscheuer* (1550) v. Interesse. – Nach Vereinbarung (Gasthof »Bayrischer Hof«, Tel. 07832-3160) kann das *Uhrenmuseum* (u.a. historische Kuckucksuhren) besucht werden. – Das *Hansjakobmuseum* (Freihof) bewahrt das Gesamtwerk und das Archiv des Volksschriftsteller Heinrich Hansjakob (vgl. oben). Außerdem ständige Ausstellungen der Haslacher Maler Louis Blum*, Carl Sandhaas* und Otto Laible*. *Geöffnet:* Mi 10.00–12.00 und 15.00–17.00 Uhr, Fr 15.00–17.00 Uhr, vom 1.4.–31.10. auch So 10.00–17.00 Uhr.

Umgebung

Heidburg (6 km s): Ein Wanderweg (1 Std.) führt v. Hofstetten zu der ab 1289 urkundlich gen. *Heidburg,* die seit dem frühen 17. Jh. dem Verfall preisgegeben ist.

Hofstetten (2 km sw): Den Erholungsort mit weit verstreuten alten Einzelhöfen nannte Pfarrer Hansjakob (vgl. oben) gern das »Paradies«; schon zu Lebzeiten ließ er sich hier seine *Grabkapelle* errichten.

Mühlenbach (3 km sö): Die *Pfarrkirche St. Afra* (16.–20. Jh.) zeichnet sich durch ihren satteldachbekrönten W-Turm (1512) aus und bewahrt im Inneren einen prächtigen spätbarocken Hochaltar (1760). – Bei Kirchenfesten kann man noch die farbenprächtigen *Trachten* der traditionsbewußten Mühlenbacher bewundern.

Hausach, Mauritiuskirche

7613 Hausach Ortenaukreis		
Einw.: 5000	Höhe: 225 m	S.257 □ C 3

Zwischen der Kinzig und der *Burg Husen* konnte sich seit dem 12./13. Jh. das von *Schwarzwälder Einzelhöfen* umgebene Städtchen entwickeln, nicht zuletzt dank der Silbervorkommen im Kinzigtal.

Mauritiuskirche: Die bereits 1148 erwähnte und damit zu den ältesten Gotteshäusern des Kinzigtales zählende *ehem. Pfarrkirche* (heute Friedhofskirche) bewahrt vom roman. Ursprungsbau Teile des Langhauses, in das außen ein dreieckiges roman. *Tympanonrelief* (Kreuzigung, um 1200) versetzt ist. Im netzgewölbten spätgot. Chor, einer Zutat v. 1514, frühklassizistischer Hochaltar (um 1780) und spätgot. *Sakramentsnische* mit Maßwerkrahmung und Fresken (restauriert). Spätbarocker *Rosenkranzaltar* und *Kanzel* aus der Zeit um 1740. - Eine kunstvolle Portalrahmung aus dem Rokoko ziert das nahe *Kaplaneigebäude* (1784).

Außerdem sehenswert: Eindrucksvolle Zeugen der Geschichte v. H. sind die *Klosterkirche St. Sixtus* mit Wandmalereien (1491), *Schanzanlagen* aus dem Dreißigjährigen Krieg, die *Kreuzbergkapelle* (1740) und das sog. *Herrenhaus*, in dem der letzte Abt v. →St. Peter, Ignatius Speckle, zur Welt kam. Aus dem vorigen Jh. stammen das *Fachwerkrathaus* (1825) und die neugot. *Stadtpfarrkirche* (1894).

Umgebung

Einbach (5 km n): Alte *Bauernhöfe*, ein gut erhaltenes *Holzhauerhaus* (17. Jh.) und der Speicher (17. Jh.) des *Rasihofes* sind wie die schönen *Trachten*, die man hier anläßlich v. Festtagen und Heimatabenden trägt, die besonderen Sehenswürdigkeiten des Dorfes im reizvollen Einbachtal.

Husen (0,5 km s): Die *Burg Husen*, einst

Stammsitz des Minnesängers Friedrich v. Husen, wurde im 12./13. Jh. errichtet, 1453 erneuert und 1643 im Dreißigjährigen Krieg zerstört. Die Ruine mit z. T. erhaltenen Palasmauern und mächtigem rundem Luginsland ist heute Wahrzeichen v. H.

7834 Herbolzheim im Breisgau Emmendingen		
Einw.: 7800	Höhe: 180 m	S.256 □ B 3

Die Geschichte der Stadt Herbolzheim beginnt mit der Besiedelung der Vorbergzone und der höheren Niederterrasse seit der Steinzeit. Zahlreiche Bodenfunde der Bandkeramiker, der Michelsberger- und Urnenfelderkultur, wie auch aus der Kelten- und Römerzeit sind deutliche Siedlungsspuren. Die heutige Siedlungsanlage der Stadt geht in ihrer Entstehung auf die alemannisch-fränkische Landnahmezeit des 5. und 6. Jh. zurück.
Die erste urkundliche Erwähnung des Namens Herbolzheim findet sich um das Jahr 1108 im Rotulus Sanpetrinus, einem Güterbuch des Klosters St. Peter im Schwarzwald. Der Ort war im Besitz verschiedener Grafen und Herzöge, bis er 1415–1805 unter österreichische Landeshoheit kam. 1810 verlieh der Großherzog Karl Friedrich von Baden Herbolzheim »mit Rücksicht auf dessen ansehnliche Bevölkerung, Gewerbefleiß und Betriebsamkeit« die Rechte und Vorzüge einer Stadt.

Kath. Pfarrkirche St. Alexius: 1752–54 errichtet Franz Rudhart* diese barocke Saalkirche mit eingezogenem, weiträumigem Chor und W-Turm. Die vorzüglichen Rokokostukkaturen stammen v. dem Wessobrunner Franz Anton Vogel* (seit 1747 in Freiburg verheiratet), die Deckengemälde im Langhaus und Chor v. dem Tiroler Johann Pfunner*. Er malte auch das Blatt des stattlichen *Hochaltars,* das Szenen aus dem Leben des Patrons zeigt. Die Statuen sind Werke der beiden Schwarzwälder Bildhauer Johann Michael Winterhalter* (St. Pantaleon und St. Landelin am Hochaltar, 1758) und Matthias Faller*. (Petrus und Paulus am Hochaltar und 4 weitere an den Seitenaltären, 1782). Von Johann Michael Winterhalter* stammt auch das Reliefbild des Kirchenpatrons über dem Hauptportal.

Wallfahrtskirche Maria Sand: Die um 1660 über den Grundmauern älterer Kapellen neu erbaute, 1747 erweiterte und

Herbolzheim, St. Alexius

Herbolzheim, Rathausgiebel

1981 renovierte Kirche besitzt eine in der Mitte des 15. Jh. entstandene *Muttergottesstatue* aus Terrakotta als Gnadenbild. Die Statuen werden Johann Michael Winterhalter* zugeschrieben. Das Hauptbild des linken Seitenaltars ist ein Werk des schwäbischen Barockmalers Johann B. Enderle*. Das alte Deckengemälde im Chorraum mit der Gründungslegende »Maria im Sand« wird Johann Pfunner* zugeordnet. Die Langhaus-Deckengestaltung durch Josef Mariano Kitschker* (1921) ist eine hervorragende künstlerische Leistung des Neubarock.

Margaretenkapelle (neben dem Rathaus): Sie besteht aus roman. und got. Bauteilen mit Resten v. *Wandmalereien* aus verschiedenen Stilepochen (roman. bis frühbarock) und wird derzeit renoviert.

Stadtbild: Es wird im Kern noch geprägt v. ländlichen *Fachwerkhäusern* aus dem 16. und 17. Jh. mit massivem Erdgeschoß, reichgestaltetem Fachwerk im Obergeschoß und breiten Giebellauben im Dachgeschoß. Den Gegensatz dazu bilden die *barocken Bürgerhäuser* mit ihren prunkvollen Portalen aus der Zeit des Spätbarock und Frühklassizismus v. 1740 bis etwa 1800. Das *Rathaus* ist ein 1891 umgebautes Barockgebäude mit verklinkerter Neurenaissance-Fassade und einem schönen Wappenstein des einheimischen Bildhauers Antoni Fuchs* v. 1768.
Seit 1975 gehören zur Stadt auch die 4 Bleichtalorte Bleichheim, Broggingen, Tuschfelden und Wagenstadt.

Bleichheim (5 km sö): Die *kath. Pfarrkirche St. Hilarius* wurde 1825 nach Plänen des großherzoglichen Baumeisters Christoph Arnold*, eines Schülers Friedrich Weinbrenners, im Weinbrennerstil errichtet. – An der Straße nach Broggingen steht das *ehem. Kagenecksche Schloß* mit Herrenhaus (1728), Herrenmühle und Zehntscheuer (1594), denn die Grafen von Kageneck besaßen seit 1682 die Grundherrschaft über Bleichheim. – Im SO liegt auf hohen Buntsandsteinfelsen die *Ruine Kirnburg*, die v. 1160 bis 1352 Sitz der Herren v. Üsenberg war. Von einer späteren Bauphase (um 1450) befinden sich wertvolle Ofenkacheln im Bleichheimer Heimatmuseum (nach Vereinbarung geöffnet).

Broggingen (4 km ö): Von der urspr. roman. *Kirche* sind die 3 unteren Turmgeschosse erhalten geblieben, um 1740 wurde das Langhaus der ev. Pfarrkirche neu errichtet. Neben der Kirche stehen noch *Grabsteine* aus der Zeit um 1800. – Der angrenzende *Pfarrhof* besteht aus einem zweigeschossigen Wohnhaus v. 1759 und 2 vollständig erhaltenen Wirtschaftsgebäuden. – Im Dorfkern gibt es einige stattliche *Fachwerkhäuser*.

Tutschfelden (2,5 km ö): Die auf einer Anhöhe über dem Dorf 1806 im Weinbrennerstil erbaute *ev. Pfarrkirche* enthält Inventar des ehem. Klosters Ettenheimmünster (Altartisch, Kanzel und Kirchenbänke) sowie eine fast unverändert gebliebene kleine Orgel des bekannten Herbolzheimer Orgelbauers Blasius Schaxel* aus dem Jahre 1807. Anstelle dieser klassizistischen Kirche stand zuvor eine wohl frühroman. Johannes-Baptista-Kapelle. Das Dorf ist schon 972 in Urkunden des Klosters Einsiedeln genannt.

Wagenstadt (2 km sö): Die 1741 erbaute *St.-Mauritius-Kirche* war bis zu ihrer Er-

Herbolzheim, Portal eines Bürgerhauses

weiterung im Jahr 1972 Simultankirche für beide Konfessionen, da das Dorf vor dem Dreißigjährigen Krieg als Kondominat zweier Herrschaften verwaltet wurde. – Die umgebaute *kath. Pfarrkirche* hat in ihrem Chorbau noch ma Reste (got. Sakramentshäuschen und Türgewände) und eine barocke Dekorationsmalerei aus der 2. Hälfte des 18. Jh. mit einer spätgot. Stehmadonna. – In den alten Dorfkernen v. Wagenstadt und den anderen Bleichtalorten ist der bäuerliche Charakter (mit Wein- und Obstbau) noch deutlich erkennbar.

7821 Hinterzarten

Breisgau-Hochschwarzwald

Einw.: 2300   Höhe: 885–1400 m S.259 □ C 4

Der Name bedeutete »Hinter der Straß«, nämlich der durchs Höllental, an dessen oberem Ende der heutige Kurort und Wintersportplatz liegt.

Kath. Pfarrkirche, ehem. Wallfahrtskirche Maria in der Zarten: Von der 1148 geweihten und 1772 erweiterten Kirche ist noch der im unteren Teil roman. Turm mit dem barocken Oktogon mit Zwiebeldach erhalten. 1962 wurde das Schiff abgerissen und nach Plänen v. Hugo Becker* durch eine achteckige Halle mit einem großen Zeltdach ersetzt. Die barocke Ausstattung wurde übernommen und durch eine in einem Bauernhaus aufgefundene, der Riemenschneider-Schule zugeschriebene Pieta ergänzt.

Hinterzarten, Maria in der Zarten

Ev. Kirche: Sie besitzt eine Glasbildwand v. Helmut Uhrig*.

Umgebung

Zahlreiche *Schwarzwaldbauernhöfe,* die sich teilweise seit Mitte des 16. Jh. erhalten haben, finden sich in der Nähe.

Breitnau (5 km nw): Die barocke *kath. Kirche St. Johann Bapt.* wurde 1752 anstelle einer roman. Vorgängerkirche, v. der noch der W-Turm erhalten ist, durch Joseph Hirschbühl* errichtet. Am Turm befindet sich ein spätgot. Steinrelief mit der Kreuzigungsgruppe. Epitaphe v. 1468 und 1603, ein Tafelbild mit dem Gastmahl des Herodes und der Enthauptung des Täufers (um 1520) und eine spätgot. Statue des Patrons gehören zur Ausstattung. Der barocke Hochaltar ist eine Arbeit des Matthias Faller*. Auf dem Deckengemälde ist die Krönung Mariens dargestellt; dort findet sich auch eine Schwarzwaldlandschaft mit dem Kirchenneubau, der Kirche in Hinterzarten und der Oswaldkapelle.

Höllental (nw): Das teils von bizarren Felsen, teils von steilen bewaldeten Abhängen umschlossene malerische Tal ist Teil der wichtigen O–W-Verbindung durch den Schwarzwald, die v. Freiburg nach Donaueschingen führt. Die erste urkundliche Erwähnung des Wagen- und Karrenverkehrs und des Straßenzolls bei Falkensteig stammt aus dem Jahre 1306. Heute ist die Straße teilweise vierspurig ausgebaut. 1887 wurde die *Höllentalbahn* eröffnet. Sie überwindet mit Steigungen v. fast 6% einen Höhenunterschied v. 625 m und wurde deshalb zunächst als Zahnradbahn gebaut, erst seit 1933 fährt sie im Adhäsionsbetrieb, seit 1960 ist die Strecke elektrifiziert. Bis Hinterzarten durchfährt die Bahn 9 Tunnels und überquert die Ravennaschlucht auf einem 222 m langen Viadukt.

Höllsteig (2 km nw): Der kleine Ortsteil liegt abseits der Straße. In seiner Nähe steht die *Oswald-Kapelle.* Sie wurde zu Ehren des Schutzpatrons der Kreuzfahrer v. einem Ritter v. Falkenstein gestiftet und 1148 geweiht. Von dem urspr. Bau ist nur die Sakristei erhalten. Das Langhaus wird v. einem got. Chor mit Maßwerkfenstern abgeschlossen, über dem sich der Turm mit seinem schindelgedeckten Helm erhebt. Von dem spätgot. Flügelaltar sind die bemalten Flügel verschwunden, die geschnitzten Figuren des hl. Oswald zwischen Michael und Matthias sowie der hl. Sebastian über dem Schrein sind Kopien. Reste v. Malereien aus dem 14. und 16. Jh. sind erhalten.

7260 Hirsau

Calw

Höhe: 340 m S.255 □ E 1

Der Ort ist heute ein Teil der Stadt Calw (siehe dort).

Ab 830 entstanden am Fuße des Ottenbronner Berges unterhalb der Nazariuskirche die Aureliuskirche und ein ihr angeschlossenes Benediktinerkloster, das jedoch bereits ein Jahrhundert später dem Verfall preisgegeben war. 1059 veranlaßte Papst Leo IX. den Wiederaufbau und die Besetzung mit Benediktinern aus Einsiedeln. Im Jahre 1069, als Prior Wilhelm von St. Emmeram (Regensburg) zum Abt berufen wurde, begann der Aufstieg Hirsaus zu einem der bedeutendsten deutschen Klöster. Von hier aus verbreiteten sich die vom burgundischen Cluny ausgehenden Reformideen auch östlich des Rheins. Sie verlangten eine Rückkehr zur ursprünglichen reinen Regel des hl. Benedikt (Benediktregel), die das gesamte klösterliche Leben in 73 Kapiteln bis ins kleinste Detail vorschreibt und u.a. absoluten Gehorsam, Eigentumsverzicht, Keuschheit, Askese und Ortsbeständigkeit verlangt. Gefordert wurden außerdem völlige Unabhängigkeit von aller weltlichen Macht und absolute Gewalt des Abtes. Sichtbarer Ausdruck der neu gewonnenen Bedeutung war der Umzug in eine am anderen Nagoldufer gelegene größere Klosteranlage, zu der auch die 1091 geweihte Peter-und-Paul-Kirche gehörte. Das Aureliuskloster wurde Priorat und später teilweise abgerissen. Über 100 in der Hirsauer Kongregation vereinigte deutsche Benediktinerklöster übernahmen nicht nur geistliches Ideengut, sondern auch die sog. »Hirsauer Baugewohnheiten«, also das Vorbild der neuen

Hirsau, St. Aurelius

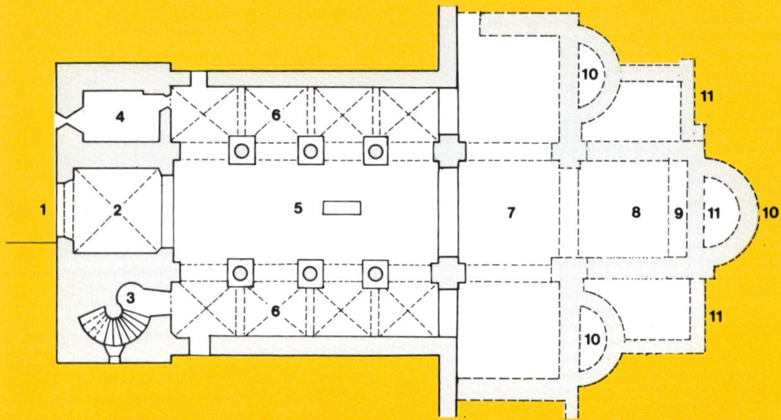

Hirsau, ehem. Klosterkirche St. Aurelius
1 W-Portal (12. Jh.) mit rahmenartig erweitertem Sockelprofil **2** kreuzgewölbte Vorhalle, darüber Empore mit Rest eines Altarerkers **3** S-Turm (11. Jh.) mit Wendeltreppe **4** N-Turm (12. Jh.) **5** Laienbetraum **6** kreuzgewölbte Seitenschiffe **7** ehem. Vierung mit steinernem Vierungsturm **8** ehem. Chor **9** ehem. Krypta **10** ergrabene Reste der ehem. Halbrundapsiden **11** ergrabene Reste der ehem. platten Chorschlüsse (nach 1120)

Klosteranlage und -kirche. Im 16. Jh. wurde auch Hirsau, das schon längst seine mittelalterliche Bedeutung eingebüßt hatte, ein Opfer der Reformation. 1692 legten französische Truppen die Anlage in Schutt und Asche, so daß heute nur noch Ruinen von der einstigen Größe und Schönheit zeugen.

St. Aurelius: Der in karolingischer Zeit erstellte urspr. Kirchenbau war eine dreischiffige Basilika mit Vorhalle, Querschiff, W-Türmen und vermutlich einem O-Chor. Dem Abbruch der verwaisten Klostergebäude im 15. Jh. folgte im 16. Jh. auch die Niederlegung der Kirche bis auf die sog. »steinerne Scheune«, den Rumpf des ehem. Langhauses, der als Grundlage für die in den 80er Jahren erfolgte Wiedererrichtung der Kirche diente. Das schlichte Äußere der 1955 erneut geweihten Kirche bietet keine nennenswerten Details. Der v. einer flachen Holzdecke überspannte Innenraum, in dem auf flache Basen gestellte wuchtige steinerne Rundsäulen mit schmucklosen Würfelkapitellen die Rundbogenarkaden tragen, konnte die schlichte Würde eines roman. Kirchenraumes bewahren. Diesen Eindruck unterstreichen die Glasfenster Wilhelm Geyers* und die v. Otto Herbert Hajek* geschaffenen schlichten Ausstattungsstücke: Ein einfacher steinerner Kastenaltar mit Weintraubenmotiven vor einer Rückwand aus Buntsandstein, aus der der Künstler 2 schlichte Monumentalreliefs schnitt: Christus ent-

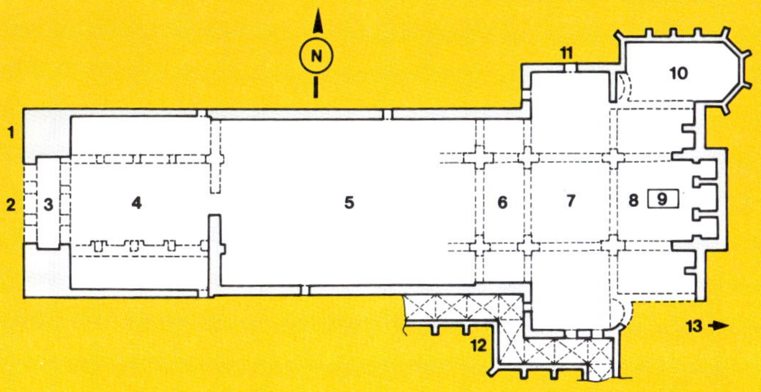

sendet 2 Apostel, Abt Wilhelm einen Mönch. Die Reliquien des Kirchenpatrons, die bereits im alten Gotteshaus verehrt und ihm später im MA genommen wurden, haben in einem Bronzeschrein eine endgültige Heimat gefunden. Einfache Bronzeleuchter, ein schlichtes Altarkreuz und ein Kastentabernakel runden das Bild ab.

St. Peter und Paul: Der quadratische Eulenturm (um 1110–20) mit Rundbogenöffnungen und -arkaden und Pyramidendach, der einst zur Klosterkirche gehörte, überragt die vom Benediktinerkloster H. verbliebenen Ruinen. Aus Grabungen und alten Darstellungen kann man erkennen, daß die Kirche urspr. eine dreischiffige Säulenbasilika mit 8 Jochen, einer vierjochigen W-Vorhalle, dreischiffigem Querhaus mit halbrunden Eckapsiden und dreischiffigem, flach geschlossenem Chor war. Typisch für die Hirsauer Baugewohnheiten war die Unterscheidung zwischen dem den Mönchen vorbehaltenen chorus major, zu

Hirsau, ehem. Klosterkirche St. Peter und Paul (rekonstruierter Grundriß) **1** NW-Turm (um 1110–20), sog. Eulenturm **2** W-Portal mit doppelt abgetrepptem Gewände und Sockelgesims **3** Portalzwischenbau mit lombardischem Kreuzgewölbe (um 1110) **4** Offener Vorhof (um 1100), später basilikale Vorkirche **5** Laienbetraum **6** Vorchor (chorus minor) **7** Vierung mit ehemals hölzernem Vierungsturm, Mönchschor (chorus major) **8** Presbyterium mit platt geschlossenen Nebenkapellen **9** längsrechteckiger Hauptaltar (3,6 x 2,4 m) mit w querrechteckigem Blockaltar (2,4 x 1,95 m) über einer Doppeltumba **10** spätgot. Allerheiligen- oder Riesenkapelle **11** N-Portal mit rahmenartig erweitertem Sockelprofil **12** Kreuzgang **13** Marienkapelle (1508–16) v. Martin v. Urach, später Dorfkirche

dem Vierung, Querschiff und Chor gehörten, und dem für die Laien bestimmten chorus minor, der im letzten Joch des

Hirsau, Ehem. Marienkapelle

Langhauses lag. Am n Querschiff blieben Reste der spätgot. Allerheiligenkapelle erhalten. Die an der SO-Seite gelegene, 1508–16 v. Martin v. Urach* errichtete Marienkapelle wurde Ende des 19. Jh. restauriert. In der ehem. Klosterbibliothek im Obergeschoß werden Fundstücke aus dem Kloster und dem herzoglichen Schloß aufbewahrt. 1485–94 errichteten Martin v. Urach*, Peter v. Koblenz* und Hans Spryß* v. Zaberfeld den an der S-Wand der Kirche gelegenen Kreuzgang, v. dem noch Mauern und spätgot. Arkaden erhalten sind. Von den Gebäuden der Klosteranlage blieben Mauerreste verschiedener Gebäude und 2 Zugangstore erhalten.

Herzogliches Jagdschloß: 1592 vollendete Georg Beer* für Herzog Ludwig v. Württemberg s des Kreuzgangs ein reizvolles Ausflugs- und Jagdschloß. Ein mächtiger Turm mit Spitzdach, die Umfassungsmauern und geschwungene Ziergiebel künden

Hirsau, St. Peter und Paul, Eulenturm

Hirsau, Marienkapelle, Konsolenfigur

Hirsau, Herzogliches Jagdschloß

bis heute vom Reiz der Renaissance-Anlage.

7609 Hohberg-Niederschopfheim

Ortenaukreis

Einw.: 9350 Höhe: 157–210 m S.256 □ B 2

Der schon 777 urkundlich erwähnte Ort *Niederschopfheim* an der Bundesstraße 3 ist seit 1973 (wie auch *Diersburg* und *Hofweier*) Ortsteil der neuen Gemeinde *Hohberg*, die den Namen von einer Erhebung hat, die etwa im Zentrum der 3 Ortsteile liegt und von der aus alle Ortsteile zu sehen sind.

St. Brigitta: Die 1754–56 v. Franz Rudhart* aus Kenzingen errichtete spätbarocke Pfarrkirche zeichnet sich durch ihren dreigeschossigen, mit einer welschen Haube bekrönten *Fassadenturm* aus, der mit ihrem stattlichen Langhaus durch Voluten eine optische Einheit bildet. Der v. Wandpilastern gegliederte Innenraum besitzt über Stichkappen ein Spiegelgewölbe, das Johann Pfunner* mit *Deckengemälden* (Vita Christi, 1756) schmückte. Der prächtige *Barockhochaltar* stammt aus dem Jahre 1757.

Umgebung

Diersburg (3 km ö): Die 1197 erstmals urkundlich erwähnte und im Dreißigjährigen Krieg zerstörte *Burg* der Tiersberger besaß wie die Burg →Hohengeroldseck 2 Palasbauten. Am obersten Geschoß des dreistöckigen w Palas rundbogiges Biforenfenster. Sehenswert in Diersburg sind auch das Bienenmuseum im Rathaus, das Heimatmuseum des Baron Roeder von Diersburg und der Judenfriedhof mit über 200 Grabsteinen mit überwiegend hebräischen Inschriften.

Hofweier (2 km n): Die barocke Chorturmkirche *St. Gallus* wurde 1763 v. Caspar Waldinger* und v. Johann Pfunner* 1764 mit Deckengemälden und Leinwandbildern für die Wanddekoration ausgestattet.

Hohengeroldseck

Ortenaukreis

Höhe: 525 m S.256 □ B 3

Burgruine: Der ehem. Stammsitz der im 11.-14.Jh. mächtigen Reichsgrafen v.H. wurde im 13.Jh. erbaut und aus Erträgen des Schwarzwälder Silber- und Bleibergbaus finanziert. Schon aus der Ferne erkennt man die hervorragende strategische Lage auf dem *Schönberg* (525 m) der erst 1689 v. franz. Söldnern zerstörten, urspr. v. 2 Mauerringen umgebenen Burg. Von den ehemals 2 vierstöckigen Wohngebäuden ist das hintere, ältere aus dem 13.Jh. z.T. erhalten. An seinen hohen, v. rechteckigen Doppelfenstern und spitzbogigen Triforenfenstern durchbrochenen Mauern erkennt man noch den Ansatz des s Staffelgiebels. Die *Inschriftentafel* (um 1625) über seinem Eingang bringt Gerold, den Ahnherrn des selbstbewußten Geschlechts und Erbauer der Burg, gewollt in Verbindung mit Kaiser Karl d.Gr. Grundmauerreste lassen das einige Jahrzehnte jüngere vordere Wohnhaus, Treppentürmchen und das ehem. Brunnenhaus mit einem 65 m tiefen Wasserbrunnen erkennen.

Umgebung

Biberach (4 km ö): Im sog. *Kettererhaus* ist das örtliche Heimatmuseum mit Sammlungen zum alten Schwarzwälder Handwerk (Drechsler, Korbflechter, Küfer, Ofensetzer, Sattler, Seiler, Wagner und Zigarrenmacher) und Brauchtum (Narrenkostüme und Masken, Trachten) eingerichtet. Angeschlossen sind ein Feuerwehrmuseum, eine Abteilung mit sakraler Kunst sowie naturkundliche Sammlungen.

Prinzbach (4 km sö): Die *Pfarrkirche St. Mauritius* (18.Jh.) dieses im MA blühenden Silberbergbaustädtchens bewahrt einen großen got. Chorturm mit rohem Kreuzrippengewölbe und spitzbogigem Biforenfenster. Neben den Barockaltären (um 1700) verdient auch die Rokokokanzel (um 1780) eine Erwähnung.

Schönberg (1 km s): Die 1231 erbaute *Herberge »Zum Löwen«* ist das älteste erhaltene deutsche Gasthaus.

Hohengeroldseck, Burgruine

Horb, Panorama mit Kirche

7240 Horb
Freudenstadt

Einw.: 5500 Höhe: 400 m S.257 □ E 2

Das am oberen Neckar gelegene Städtchen mit seiner historischen *Altstadt* trägt den Beinamen »Tor zum Schwarzwald«. Es entwickelte sich zwischen den 2 mittelalterlichen Burgen Hohenberg und Herrenberg und ist 1101 erstmals urkundlich bezeugt.

Hl.-Kreuz-Kirche: Die im späten 14. Jh. erbaute ehem. *Chorherrenstiftskirche,* eine hochgot. Hallenkirche, wurde nach einem Brand (1725) zur heutigen Saalkirche (1729) umgewandelt. Am Außenbau sehenswertes *Doppelportal* an der s Langhausmauer, unter dessen geschweifter Wimpergbekrönung ein skulptierter Kruzifixus prangt. Das Innere der Pfarrkirche bewahrt die 3 got. Chorschlüsse. Im Langhaus flachgewölbte Hängedecke mit Stuckdekor aus dem frühen Rokoko. Neben dem geschnitzten Barockgestühl und einem qualitätvollen *Orgelprospekt* (musizierender David mit Engeln, frühes 18. Jh.) ist v. a. die sog. *Horber Madonna,* eine 1917 entdeckte Steinskulptur (um 1430) v. Bedeutung, die mit Veit Stoß* oder seinem Umkreis in Zusammenhang gebracht wird.

Liebfrauenkirche: Die 1521 über unregelmäßigem Grundriß erbaute *Spitalkirche* bezieht v. der Vorgängerin (1340) den hochgot. Chor mit reichem Maßwerkportal mit ein. W-Turm mit Vorhalle. Die Gewölbe des niedrigen Langhauses (1521) ruhen auf schlanken Achteckpfeilern. Der geschnitzte *Flügelaltar* (Kirchenchöre mit Marienkrönung zwischen den hll. Johannes d. T. und Jakobus d. Ä., um 1520) gipfelt in einem hohen Aufsatz (Kreuzigung). Neben *Freskenresten* im Chor (hl. Katharina, 15. Jh.) und im Langhaus (7 Schmerzen Mariens, 15. Jh.) sind eine *Kreuztragungsgruppe* (um 1440/50) und mehrere *Renaissancegrabmäler* (16. Jh.) v. Interesse. – Das stattliche *Spitalgebäude* und der Kreuzgang des ehem. Franziskanerklosters wurden 1650–55 über den Resten der sog. *Unteren Burg,* der ma Burg Herrenberg (12.–14. Jh.), erbaut.

Außerdem sehenswert: Am malerischen *Oberen Marktplatz* mit löwenbekröntem Renaissancebrunnen stehen schmucke *Giebelhäuser* und das *Rathaus* (1765), dessen Fassade v. Wilhelm Klink* mit dem sog. Horber Bilderbuch (Herrscherwappen,

Horb, Hl.-Kreuz-Kirche, Doppelportal

Horb, Liebfrauenkirche, Turm mit Brunnen

IHS

Brustbilder berühmter Horber, 1927) bemalt wurde. – Das *Heimathaus Hoher Giebel* ist ein altes Fachwerkamtshaus (1622) der Herren v. Ow. – Streckenweise erhaltene *Stadtmauer* mit 4 v. urspr. 9 Stadttoren. – Beachtung verdienen auch der sog. *Schurkenturm*, einst Bergfried der Burg Hohenberg, das *Stuben'sche Schlössle* (1706) sowie die *Ottilienkapelle* (1765) und der alte *Schütteturm* (1422). – Im *Heimatmuseum* (beim Verkehrsbüro, Tel. 07451/901224 erfährt man die saisonal unterschiedlichen Öffnungszeiten): Hier kann man Werke der aus H. gebürtigen Genremaler Kaspar Kaltenmoser* (1806–87) und Salomon Hirschfelder sowie eine Dokumentation über Leben und Werk des aus H. stammenden Bildschnitzers Veit Stoß* (um 1450–1533) besichtigen. Im Landwirtschaftsamt ist ein sehenswertes *Bauernmuseum* untergebracht (tel. Anmeldung 07451/2007). – Im ma Ringmauerturm (1480) mit Reiterbild hat der örtliche Kultur- und Museumsverein ein kleines *Museum* zur Wehrgeschichte der Stadt H. eingerichtet. *Öffnungszeiten*: Mai–Oktober 1. So im Monat 14.00–17.00 Uhr – Mit Maskenabstauben, Schlüsselübergabe, Rosenmontagsumzug und Fasnetsverbrennung wird in H. alljährlich die schwäbisch-alemannische *Fasnacht* begangen.

Umgebung

Bildechingen (3 km nö): An der s Außenmauer der spätgot. *Pfarrkirche zur schmerzhaften Muttergottes* findet sich ein Baldachin mit Muttergottesbildnis (16. Jh.). Der SW-Turm öffnet sich zum Betraum in 2 Spitzbogenarkaden mit eingestelltem Rundpfeiler. Die Kreuzrippengewölbe des Polygonchors ruhen auf Fratzenkonsolen. Auf dem Altar ein sehenswertes, z. T. ergänztes Vesperbild (um 1420) aus Alabaster.

Dettensee (5 km sö): Die *Pfarrkirche St. Cyriakus* (16./18. Jh.) besitzt einen spätgot. Chor mit einem mächtigen satteldachgedeckten Flankenturm. Im Chor sehenswerte Ausstattung, u. a. Gewölbe- und Glasmalereien (Heilige, um 1500) sowie ein 5,80 m hohes reiches Wandtabernakel. Der Taufstein in der Wandnische stammt wie die Langhauserweiterung aus dem Jahre 1763. – Vom ehem. *Wasserschloß* (um 1490) sind lediglich die Nebengebäude erhalten, das Herrschaftsgebäude selbst wurde abgebrochen.

< Horb, Liebfrauenkirche, Flügelaltar

Dettingen (6 km sw): Die barocke *Pfarrkirche St. Petrus* (1738) birgt kostbare Ausstattungsstücke, darunter eine spätgotische Madonna auf der Mondsichel (um 1500) des Meisters vom Oberndorfer Altar* am n Nebenaltar und der Hauptaltar mit Barockaufbau (um 1740) und einem Altarblatt (1742) v. Franz Joseph Spiegler*. – Ein stattliches Gebäudegeviert (1746) mit Innenhof ist das *ehem. Amtshaus* des Schweizer Klosters Muri.

Diessen (9 km sw): Wie die meisten spätgot. Kirchen der Gegend steht der Turm der *Martinskirche* (1498) neben dem Chor, in dessen sterngewölbtem Inneren 2 spätgot. Altarbilder (Krönung und Tod Mariens, beide um 1500) aus dem Umkreis des Bartholomäus Zeitblom* zu sehen sind. – Die *Burgruine* in der Nähe des durch alte *Fachwerkhäuser* (18. Jh.) verschönten Dorfes bewahrt innerhalb der Zwingermauern mit gotischem Torturm noch Teile der Palasmauern mit dem Wappenschild (1555) des Junkers Hans v. Ehingen.

Eutingen (7 km nö): Am Außenbau der großen *Stephanskirche* (1494) hoher W-Turm und reiches S-Portal. Im netzgewölbten Polygonchor spätgot. Nischenreliefs (hl. Stephanus und Bischof), Schnitzfiguren und ein gefaßtes steinernes Wandtabernakel. Neben den Freskenresten aus der Zeit um 1500 und um 1600 verdient auch das Langhausdeckengemälde (1791) v. Franz Hörmann* Beachtung. – Im S des kleinen Städtchens die stark verfallene *Burgruine* (16. Jh.) mit Ringmauer und Turm.

Nordstetten (2 km sö): Das stattliche dreigeschossige *Rokokoschloß* wurde in den Jahren nach 1734 erbaut. Von seinen ehem. Umfriedungsmauern ist nur einer der Ecktürme erhalten. – Nordstetten ist das Heimatstädtchen des volkstümlichen Schriftstellers *Berthold Auerbach* (1812–82), der durch seine »Dorfgeschichten« populär wurde. Im Schloß befindet sich ein literarisches *Museum* mit einer Dokumentation über Leben und Werk v. Berthold Auerbach (Besichtigung während der Dienstzei-

Hornberg, Burgruine Alt-Hornberg

Jestetten, St. Mariä Himmelfahrt, Turm

ten einer Verwaltungsstelle im Schloß, sonst auf Anfrage: Tel. 07451/2274).

Rexingen (4 km sw): Ein altes *Meiereigebäude* (1609) erinnert noch an die ehem. Johanniterkommende (13. Jh.) - Die stattliche *Pfarrkirche* (1841) birgt ein sehenswertes kleines Vesperbild (um 1420) in alter Fassung.

7746 Hornberg Ortenaukreis	
Einw.: 5000	Höhe: 360–1000 m S.257 □ C 3

Auf einem hohen Felsen ließ sich Adalbert von Ellerbach um 1100 eine Burg erbauen, die nach dem Bau einer zweiten als Unteres Schloß bezeichnet wurde. Der Minnesänger Bruno von Hornberg stammt von hier. Mitte des 15. Jh. fiel Hornberg an die Württemberger. Zwischen dem von Franzosen und Schweden besetzten Unteren Schloß und dem von bayrischen Truppen gehaltenen Oberen Schloß soll es im Dreißigjährigen Krieg zu dem sprichwörtlich gewordenen »Hornberger Schießen« gekommen sein, bei dem beiden Beteiligten vor einer Entscheidung das Pulver ausgegangen sei. Über dieses Ereignis sind allerdings auch andere Versionen verbreitet.

1641 wurde das Untere, 1689 das Obere Schloß zerstört.

Die *Stadt* entwickelte sich am Fuß der Unteren Burg. Sie war Umschlag- und Rastplatz vor dem steilen Aufstieg der Straße zur Baar, den heute die Eisenbahnlinie in vielen Windungen und Tunnels überwindet. 1810 kam Hornberg zu Baden und entwickelt sich zu einem heilklimatischen Kurort.

Ev. Stadtkirche: Von der alten, 1280–1320 errichteten Kirche steht nur noch der hochgot. Chor mit seinen schönen Fenstern. Heinrich Schickhardt* baute Anfang des 17. Jh. das Langhaus an. Fresken mit Darstellungen aus dem AltenTestamen aus der Zeit um 1600 sind teilweise erhalten.

Burgruine Alt-Hornberg: Von dem 1689 durch die Franzosen zerstörten Oberen Schloß sind nur noch der Bergfried, das Pulverhaus und einige Mauerreste erhalten.

J

7893 Jestetten
Waldshut

Einw.: 4200 Höhe: 450 m S. 259 □ D 5

Stein- und bronzezeitliche Funde belegen die frühe Besiedlung der Gegend. Eine Römerstraße führte hier vorbei, Reste einer Steinbrücke über den Volkenbach sind noch erhalten. Auf der nahe gelegenen Halbinsel erinnert ein großer Wall an eine ehemalige Fluchtburg. Urkundlich erwähnt wird der Ort 870, als das Kloster Rheinau hier Besitz erwarb. Die Grafen von Sulz hatten in Jestetten ihre Sommerresidenz. Der »Jestetter Zipfel« war bis 1935 Zollausschlußgebiet.

Kath. Pfarrkirche St. Mariä Himmelfahrt: Die moderne, 1961–62 erbaute Kirche besitzt ältere Ausstattungsstücke, so den Hochaltar aus dem 17. Jh., die Seitenaltäre aus dem 18. und einige Skulpturen. Von der Vorgängerkirche ist noch der spätgot. Turm aus der Mitte des 16. Jh. erhalten. Im Chor befindet sich ein schönes Sakramentshäuschen.

Bühl (Jestetten), Pfarrkirche

Lorettokapelle: 1666 wurde im SO des Orts diese Kapelle anstelle einer ma Anlage, der Edenburg, errichtet.

Oberes Schloß: Im 16. Jh. durch die Grafen v. Sulz erbaut, war es 1806–72 badisches Amtshaus und dann kurze Zeit Sitz eines Frauenklosters; v. daher hat es noch den Namen »Berg Tabor«. Heute ist es Kreispflegeanstalt.

Mittleres Schloß: Es ist ebenfalls eine Gründung der Grafen v. Sulz und dient nach seiner Renovierung 1977–78 heute kulturellen Zwecken.

Ehem. Pfarrhaus: Neben der Kirche steht das schöne Fachwerkhaus mit polygonalem Eckturm aus dem frühen 17. Jh.

Umgebung

Bühl (10 km sw): Auch hier wurden Funde aus der Steinzeit und der Römerzeit gemacht. Das Kloster Rheinau ließ 1707 die *kath. Kirche* durch Franz Beer* errichten. Sie steht angeblich über dem Grab der hl. Notburga, der Schutzpatronin des Klettgaus. Eine Barockskulptur der Heiligen v. Anton Buol* wird als Gnadenbild verehrt. – Das *kath. Pfarrhaus* v. 1575, ebenfalls ein Bau des Klosters Rheinau, wirkt mit seiner Zinnenbekrönung fast wie ein kleines Schloß.

Grießen (14 km sw): Anstelle einer spätgot. Kirche, v. der Reste erhalten sind, erbaute 1900 Max Meckel* eine *neugot. Kirche,* deren Ausmalung und Ausstattung aus dieser Zeit stammen.

Hohentengen (18 km sw): Der am Hochrhein gelegene Ort wird 877 erstmals urkundlich erwähnt. Er war Sitz eines Meiers des Bischofs v. Konstanz. Die *kath. Kirche,* eine Chorturmanlage des 15. Jh., brannte 1954 ab. Bei Grabungen danach fand man Reste einer möglicherweise karolingischen Basilika. 1955 wurde die Kirche wieder aufgebaut. Den Brand überstand der Turm mit seinen Fresken im ehem. Chor; er ist nun Sakristei.

Lottstetten (4 km s): Die auffallend reich ausgestattete *kath. Pfarrkirche St. Valentin und Sylvester,* deren Turm noch aus dem 14. Jh. stammt, wurde 1706–10 erbaut und 1954–55 restauriert.

K

7842 Kandern
Lörrach

Einw.: 6300 Höhe: 350 m S.258 □ A 4

Das Kloster Lorsch besaß in *Cantara* 776 Güter. Seit 1083 gehörte die ehemalige St.-Clemens-Kirche dem Basler St.-Alban-Kloster. 1232 gelangte es an die Markgrafen von Sausenburg, 1503 dann an die von Baden. In Kandern war schon früh Kleinindustrie ansässig. 1512 wird eine Hammerschmiede, 1564 eine Papiermühle erwähnt. In der letzten Hälfte des 16. Jh.

Kehl am Rhein, Bühlfest

begann mit dem Hafner Kaspar Stoß die Töpferei, die in der Gegend vorkommende Tonerde verarbeitet. Seit 1810 ist Kandern Stadt. 1895 erfolgte die Gründung der Tonwerke Kandern. 1974 wurde Kandern mit Feuerbach, Holzen, Sitzenkirch und Wollbach, sowie den als Umgebungsorte behandelten Dörfern Riedlingen und Tannenkirch zusammengeschlossen.
Johann August Sutter, der als »Kaiser von Kalifornien« bekannt gewordene Kolonialist, wurde 1803 in Kandern geboren.

Ev. Pfarrkirche: Nach Plänen v. Friedrich Weinbrenner* wurde 1822-25 die klassizistische Kirche mit umlaufender zweistöckiger Empore gebaut.

Kath. Pfarrkirche St. Franziskus de Sales: Die 1859 nach Plänen v. Heinrich Hübsch* erbaute Kirche erhielt um 1900 ihren Chor.

Stadtbild: Neben einigen got. Häusern prägen das Stadtbild v.a. klassizistische Gebäude. Der *Blumenplatz* ist die wohl einheitlichste klassizistische Platzanlage des Markgräflerlandes.

Ruine Sausenberg: Die 1230 erbaute Burg wurde bis 1315 v. den Sausenberger Markgrafen bewohnt, 1678 aber durch die Franzosen zerstört. Erhalten sind der Bergfried und einige Mauerreste.

Heimat- und Keramikmuseum (Ziegelstr. 20): In einem got. Haus mit Staffelgiebel ist die Sammlung untergebracht. Sie zeigt historische und moderne Erzeugnisse der einheimischen Industrie, keramische Kunstwerke und heimatkundlich interessante Stücke. Von April bis November ist das Museum mittwochs v. 15.00 bis 17.30 Uhr und sonntags v. 10.00 bis 12.30 Uhr geöffnet.

Umgebung

Riedlingen (2 km w): Die turmlose kleine *Kirche* besitzt ein spätgot. Hl. Grab mit Sakramentsschrein. Die Wandgemälde zeigen die Verkündigung an Maria, Teile der Heimsuchung, den Judaskuß und die Verkörperung der Ecclesia.

Tannenkirch (4 km w): An den got. Chorturm der alten *Kirche* baute man 1972 ein modernes Schiff. Der Chor ist spätgot. ausgemalt. Die Bilder zeigen Szenen aus dem Marienleben. Christus als Weltenrichter und die Apostel. Aus dem alten Schiff wurden Bilder mit Passionsszenen abgelöst und in dem modernen neu aufgezogen.

7640 Kehl

Ortenaukreis

Einw.: 30 000 Höhe: 142 m S.254 □ B 2

Ursprünglich ein Flößer- und Fischerdorf inmitten vieler Kinzig- und Rheinarme, wurde Kehl erst Fährplatz (ab dem 12. Jh. urkundlich belegt) und ab 1388 Brückenkopf nach Straßburg, als die Stadt Straßburg die erste feste Rheinbrücke baute. Nach dem Ausbau zur Veste Kehl im 17. Jh. erlebte die Stadt (ab 1774) achtmal einen Herrschaftswechsel und wurde viermal von den Franzosen besetzt (zuletzt 1919-30 und 1945-53). Die Fertigstellung der *Europabrücke* 1960 war für Kehl deshalb ein willkommener Beginn der deutsch-französischen Partnerschaft.

Hanauer Museum (Friedhofstr. 5): Das sonntags zwischen 14 und 17 Uhr geöffnete Heimatmuseum (Führungen jederzeit nach Vereinbarung) dokumentiert die Geschichte v. K. und dem Hanauerland. Neben Gerätschaften des hiesigen früheren Handwerks (Hanfbau, Fischerei und Flößerei) sind alte Trachten der Gegend an lebensgroßen Puppen und eine Hanauer Bauernstube zu sehen. Säugerreste der Eiszeit (insbesondere Elefantenzähne), Feuersteinwerkzeug und Steinbeile aus der Jungsteinzeit, ein Griffzungenschwert der Urnenfelderkultur, 2 keltische Goldmünzen und ein bronzener, spiralverzierter Scheibenhalsring, röm. Münzen und Terra-Sigillata-Töpfereien, Grabfunde aus merowingischer Zeit und Schwerter aus dem MA umfaßt die vor- und frühgeschichtliche Abteilung.
Fachwerkabteilung des Hanauer Museums mit Giebel- und Vollmodellen aus altem Eichen- und Tannenholz, v. Zimmerleuten im Maßstab 1:10 angefertigt (mit den alten Holzverbindungen).

Außerdem sehenswert: Die klassizistische *Christuskirche,* 1822–24 im Weinbrennerstil erbaut, das *Weinbrennerhaus* (1819) und die neugot. *Friedenskirche* (1847–51) liegen alle an der Hauptstr. – Das *Rathaus* wurde urspr. als Kaserne (1819) errichtet und erhielt 1923 seine eigenwillige Fassade, deren risalitartig vorspringender hoher Säulenportikus v. einem schlichten Frontispiz bekrönt wird. – Traditionelle Kehler Festmärkte sind der *Ostermarkt* und der viertägige *Messdi* nach Christi Himmelfahrt.

Umgebung

K-Auenheim (5 km n)**:** Auenheim wird 888 als Kirchspiel erwähnt. Vermutlich existierte eine fränkische Kleinkirche. Etwa im 10. Jh. wurde eine roman. Kirche mit kleinem Chorturm errichtet, die im 14. Jh. einen got. Chor im O erhielt und dessen Turm 1733 mit Riegelfachwerk aufgestockt wurde. Bis zur Reformation war St. Laurentius der Kirchenheilige. Um 1790 Abbruch des alten Baus und Neubau der heutigen *ev. Kirche* (1792) unter Beibehaltung des alten Turmes. Abbruch des alten Turmes und Turmneubau im Jahre 1808. Diese Kirche wurde 1966 renoviert. – Das *Gasthaus »Blume«* ist ein gut erhaltener Hanauer Fachwerkbau aus dem Jahre 1790, Anbau v. 1812.

K.-Bodersweier (5 km nö): Unter Ensembleschutz steht der malerische alte *Ortskern* mit zahlreichen für das Hanauer Land typischen Fachwerkbauten (18.–19. Jh.).

K.-Kork (5 km ö): Unter Denkmalschutz stehendes Ensemble v. *Fachwerkhäusern* aus dem 18. Jh. auf dem Korker Bühl, einer bis in die Merowingerzeit zurückgehenden Malstätte, Sitz des Korker Waldgerichts bis 1803. – Die Mutterkirche v. Kork dürfte die erste des oberen Hanauerlandes gewesen sein und schon zu Beginn des 8. Jh. bestanden haben. Langhaus und Turm der heutigen *ev. Kirche* wurden 1731–33 erbaut, v. einem ma Bau blieb der got. Chorraum aus dem 14. Jh. bestehen. Über dem S-Portal das Wappen der Herren v. Hanau-Lichtenberg, 1987 farbig gefaßt. Wertvolle Orgel (1778) v. Markus Georg Stein* aus Durlach, einem Silbermann-Schüler. – Sog. *Korker Schloß* (1728 bis 31): Schlichtes zweistöckiges Gebäude im Stil eines barocken Landhauses. Auf dem Platz stand urspr. ein hanau-lichtenbergisches Amthaus, das auch als Jagdschloß diente. Im 19. Jahrhundert badisches Bezirksamt, heute Teil des Korker Epilepsiezentrums.

Kentheim, Candiduskirche (l); Fresken im Langhaus (r),

K.-Marlen (6 km s): Eine harmonische Rokoko-Ausstattung (um 1770) mit sehenswertem Hochaltar und einer restaurierten Kanzel birgt die *Pfarrkirche St. Arbogast* (1767).
Rheinau-Freistett (15 km n): Das frühroman. sog. *Heidenkirchle* wurde wohl um 1000 v. iroschottischen Mönchen gegr. und erhielt den satteldachgedeckten Chorturm erst im 13. Jh.
Rheinau-Hausgereut (13 km n): Hausgereut erhielt schon sehr früh eine *Kapelle*, deren Entstehungszeit unbekannt ist. Sie wird 1288 als längst wieder zerfallen bezeichnet. 1289 wurde die Kapelle neu erstellt und St. Nikolaus geweiht. Während Chor und Turm immer unverändert blieben, scheint das Langhaus einige Reparaturen erfahren zu haben. 1957 wurden im Chorraum *Fresken* aus dem 15. Jh. freigelegt.
Rheinau-Honau (10 km n): Die heutige *kath. Kirche*, die St. Michael zum Patron hat, wurde 1845 erbaut. An einem Seitenaltar befindet sich ein wertvolles Altarbild, eine Holzplastik eines unbekannten oberrheinischen Meisters (um 1500), die die Krönung Mariens darstellt.
Willstätt (7 km sö): Die 1756 v. Johann Ellmenreich* erbaute barocke *Pfarrkirche* dieses für die Rheinebene charakteristischen *Fachwerkortes* erhält ihren besonderen Reiz durch rötliche Sandsteingliederungen und den Fassadenturm. Wappen der Landgrafen v. Hessen-Darmstadt über dem Hauptportal. Über dem Kanzelaltar aus Stuck eine interessante Kreuzigungsgruppe (um 1760).

7264 Kentheim
Calw

Einw.: 166 Höhe: 341 m S.255 □ E 1

Candiduskirche: Die ehem. Kirche *St. Candidus* (restauriert, heute ev. Friedhofskirche) wurde schon im 11. Jh. gegr. und zählt damit zu den ältesten Kirchen im Schwarzwald. 1075 war sie im Besitz des Klosters →Hirsau, im 12. Jh. diente sie Benediktinerinnen als Klosterkirche. Der Ursprungsbau war kürzer und besaß wahrscheinlich einen platt geschlossenen Chor. Massiger *Chorturm* (um 1200) mit tonnengewölbtem Erdgeschoß und Fachwerkaufbau (19./20. Jh.). Im Inneren sehenswerte spätgot. *Fresken* sowohl im Chor (Christus Pantokrator und Heiligenviten, um 1410/20) als auch im schmalen Betraum (Vita Christi, um 1360). Schöner ma Taufstein.

Umgebung

Burg Waldeck (3 km s): Die Ruine der 1284 durch Rudolf v. Habsburg belagerten und zerstörten, danach aber wieder aufgebauten *Ministerialenburg Waldeck* gehört zu den umfänglichsten Baden-Württembergs. Sie thront auf dem Felsengrat einer schmalen Landzunge, die an 3 Seiten v. einer Flußschlinge der Nagold umzogen wird. Die Reste dieser strategisch günstig gelegenen Anlage lassen eine etwa 250 m lange Vorburg, Schildmauer, Wohngebäude, Gräben und die spätroman. Kernburg (12. Jh.) mit einem viereckigen *Bergfried* aus Buckelquadern erkennen. Die äußere Wehrmauer mit seitlichem Rundturm stammt wie die schießschartenbestückte Flankenmauer aus dem hohen MA.

7832 Kenzingen
Emmendingen

Einw.: 7100 Höhe: 177 m S.256 □ B 3

In *Kencinger marca* schenkte Karl der Dicke 773 seiner Gemahlin einen Hof, den diese dem Kloster Andlau weitergab. Otto I. schenkte eine St.-Georgs-Kirche dem Kloster Einsiedeln. Vögte beider Klöster waren die Herren von Üsenburg. Sie gründeten nach Zähringer Vorbild die Stadt auf einer Elzinsel, die 1298 an Adolf von Nassau verkauft wurde. In der Folge wurde sie oft verpfändet, bis sie 1564 an Österreich und 1805 an Baden fiel.

Kath. Pfarrkirche St. Laurentius: Um 1275 wurde die dreischiffige gewölbte Basilika im Zentrum der Stadt errichtet, die W-Fassade war um 1300 vollendet. Die beiden Türme stehen neben dem Chor. Im 15. Jh. erfolgte ein Umbau zur einschiffigen Kirche, die im 16. Jh. Seitenkapellen erhielt. Eine weitere, um 1730 erfolgte Umgestaltung des Langhauses und der W-

Kenzingen, St. Laurentius

Kenzingen, St. Laurentius, Bildnisgrabstein

Fassade, die eine 1734 datierte und Johann Christian Wentzinger* zugeschriebene Immaculata erhielt, führte zu dem jetzigen Zustand, der 1905 und 1960 durch Renovierungen erhalten wurde.
In der s Kapelle, der sterngewölbten Taufkapelle, befindet sich die Familiengrabstätte des Wolf v. Hürnheim mit *Bildnisgrabsteinen* aus dem 16. Jh. Die Ölberggruppe mit einem Christus tröstenden Engel in der n Seitenkapelle ist vermutlich eine Arbeit Johann Christian Wentzingers*. Die Ausstattung stammt zum großen Teil aus dem 1809 aufgehobenen Kloster Wonnetal. Der *Hochaltar* ist neugot. Von dem barocken Hochaltar des Johann Michael Winterhalter* sind nur die *Holzskulpturen* Johannes d. T. und des hl. Sebastian am Chorbogen erhalten. In der s Turmkapelle finden sich Reste v. um 1300 entstandenen *Wandmalereien:* Legende der hl. Cäcilia, Marienkrönung, Auferstehung und Evangelistensymbole.

Ev. Kirche, ehem. Franziskanerkirche: Der Bau datiert vom Anfang des 17. Jh. Sein flaches Tonnengewölbe ist mit einem stukkierten Rippennetz versehen.

Friedhofskapelle: Im Inneren befindet sich eine *Muttergottesfigur* mit Kind aus der Zeit um 1400.

Rathaus: Es wurde in der Mitte des 16. Jh. erbaut. Die rundbogigen Türen und Fenster des Erdgeschosses stammen aus dem 17., der Staffelgiebel aus dem 19. Jh. Interessant sind die 7 dreigeteilten Fenster im Obergeschoß mit steinernen Kreuzstökken.

Stadtbild: Es zählt zu den besterhaltenen ma Stadtbildern des Breisgaus und zeichnet sich durch seine regelmäßige Anlage aus: Ein Achsenkreuz aus der v. N nach S verlaufenden Hauptstraße und der v. O nach W führenden Quergasse teilt den ovalen Grundriß regelmäßig auf. Der Platz für die Kirche entspricht demjenigen des Freiburger Münsters. Im MA gab es nur je

Kenzingen, St. Laurentius, Bildnisgrabstein

Kenzingen, Rathaus mit Brunnen

1 Stadttor im S und im N, das heutige Schwabentor im O ist jüngeren Datums. Die meisten Häuser stammen allerdings aus der Zeit nach dem Dreißigjährigen Krieg und aus dem 18. Jh., jedoch finden sich an ihnen häufig Bauteile v. spätgot. Vorgängerbauten oder solchen aus der Renaissance. Erhalten sind die *Stadtmühle* mit einem Wappenstein v. 1515 und das *Gasthaus »Zur Krone«* v. der Mitte des 16. Jh.

Umgebung

Hecklingen (2 km s): Die im 14. Jh. erbaute *kath. Pfarrkirche St. Andreas* wurde immer wieder umgebaut und 1962 erweitert. Sie besitzt ein spätmittelalterliches Gnadenbild. – Das *Schloß,* ein doppelstöckiger Rechteckbau mit Mansarddach, erbaute 1776 François E. Pinot*. Es wurde 1956 restauriert. – Im 12. Jh. wurde die *Burg Lichteneck* erbaut, v. der nach der Zerstörung durch die Franzosen im Jahre 1675 heute nur noch Ruinen, meist aus dem 15. und 16. Jh., erhalten sind.

Heimbach (6 km sö): An den noch got. Turm der *kath. Pfarrkirche St. Gallus* wurde 1738 die Kirche angebaut. Sie besitzt gute Altarblätter v. Johann Pfunner*, das des Hochaltars ist 1776 datiert. – Das *Alte Schloß* v. 1577, ein doppelstöckiger Putzbau mit Staffelgiebel, hat zum Hof hin 4 offene Rundbogenarkaden. – Das *Neue Schloß* erbaute um 1803 General Max v. Duminique* nach eigenen Plänen. Die flankierenden Türme tragen Pyramidendächer. Der kreisrunde Mittelsaal springt zum englischen Park hin vor; dort finden sich skulptierte Bruchstücke vom Freiburger Münster.

Malterdingen (5 km s): Die *ev. Pfarrkirche* wurde im späten 14. Jh. errichtet, Ende des 15. Jh. umgebaut und im 19. Jh. noch einmal verändert. Im ma Chor mit Sterngewölbe befindet sich ein Sakramentshäuschen aus der Zeit um 1500. Bei Renovierungsarbeiten im Jahre 1964 entdeckte man Wandmalereien aus der Zeit um 1520 und um 1700. – In der *Wendelinkapelle* befinden sich spätmittelalterliche Wandgemälde und ein Kruzifix vom Anfang des 16. Jh. – Im Ort sind zahlreiche *Häuser*, teilweise in Fachwerk, teilweise massiv oder verputzt, aus der Spätgotik und der Renaissance mit Erkern und Ziergiebeln erhalten. Die ehem. Befestigungen sind verschwunden, lediglich im Haus Nr. 234 findet sich ein *ehem. Stadttor* v. 1567.

Nordweil (4 km ö): Im ummauerten Friedhof hoch über dem Ort steht die *kath. Kirche St. Barbara*. Ältester Teil ist eine 1456 geweihte Kapelle, die heute als Chor dient. Das Langhaus v. 1760 wurde 1914 erweitert.

Ottoschwanden (12 km ö): Der Turmchor der *ev. Kirche* liegt unter einem Kreuzgewölbe; er war im frühen 14. Jh. ganz ausgemalt worden, doch sind die Bilder stark verblichen und teilweise zerstört.

Riegel (4 km sw): Die *kath. Pfarrkirche St. Martin* wurde im 2. Weltkrieg fast völlig zerstört, jedoch nach den Plänen v. Franz Rudhart* und Leopold Elmenreich* aus dem Jahre 1743 wieder aufgebaut. An der Fassade steht eine Immaculata v. Joseph Hörr* (1781). Zur Ausstattung gehören eine Muttergottesstatue (um 1500) und Heiligenfiguren am Hochaltar v. Johann Michael Winterhalter* (um 1740).

7815 Kirchzarten

Breisgau-Hochschwarzwald

Einw.: 8500   Höhe: 400–900 m   S. 258 □ B 4

Der sogenannte »Heidengraben« im Osten des Dorfes war wohl Teil einer keltischen Fliehburg. Um 150 n. Chr. erwähnt der griechische Geograph Claudius Ptolemäus eine Siedlung mit dem keltischen Namen *Tarodunum*. Das Wort lebt noch fort in dem Namen »Zarten« des heutigen Ortsnamens. Grundmauern eines ausgegrabenen Gebäudes in Kirchzarten-Burg deutet man heute als eine ehemalige römische Poststation an der Straße zwischen Breisach und Hüfingen.

Mit einem Hofgut in *Zarduna* wurde 765 das Kloster St. Gallen/Schweiz durch einen vornehmen Alemannen beschenkt. Zarduna war Hauptort der rechtsrheinischen Besitzungen des Klosters. 1297 verkaufte es seinen letzten Hof, den »Dinghof«, an den Johanniterorden. Die Stadt Freiburg, Vorposten der Habsburger in Vorderösterreich, erwarb ihn Ende des 15. Jh. Bauernkrieg (1525), Dreißigjähriger Krieg, die zweimalige Besetzung durch die Franzosen im 17. und Anfang des 18. Jh. hinterließen ihre Spuren. 1806 kam Kirchzarten an das evangelische Großherzogtum Baden.

Kath. Pfarrkirche St. Gallus: Früh- und spätma Vorgängerbauten konnten 1961 durch Grabungen nachgewiesen werden. In den 3 Untergeschossen des Turms, des ältesten im Breisgau, stecken noch roman. Teile aus dem 11. und 12. Jh. Sein 4. und 5. Geschoß sind frühgot., das 6. wurde 1506–08 aufgestockt. Auch einige Teile des Chors und des Langhauses sind noch roman. Der dreiseitig gebrochene Chor mit Netzrippengewölbe entstand aber 1506 bis 1508; zu dieser Zeit wurde das Langhaus nach S erweitert und 1509 die Vorhalle mit Sterngewölbe angebaut. 4 got. Schlußsteine mit dem Bild des Auferstandenen, der Gottesmutter und der hll. Gallus und Johannes sind erwähnenswert. 1670 erfolgte eine barockisierende Vergrößerung. 1737 entstanden die Stukkaturen und die Dekkenfresken. Sie sind eine Arbeit v. Michel Saur* und stellen die 3 Johannes (den Sommer- und Winterhannes und Johannes v. Nepomuk), die Krönung Mariens und den Kirchenpatron St. Gallus mit Sebastian und Magnus dar. 1857 kam ein ö Anbau hinzu. Renoviert wurde die Kirche 1885–87, 1959–62 und 1981–82.

Der 1683 v. Franz Hauser* aufgestellte *Hochaltar* mit dem Bild der Himmelfahrt Mariens (v. Caspar Brentzinger*) wurde 1687 gefaßt. Die Statuen der beiden Johannes und die der Apostelfürsten sowie die im Obergeschoß befindlichen St. Georg und Ursula werden Franz Hauser* zugeschrieben, während die Rokokobüsten der hll. Barbara und Ottilie vom Sohn Anton Xaver Hauser* stammen. Er hat auch die beachtenswerten *Seitenaltäre* geschaffen, den Rosenkranzaltar (r) mit den Figuren der hll. Dominikus und Katharina v. Siena und den Sebastiansaltar mit den hll. Martin und Thomas. An der S-Wand be-

Kirchzarten, St. Gallus, Hauptaltar >

Kirchzarten, St. Gallus

Klosterreichenbach, St. Gregor

findet sich eine überlebensgroße *Kreuzigungsgruppe* mit einem prachtvollen Kruzifix (bis 1987 nach Welschingen ausgeliehen) und den 1665 v. Michael Hartmann* geschaffenen Figuren der Maria und des Johannes. Das während der Ausleihzeit hier hängende got. Kruzifix (um 1520), das urspr. für den Bogen über dem Altar geschaffen war, hängt seit 1987 wieder in der Giersbergkapelle. Unter der Kreuzigungsgruppe ist der *Bildnisgrabstein* des Kreuzritters Kuno v. Falkenstein (1343), das Werk eines Steinmetzen der Freiburger Münsterbauhütte, in die Wand eingelassen. Die *Ölberggruppe* im ö Anbau schuf um 1745 der im Schwarzwald wohlbekannte Matthias Faller*.

Giersberg-Marien-Wallfahrtskapelle: Auf dem sö gelegenen Giersberg steht das einfache Kirchlein (herrlicher Rundblick über das Dreisamtal). Es wurde 1737-38 mit seinem doppelstöckigen, 1956 neu behelmten Dachreiter erbaut. Den *Altar* der 1988 gänzlich renovierten Kapelle mit dem bekleideten Gnadenbild der Maria in einer Baumnische schuf Matthias Faller*. Seine meisterliche Hand bezeugen auch die Statuen der Diakone Stephanus und Laurentius sowie der beiden Johannes im Inneren und eine Immaculata mit dem Einsiedler Antonius und Paulus v. Theben an der Außenfassade.

Talvogtei: Seit 1497 saßen die Freiburger Talvögte in dem v. der Stadt Freiburg erworbenen Dinghof, einer wuchtigen, urspr. hufeisenförmigen Anlage. Das Gebäude wurde zwar 1525 v. den aufständischen Bauern zerstört, aber sofort wieder aufgebaut und durch weitere Umbauten im 17. Jh. zu einem Wasserschloß umgestaltet. Es dient heute teilweise als Unterkunft für die dörfliche Verwaltung.

Umgebung

Buchenbach (4 km sö): Einige kleinere Orte haben sich zu einer Gemeinde zusammen-

geschlossen. Die *kath. Pfarrkirche St. Blasius und Agatha* in Buchenbach wurde 1796–1805 errichtet und 1900 neugot. erweitert. Die Kreuzbergkapelle entstand 1892.
Eine der ältesten der gut 80 Kirchen und Kapellen des weiteren Dreisamtales ist die um 1600 erbaute *St.-Nikolaus-Kapelle im Wagensteigtal.* Wenig jünger (1606) ist diejenige in *Falkensteig.* Hier liegen über der vom Himmelreich ins Höllental führenden W-O-Verbindung die Reste der *Burg Falkenstein.* Beim Gasthaus »Himmelreich« schließlich befindet sich eine auf das 13. Jh. zurückgehende *Jakobuskapelle* am ehem. Pilgerweg nach Santiago de Compostela.
Zum *Ortsteil Unteribental* (mit 1964 erbauter *Vater-unser-Kapelle* als Grablege der Verlegerfamilie Herder mit eigenwilliger Symbolik) gehört die auf dem Bergkamm zwischen Eschbach- und Ibental liegende *Kirche Mariae Lindenberg,* deren Wallfahrt seit 1490 belegt ist. Von diesem Studienhaus der Erzdiözese Freiburg aus genießt man einen herrlichen Rundblick über den ganzen Südschwarzwald (Anfahrt über St. Peter).

7292 Klosterreichenbach

Freudenstadt

Einw.: 2100 Höhe: 530 m S.257 □ D 2

Ehem. Klosterkirche St. Gregor: Nach einer Schenkung (1082) seitens des Hochadeligen Bern konnte das Kloster →Hirsau hier ein erstes *Benediktinerpriorat* gründen. Der 1. Kirchenbau (1082–85) unter Abt Wilhelm folgte (in reduzierter Form) mit 2 O-Türmen (restauriert), Halbrundapsiden (ergraben) an Chor und (Turm-)Nebenkapellen sowie mit seinem aus kleinen Hausteinquadern gefügten und flachgedeckten *Langhaus* dem Vorbild v. St. Aurelius in →Hirsau. Das Schiff ist mit seinem schlichten S-Portal und hochliegenden Fenstern erhalten. 1180 wurde der *Chor* erneuert und v.a. durch platt geschlossene Nebenkapellen basilikaartig vergrößert. Gleichzeitig mit dem Einziehen seiner Kreuzrippengewölbe (um 1240) erfolgte vor der W-Fassade der Neubau der kreuzrippengewölbten *Vorhalle* (restauriert), die

Heselbach (Klosterreichenb.), Waldkapelle

dem Paradies v. Kloster Maulbronn nachempfunden ist. Im Inneren des nach 1895 renovierten rotsandsteinernen Gotteshauses, das seit der Reformierung (1595) durch Herzog Friedrich v. Württemberg als ev. Pfarrkirche dient, findet man ein *Stifter-Epitaph* (11. Jh.) und das spätgot. *Wandtabernakel* im Chor. Neben den roman. Säulen im erhaltenen *W-Flügel* der ehem. Klostergebäude und einem s des ehem. Auditoriums gelegenen *Rechteckturm,* der später als Gefängnis diente, ist noch ein roman. *Badehaus* mit Rundbogenportal, Rundbogenfenstern und einem geräumigen Keller zu sehen. – Aus K. stammen jene 2 roman. Bronzetürklopfer (Löwenköpfe, 12. Jh.), die heute im Landesmuseum in Stuttgart ausgestellt sind.

Umgebung

Heselbach (1 km n): Abgesehen vom 1791 erweiterten Langhaus bewahrt die *ehem. Waldkapelle* (12. Jh., heute ev. Kirche) v. K.

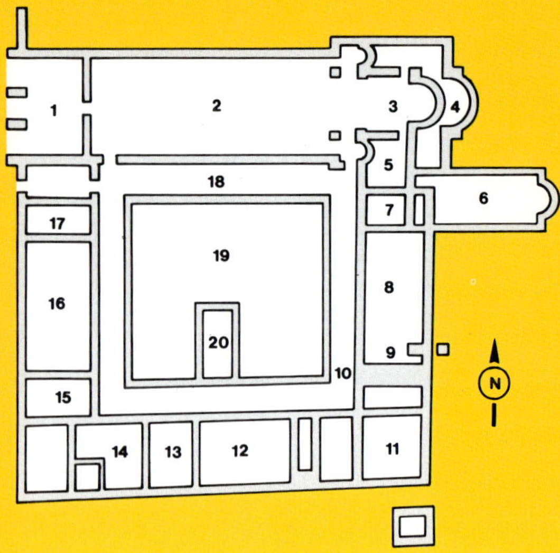

Klosterreichenbach, ehem. Benediktinerkloster (rekonstruierter Grundriß) **1** Paradies **2** Langhaus **3** Ostwerk (11.Jh.) mit quadratischem Chor und Halbrundapsis sowie seitlichen Türmen mit Nebenapsiden **4** Chorerweiterung nach 1180 **5** Sakristei **6** Marienkapelle **7** Sakristei **8** Kapitelsaal **9** Heizofen **10** Treppe zum Dormitorium (Obergeschoß) **11** Auditorium **12** Refektorium **13** Anrichte **14** Küche mit Eckherd **15** Zelle des Kellermeisters **16** Keller **17** Pilgerzelle **18** Kreuzgang **19** Innenhof **20** Brunnenkapelle

viel vom roman. Ursprungsbau, so den mit einem Zeltdach bekrönten Chorturm, in dem noch 2 roman. Glocken (13.Jh.) hängen, und das s Rundbogenportal mit roman. Reliefs am Türsturz (Lamm Gottes zwischen Evangelistensymbolen, 12.Jh.) und am Tympanon (Guter Hirte, 12.Jh.). In der Mauer des umgebenden Friedhofs ein Reliefstein (hl. Petrus) aus dem 12.Jh.

Igelsberg (5 km ö): Das urspr. roman. *Waldkirchlein,* dessen got. Chor v. Maßwerkfenstern durchbrochen ist, erhebt sich malerisch inmitten eines ummauerten Kirchhofs.

7535 Königsbach-Stein

Enzkreis

Einw.: 8200	Höhe: 165 m	S.255 □ D 1

Zwar waren einst die Herren von Königsbach dem Haus Baden verpflichtet und die Herren von Stein der Pfalz, sonst aber haben die beiden Ortsteile vieles gemeinsam. Beide wurden Mitte des 13.Jh. erstmals urkundlich erwähnt, beide erhielten im 15.Jh. *Wasserburgen* und im 17.Jh. ihre sehenswerten *Fachwerkrathäuser.*

Ev. Pfarrkirche (Ortsteil Königsbach): Die *ehem. Marienkirche* wurde im 15.Jh. an einen spätroman. Wehrturm angebaut. Der Chor wurde 1625–27, das obere Turmge-

Königsbach-Stein, Rathaus (l); Bauschlott (Königsbach-Stein), Ev. Pfarrkirche, Epitaph (r)

schoß 1782 erneuert. An der N-Mauer *röm. Relief* (Pferdekönigin Epona). Außer dem *Taufstein* (1625) sind mehrere barocke *Grabsteine* v. Interesse, v.a. jener für Rollin de Saint-André, dem Vorbild des Gubernators v. Lippstadt in Grimmelshausens »Simplicissimus« (vgl. Renchen →Appenweier). Die z.T. roman. Mauer des Kirchhofes läßt den Wehrcharakter der urspr. Kirche ahnen.

Wasserburg (Ortsteil Königsbach): Die 1375 genannte Wasserburg gelangte 1650 an Daniel de Saint-André und wurde 1623–50 zur heutigen Dreiflügelanlage mit Ecktürmen, Innenhof und Terrasse ausgebaut. Das Wappen an der Toreinfahrt stammt noch v. den Vorbesitzern im 16. Jh., den Herren v. Venningen.

Außerdem sehenswert: Von den vielen *Fachwerkbauten* beider Ortsteile ist das *Königsbacher Rathaus* (18. Jh.) mit seinem originellen, auf Holzsäulen ruhenden Fassadengiebel v. größtem Interesse.

Umgebung

Bauschlott (7 km ö): Neben dem v. Friedrich Weinbrenner* vollendeten *Schloß* (18./19. Jh., privat) verdienen die klassizistische *ev. Pfarrkirche*, eine nach Plänen v. Heinrich Hübsch* erbaute dreischiffige Hallenkirche (1836–38), und der malerische *Dorfanger* mit den angrenzenden Häusern Beachtung.
Ellmendingen (10 km s): Die ehem. Kirche *St. Barbara* (1523, heute ev. Pfarrkirche), bewahrt einen ma Chorturm, der 1404 im Untergeschoß ein Kreuzrippengewölbe und im 17./18. Jh. neue Obergeschosse erhielt. Im Inneren Renaissancekanzel (um 1523) sowie ein wappengeschmückter Taufstein (1564). Die streckenweise erneuerte doppelte Kirchhofsmauer stammt v. der urspr. Wehrkirche.
Kämpfelbach (4 km sö): Im Ortsteil *Ersingen* sind zahlreiche *Fachwerkbauten* und die *Pfarrkirche St. Johannes Baptist* (15./18. Jh.) mit spätgot. Plastiken (u.a. Öl-

Bauschlott (Königsbach-Stein), Schloß

berggruppe, um 1500) v. Bedeutung, im Ortsteil *Bilfingen* die *kath. Pfarrkirche* mit Chorturm und Sakristei aus dem 13. Jh. sowie das im Weinbrennerstil errichtete klassizistische *Gasthaus »Alte Kelter«* (18. Jh.).

Kleinsteinbach (6 km w): Die nach Plänen v. Friedrich Weinbrenner* erneuerte *Thomaskirche* (1807–17) ist dem ev. Ritus entsprechend als Predigtkirche eingerichtet. Im dreischiffigen Betraum mit Holzsäulen, Flachdecke und Emporen steht der Altar vor der Predigerkanzel.

Langensteinbach (10 km sw): Vom Turm der malerischen Ruine der ma *St.-Barbara-Kapelle* genießt man ein weites Panorama über den Pfinzgau.

Nußbaum (8 km nö): Die *Dorfkirche* (14./16. Jh.) birgt sehenswerte spätgot. Fresken im Gewölbe (Christus und Evangelistensymbole) und an den Wänden (Abendmahl, Passion Christi) des Chors.

Stupferich (10 km w): Die *Pfarrkirche St. Cyriakus* wurde um 1500 nach O erweitert und der ehem. Chorturm mit kreuzgewölbtem Untergeschoß zur heutigen Eingangshalle. Aus der Zeit ihrer barocken Umgestaltung (1759 bis 1763) stammen die figurenbestückten Altäre und die qualitätvolle Kanzel.

7744 Königsfeld

Schwarzwald-Baar-Kreis

Einw.: 1887	Höhe: 761 m	S.257 □ D 3

Dieser mitten im Wald gelegene Ort ist eine spätbarocke Anlage im Schachbrettmuster (unter Denkmalschutz) und wurde 1804 auf dem Areal des Hörnlehofes von der Herrnhuter Brüdergemeine gegründet. 1806 erhielt er das Gründungsdekret des württembergischen Königs (daher »Königsfeld«); seit 1810 badisch.

Am zentralen Zinzendorfplatz befindet sich das *Gemeinhaus mit Kirchensaal* und Seitenflügeln (1810–12). Der Empiresaal ist ganz in Weiß gehalten, und dort befindet sich auch die Kirchenorgel, auf der

Buchenberg (Königsfeld), St. Nikolaus, Spätromanischer Türsturz

Albert Schweitzer oft gespielt hat. In direkter Nähe stehen auch die Chorhäuser. *Wohnhaus von Albert Schweitzer* 1923–57 (0,3 km nw).

Gottesacker (0,5 km nö): Eine einzigartige stilreiche Barockanlage, unverändert – nur erweitert – mit allen Grabstätten seit 1809; unter Denkmalschutz.

Ortsteil Buchenberg	
Einw.: 908	Höhe: 823 m

Der Weiler gehörte den Württembergern, bis er 1810 an Baden fiel. 1975 wurde er dem jüngeren Ort K. eingemeindet.

Ev. Kirche ehem. St. Nikolaus: Wahrscheinlich wurde sie im frühen 12. Jh. erbaut; der Türsturz über der W-Pforte ist roman. In der 2. Hälfte des 15. Jh. entstand der Chor. 1722 erhöhte man das Langhaus, um eine Empore einzuziehen. Im 18. Jh. wurde der jetzige Zustand hergestellt, der Dachreiter 1975 renoviert. 1960 fertigte Wilhelm Geyer* die Glasfenster im Chor an, Emil Homolka* die Altarausstattung.

Von den um 1430 geschaffenen *Wandgemälden* sind am Chorbogen Teile eines Jüngsten Gerichts mit den Seligen und den Verdammten erhalten. An der S-Wand und an der W-Wand finden sich Spuren einer Anbetung der Hl. Drei Könige, eines Abendmahls und einer Kreuzigung.

An der Chor-N-Wand hängt die Kopie eines *roman. Holzkruzifixes.* Das um 1130 entstandene Original, das »Buchenberger Herrgöttle«, wird im Rathaus aufbewahrt. Weiter gehören zur Ausstattung dieser Kirche die spätroman. Altarmensa, das got. Sakramentshäuschen und der Taufstein aus dem 15. Jh.

Den Schlüssel zum freien Eintritt erhält man im Pfarrhaus (aus dem Jahre 1902) neben der Kirche.

Waldau, Burgruine: 2 km n des Dorfkernes an der Straße nach Hardt liegt die Ruine einer im 13. Jh. erbauten, aber schon 1564 ruinösen Burg. Erhalten ist neben einigen Mauerresten vor allem der begehbare *Bergfried.*

Ortsteil Burgberg	
Einw.: 550	Höhe: 700 m):

Die Herren v. Burgberg werden bereits 1116 genannt. Sie besaßen eine Wasserburg im Ort, die aber spätestens im Krieg des Schwäbischen Bundes 1519 zerstört wurde. Von den beachtlichen Resten ist bes. der *Bergfried* (nicht zugänglich) gut erhalten. Von einer 2. Burg oberhalb der Kernsiedlung sind nur noch Spuren sichtbar.

Umgebung

Fischbach (8 km ö; Ortsteil von Niedereschach): Die *katholische Pfarrkirche St. Mauritius* ist möglicherweise im Kern roman., häufige Umbauten (der letzte 1962) haben sie jedoch stark verändert. Roman. ist jedenfalls der Türsturz eines Seiteneingangs mit einem Kreuz im doppelten Kreis.

Mariazell (7 km nö; Ortsteil v. Eschbronn): Die *kath. Pfarrkirche St. Markus* ist urspr. eine roman. Chorturmanlage, die 1607–08 durch den mit V. R. signierenden Meister gotisiert wurde. Damals erhielt der Turm seinen achteckigen Aufbau, dessen Maßwerkfenster je einen Buchstaben enthalten, die zusammen als AVE MARIA zu lesen sind. 1762 wurde das Schiff nach W verlängert. Den Chor überspannt ein Kreuzrippengewölbe auf Ecksäulen, die v. Blattkapitellen gekrönt sind. Die barocke Kreuzigungsgruppe wurde um 1720 geschaffen.

L

Buchenberg (Königsfeld), St. Nikolaus, Kreuzigungsfresko (l); Lahr, Ehem. Stiftskirche (r)

7630 Lahr Ortenau		
Einw.: 35000	Höhe: 170 m	S.256 □ B 2

Funde aus der Steinzeit und der Bronzezeit bezeugen, daß in der Gegend des Rheintals schon etwa 20000 Jahre v.Chr. Menschen gelebt haben. Im 2.Jh. v.Chr. siedelten sich hier Kelten an, die ein Jahrhundert später von Germanen verdrängt wurden. Im Ortsteil Dinglingen wurde 1965–68 eine *römische Siedlung* mit einem größeren Töpfereibezirk nachgewiesen, die im späteren 1.Jh. n.Chr. gegründet wurde, sich ausdehnte und wohl bis zum Einfall der Alemannen 260 bestand. Um 1220 wurde eine den Herren von Geroldseck gehörende *Wasserburg* erbaut, die noch während des Baus den Anfang einer Siedlung bildete und unter deren Schutz 1259 ein *Augustinerkloster* mit Spital entstand. Lahr erhielt gegen Ende des 13.Jh. die Stadtrechte. Das Kloster wurde 1482 zum Stift erhoben, das bis zur Reformation 1558 bestand. Nach dem Aussterben der Geroldecker 1527 wechselten die Herrschaftsrechte häufig, bis Lahr 1803 an Baden fiel. Im 18.Jh. entwickelte sich der Handel mit Tabak, Zichorie, Hanf und Flachs, im 19.Jh. wuchs die industrielle Verarbeitung dieser Rohstoffe heran, zu der sich bald auch Leder-, Papier- und Metallfabriken gesellten. Im 2.Weltkrieg erlitt die Stadt erhebliche Zerstörungen, entwickelte sich aber bald wieder zu einem bedeutenden Industrieort.

Burgheimer Kirche: Die ehem. St. Peter geweihte, heute *ev. Kirche* war bis 1492 Pfarrkirche v. L. Sie geht auf einen karolingischen Bau mit Rechtecksaal und halbrunder O-Apsis aus dem 8.Jh. zurück, der 1035 eine W-Apsis erhielt. Im 12.Jh. wurde ein größerer Neubau errichtet mit rechteckigem Chor, über dem gegen Ende des 12.Jh. der dreigeschossige Chorturm mit Satteldach hochgezogen wurde. Im 15.Jh. verlängerte man das Langhaus unter Verwendung des roman. Portals noch einmal nach W hin und baute die kreuzrippengewölbte Sakristei neben dem Turm an. Die *Wandmalereien* im Langhaus zeigen die Datierung 1463. Sie zeigen an der S-Wand den hl. Christophorus, an der N-Wand die Hl. Dreifaltigkeit mit Vertretern der Stände, eine Kreuzigung und Fragmente der Passion. Mit 1482 sind die *Fresken* im Chor datiert, die im Gewölbe Christus und die Symbole der Evangelisten zeigen und an den Wänden die 12 Apostel.

Stiftskirche (ev.): Die urspr. Unserer Lieben Frau und später St. Jakob geweihte Stiftskirche war als frühgot. dreischiffige Basilika zu 5 Jochen errichtet worden. Von ihr sind nur noch die Grundmauern und die ö Teile mit 5/8-Chor und dem O-Joch erhalten. Das übrige ist das Ergebnis einer gründlichen Erneuerung und Erweiterung durch Jakob Friedrich Eisenlohr*, die um 1850 durchgeführt wurde. Neu errichtet wurden 1874 die W-Fassade – unter Verwendung der 3 spätgot. Portale – und der Turm. Die *Kanzel* soll eine 1850 hergestellte Kopie der urspr. sein. 1957 wurde die Kirche nach Kriegsschäden renoviert und erhielt die *Glasfenster* v. Max Bartosz*. Neben der Kirche befindet sich der *Denkmalhof* mit einer spätgot. Kreuzigungsgruppe und alten Grabplatten aus 4 Jh.

Altes Rathaus (Kaiserstr. 1): Das 1608 erbaute Gebäude mit spätgot. Freitreppe und Fruchthallenarkaden und einer Fassade im Stil der Spätrenaissance wurde um

Lahr, Altes Rathaus

1880 durch Umbauten entstellt, die neuerdings teilweise wieder beseitigt wurden.

Neues Rathaus (Rathausplatz 4): Der für die Industriellenfamilie Lotzbeck 1808 im klassizistischen Weinbrennerstil errichtete Wohnbau enthält im Obergeschoß eine Säulenhalle.

Storchenturm (Marktstraße/Kreuzstraße): Der um 1220 in Buckelquaderwerk erbaute Rundturm mit Zeltdach ist der einzige Rest der im 17. Jh. abgetragenen ehem. Wasserburg, einer quadratischen Anlage mit 4 runden Ecktürmen und einem Viereckturm in der Mitte. – Im Sommer ist hier ein kleines *Museum* mit einer Dokumentation zur Geschichte der Herrschaft Geroldseck zugänglich, die mittwochs und samstags v. 16.00 bis 18.00 Uhr und an Sonn- und Feiertagen v. 11.00 bis 12.00 Uhr besichtigt werden kann.

Museum im Stadtpark: Die stadtgeschichtliche Sammlung wird durch volkskundliche, mineralogische und ornithologische Exponate ergänzt.
Öffnungszeiten: Mittwoch und Samstag von 15.00 bis 17.00 Uhr (im Winter 14.00 bis 16.00 Uhr), an Sonn- und Feiertagen 10.00 bis 12.00 und 14.00 bis 17.00 Uhr (im

Lahr, Storchenturm

Winter bis 16.00 Uhr). – Das im Keller eingerichtete *Museum für Ur- und Frühgeschichte* zeigt ab Sommer 1989 Funde aus dem Unteren Breisgau. Neben röm. Töpferwaren sind ein Grabfund aus Altdorf und ein merowingischer Schmuck aus Burgheim zu sehen.

Stadttheater: Opern- und Schauspielaufführungen durch Tourneetheater und Stadttheater der Umgebung finden regelmäßig statt, ferner Symphoniekonzerte und Kammermusikabende.

Außerdem sehenswert: Die *Stiftsschaffnei* (2. Hälfte 16. Jh.), das *Henkershüsli* (1564), das stattliche *Vogtszollhaus* (1788) und zahlreiche ältere *Wohnhäuser* aus dem Spätbarock, Rokoko, Klassizismus und Biedermeier.

Umgebung

Allmannsweier (7,5 km nw): Eine Kirche wird 1296 genannt. Die jetzige *ev. Pfarrkirche* ist ein 1781 errichteter Neubau vom Typ der Predigerkirche mit Emporen im W und im Chor. Letztere trägt die von Blasius Schaxel erbaute Orgel mit Rocailleschnitzereien. Den *Altar* und die *Kanzel* schuf Ignaz Speckler* mit frühklassizistischem Schmuck. Den mächtigen Turm krönt eine Zwiebelhaube.
Hugsweier (4 km nw): Die *ev. Pfarrkirche* wurde 1785 bis 1790 als frühklassizistische Landkirche erbaut und im schlichten Louis-seize-Stil eingerichtet.

7887 Laufenburg (Baden)
Waldshut

Einw.: 7500 Höhe: 320–750 m S.259 □ C 5

Im Südosten von Laufenburg wurde ein römischer Gutshof ausgegraben und gesichert, der nach den Funden seit der Mitte des 1. Jh. bis ins Jahr 260 n. Chr. ständig besiedelt war. In dieser Zeit wurde der Bau dreimal erweitert und umgestaltet.
Im Mittelalter kam der Ort in den Besitz des Klosters Säckingen. Als dessen Vögte, die die Rheinbrücke und die Stadt durch Befestigungen sicherten, saßen hier die

Grafen von Habsburg. 1306 verkaufte Graf Hans IV. Stadt und Herrschaft an die Herzöge von Österreich, die sie durch Vögte bis 1748 verwalteten. Im Frieden von Luneville (1801) fiel das linksrheinische Groß-Laufenburg an den Kanton Aargau der Eidgenossenschaft, das rechtsrheinische Klein-Laufenburg blieb noch bis 1805 bei Österreich und kam dann zu Baden.
Mit dem Bau des Kraftwerks, dem auch die »Lauffen«, die Stromschnellen im Rhein, weichen mußten, begann der Aufstieg zu einer Stadt mit chemischer und Textilindustrie.

Kath. Pfarrkirche Hl. Geist: Der neugot. Sandsteinbau mit eingezog. Chor steht an der Stelle einer ma Kirchenanlage.

Schlößli: Die hier lebende Amerikanerin Mary Codman ließ sich diese Villa im Stil des franz. Barock und der franz. Renaissance erbauen. Sie stiftete für einen Kindergarten auch das Jugendstilhaus »Maria Grün«. Beide Gebäude sind heute im Besitz der Stadt. Das letztere beherbergt das *Museum des hochrheinischen Fischerei- und Flößereiwesens.* Es ist mittwochs bis freitags v. 14.00–16.00 Uhr, samstags und sonntags v. 14.00–17.00 Uhr geöffnet.

Rathaus: Es befindet sich in einem Torhaus aus dem 17. Jh., dem Eingang zur Altstadt.

Bürgerhäuser aus dem 16., 17. und 18. Jh. säumen die zum Rhein hin abfallende Hauptstraße.

Umgebung

Hänner (4 km nw): In dem 1240 urkundlich erwähnten Ort steht der um 1750 errichtete Rokokobau der *kath. Pfarrkirche* mit guter Ausstattung; einige Figuren sind Werke des Bildhauers Christian Wenzinger*.

Hochsal (5 km nö): Die *kath. Pfarrkirche St. Pelagius* war bei ihrer Gründung im 11. Jh. eine flachgedeckte Pfeilerbasilika. Im 14. Jh. wurde sie in Anlehnung an die Stiftskirche v. Säckingen gotisiert. Der mächtige Chorturm wurde im 15. Jh. erbaut und im 16. erhöht. Im Volksmund trägt er den Namen »Alte Hotz« und ist das Wahrzeichen des Hotzenwalds. Im 17. Jh. wurde die Kirche mit Rokokostuck und Deckengemälden ausgestattet, die sich wieder an die der Säckinger Stiftskirche anlehnten. In der Krypta vor dem Chorbo-

Laufenburg, Panorama

Hochsal (Laufenburg), St. Pelagius, Marientod

gen befindet sich der Steinsarg der hl. Mechthildis mit der Jahreszahl 1081. Spätgot. sind das Sakramentshäuschen mit den Statuen der hll. Pelagius und Oswald, das Relief des Maria-End-Altares und der Ölberg in der n der Kirche gelegenen Kapelle.

7606 Lautenbach

Offenburg

Einw.: 2000 Höhe: 200–800 m S.254 □ C 2

Der landschaftlich reizvoll im Renchtal gelegene Ausflugs- und Luftkurort besitzt mit der hervorragend restaurierten Wallfahrtskirche Mariä Krönung ein wahres Juwel spätgotischer Sakralbaukunst.

Wallfahrtskirche Mariae Krönung: Hans Hertwig v. Bergzabern errichtete 1471–88 auf Initiative der Ortenauer Ritterschaft und mit Unterstützung der Mönche des Klosters Allerheiligen die Wallfahrtskirche, bei der sich später der heute bestehende Ort entwickelte. Kurz vor der letzten Jahrhundertwende kamen als Erweiterung 2 W-Joche sowie der an der N-S-Seite aufragende Turm hinzu. Das schlichte Äußere des einschiffigen Gotteshauses gibt kaum einen Hinweis auf die im Inneren sich eröffnende Pracht. Einen ersten Vorgeschmack auf die Qualität got. Bildhauerkunst bietet die den Tympanon des W-Portals schmückende Marienkrönung (15. Jh.).

Der Kirchenraum eröffnet sich als hoch und weit wirkender Saal mit Rippengewölbe, dessen Mittelachse durch herabhängende Schlußsteine markiert ist, und zarten Zwickelmalereien in Form v. Strahlensonnen und Blattwerk. Ein in 5 Spitzbogenarkaden geöffneter *Lettner* v. 1488 mit filigraner Balustrade leitet hinüber zum eingezogenen, rippengewölbten Chor. Unter den den Durchgangsbogen flankierenden Seitenarkaden stehen 2 beachtliche *Nebenaltäre*. Rechts ein 1521 entstandener Flügelaltar mit Statuen der hll. Wolfgang

Lautenbach, Wallfahrtskirche, Lettner und Chor (l), Chorfenster (r)

und Martin im Schrein und gemalten Abbildern derselben Heiligen an den Flügelinnenseiten. Die Außenseiten zieren Bilder der hll. Antonius und Wendelin. Die Standflügel mit den hll. Elisabeth und Magdalena kamen höchstwahrscheinlich später hinzu. Der 1514–31 in Allerheiligen amtierende Propst Heinrich Fecht stiftete den linken Seitenaltar. Im Schrein sieht man eine Pieta und die hll. Jakobus und Philippus, auf den Innenseiten der Flügel Reliefdarstellungen der hll. Katharina und Barbara, auf den Außenseiten ein Verkündigungsgemälde. Der Kruzifixus des Lettners erinnert an Nikolaus Gerhaerts Kunstwerk in der Baden-Badener Peter-und-Paul-Kirche. Wie ein kleines got. Gebäude mit zierlichen, reichdekorierten Türmchen und mehrteiligen Maßwerkfenstern wirkt die 1485 an die S-Wand gebaute *Gnadenkapelle*, die heute eine Kopie des Gnadenbildes birgt. Ein wenig fremd im got. Raum wirkt die Barockkanzel des 18. Jh. In einigen Fenstern des Langhauses und des Chores sind insgesamt über 50 *Glasmalereien* – Stifterbilder und Szenen aus dem Marienleben – des 15. Jh. erhalten.

1475–92 amtierte in Allerheiligen Propst Johannes Magistri. Sein Wappen weist ihn als Stifter des schönsten Ausstattungsstükkes der Kirche, des im Chor aufgestellten *Hochaltars*, aus. Er entstand aller Wahrscheinlichkeit nach in den späten 80er Jahren des 15. Jh. und zählt zu den besten spätgot. Altären der Region. Im Mittelschrein stehen unter filigranen Maßwerkarkaden vor durch Gold und Farbe als plastische Räume ausgestalteten Nischen farbig gefaßte Statuen v. Johannes d. T. und Johannes d. Ev. sowie eine liebliche Mondsichelmadonna, über deren Kopf 2 Engel die Himmelskrone halten. Als Schöpfer nennt die Forschung Heinrich Iselin* oder den elsässischen Meister der Dagolsheimer Muttergottes*. Ebenfalls umstritten ist der Meister der ausgezeichneten Flügelgemälde, die an der Innenseite Christi Geburt, Anbetung der Hl. Drei Könige, Beschneidung und Darstellung im

Tempel und an der Außenseite Szenen aus dem Marienleben zeigen: Genannt werden einmal der junge Matthias Grünewald*, oder aber ein Hans Baldung nahestehender Straßburger Meister. Im vergleichsweise schlicht gehaltenen Gesprenge sieht man einen Schmerzensmann.

7850 Lörrach

Lörrach

Einw.: 41000 Höhe: 280 m S.258 □ A 5

Geringe Funde aus vorgeschichtlicher Zeit, darunter ein Grabhügel der Hallstattzeit auf dem Dinkelberg, belegen, daß hier im »Dreiländereck« auch auf dem rechten Rheinufer bereits früh Menschen siedelten. In Lörrach-Brombach wurde ein *röm. Gutshof* aufgefunden, in dem zahlreiche Kleinfunde sichergestellt werden konnten. Er fiel im 3. Jh. einem Brand zum Opfer.
Unter der Altstadt von Lörrach liegt ein *alemannischer Friedhof* aus dem 7. Jh. n. Chr. Urkundlich erwähnt wird *Loracho* 1083 als Besitz des Basler Klosters St. Alban, dessen Vögte die Herren von Rötteln waren. Anfang des 15. Jh. stieg das Dorf zum Marktflecken auf, der 1682 zur Stadt erhoben wurde. Die Franzosen besetzten sie in den Koalitionskriegen. 1783–91 unterrichtete *Johann Peter Hebel* als Präzeptionsvikar am Pädagogium, dem späteren Gymnasium zu Lörrach. 1813 trafen sich hier die 3 gegen Napoleon verbündeten Monarchen und beschlossen den Einmarsch nach Frankreich. 1848 wurde in Lörrach die Deutsche Republik proklamiert, die aber den einmarschierenden Preußen weichen mußte. Die im 18. Jh. begonnene Industrialisierung führte 1856 zum Bau von Eigentumswohnungen für Arbeiter, aber auch zum Verschwinden des früheren Stadtbildes. 1956 wurde Lörrach Große Kreisstadt. Sie ist Sitz des Hebelbundes.

Ev. Stadtkirche: Ein Vorgängerbau aus dem 12. Jh. erhielt 1514 einen neuen Turm. Er ist noch erhalten, trägt heute aber ein Zeltdach statt des urspr. Satteldachs. Die alte Kirche mußte einem klassizistischen Neubau weichen, der 1815–17 nach Plänen v. Wilhelm Frommel*, einem Schüler Weinbrenners, errichtet wurde. Die gegiebelte Fassade steht zwischen 2 Turmstümpfen, das Portal ist durch Säulen und Vierkantstützen zweigeschossig gegliedert. Im Inneren tragen dorische Säulen die umlaufende Empore im rechteckigen Saal. Taufstein, Altar und Orgel sind der Hauptachse zugeordnet. Die Kirche wurde 1953 restauriert.

< *Lautenbach, Wallfahrtskirche, Hochaltar*

Kath. Pfarrkirche St. Peter: 1964 erbaute Rudolf Dietsche* diese moderne Kirche, die Glasmalereien v. Wilfried Perraudin* besitzt. Eine Besonderheit sind die *4 Betonreliefpfeiler* v. Paul Ibenthaler*, die Stationen aus dem Leben des Kirchenpatrons darstellen.

Kath. Pfarrkirche St. Fridolin (L.-Stetten): Ein anderer Schüler Weinbrenners, Christian Arnold*, erbaute 1823 diese klassizistische Saalkirche mit eingezogenem Chor. *Altäre und Kanzel* aus Stuckmarmor schuf Jodokus Wilhelm*. Die *Blätter der Seitenaltäre* malte Paul Deschwanden*, die *Kreuzwegbilder* Fridolin Moosbrunner*.

Ev. Dorfkirche (L.-Rötteln): Die spätgot. Kirche im »Markgräflerstil« besitzt bemer-

Lörrach, Burgruine Rötteln

kenswerte *Grabdenkmäler.*

Ev. Kirche (L.-Obertüllingen): Die außerhalb des Orts stehende Kirche wird 1113 als dem hl. Michael geweiht genannt. Im spätgot. Chor befindet sich ein *Sakramentshäuschen* und eine Hl.-Grab-Nische. Darüber zeigt ein großes *Wandgemälde* die Mannalese als Verheißung der Eucharistie. Die Rückwand der Grabnische ziert ein *Fresko* mit den 3 Frauen am Grab.

Burgruine Rötteln: Im 11. Jh. erbauten die Herren v. Rötteln diese ma Burg; sie ging nach deren Aussterben 1318 an die Markgrafen v. Hochberg-Sausenburg über, die sie weiter ausbauten. Im frühen 17. Jh. wurde ein großes bastionsartiges Vorwerk angelegt. 1678 wurde die Anlage zerstört. Erhalten sind Reste der Ummauerung, der roman. Bergfried und spätgot. Anbauten, v. a. der Palas der Oberburg.

Stettener Schlößle: Der Rechteckbau mit polygonalem Treppenturm ist ein spätgot. Herrenhaus, das 1666 erneuert und 1738 erweitert wurde. Es war Verwaltungssitz des Säckinger Damenstifts.

Museum am Burghof (Basler Str. 143): Eine Tabakfabrik aus dem 18. Jh. wurde später zum Hebel-Gymnasium umgebaut und wird nach völliger Restaurierung 1975–76 als Heimatmuseum genutzt. Die umfängliche Sammlung umfaßt Exponate aus ur- und frühgeschichtlicher Zeit, v. religiöser und profaner Kunst, aus Handwerk, Industrie und Volkskunde sowie eine Bibliothek und ein Bild- und Fotoarchiv. *Öffnungszeiten:* Samstag 14.30–17.30 Uhr, Sonntag 10.00–12.00 und 14.30–17.30 Uhr und Mittwoch 14.30–17.30 und 19.30–21.30 Uhr.

Brunnen: Der *Kronen-*, der *Hirschen-* und der *Marktbrunnen* sind aus weißem Solothurner Kalkstein geschlagen.

Umgebung

Höllstein (8 km ö): Über einer mehrmals vergrößerten karolingischen Vorgängerkirche entstand um 1100 die jetzige roman. Anlage, die später got. verändert wurde. Die ehemals der hl. Margarethe geweihte *Kirche* dient heute der ev. Gemeinde. Im Chor wurden *Fresken* aus der Zeit um 1450 freigelegt, die die hl. Margareta im Apostelkollegium zeigen, außerdem am Chorbogen Gottvater, den Schmerzensmann und den Hl. Geist als Taube.

Inzlingen (4 km sö): Früh besiedelt, wie

Lörrach, Museum am Burghof mit ev. Stadtkirche (l); Inzlingen (Lörrach), Wasserschloß (r)

keltische, röm. und alemannische Funde belegen, gehörte das Dorf im 14.Jh. zum Besitz der Markgrafen v. Hohenberg und kam 1394 an die Basler Reich v. Reichenstein, die 1563 hier eine ältere Wasserburg, v. der noch der runde Turm erhalten ist, zu einem viereckigen *Wasserschloß* umbauen ließen. Im 18.Jh. wurde die Eingangsseite barockisiert. Den Festsaal im Obergeschoß stattete man mit Rokokostuck aus. 1816 wurde das Schloß verkauft und begann zu verfallen, bis es v. der Gemeinde erworben und restauriert wurde, der es heute als Rathaus dient.

7298 Loßburg

Freudenstadt

Einw.: 5300 Höhe: 600 m S.257 □ D 2

Ehem. Marienkirche (L.-Unterbrändi): Die Pfarrkirche der Brandeckschen Herrschaft Sterneck entstand in der 2.Hälfte des 13.Jh. Es handelte sich urspr. um eine flachgedeckte Saalkirche mit quadratischem Chorturm (nicht mehr erhalten). Nach der Profanierung 1814 wurde die Wallfahrtskirche zu einem Bauernhaus umgebaut. 1977–86 erfolgte eine Gesamtinstandsetzung. Heute ist im ehem. Kirchenschiff das Gasthaus und Café »Zur alten Kirche« eingerichtet.

Außerdem sehenswert: Von der ehem. *Wasserburg*, wohl urspr. eine Paßfeste, ist noch der künstlich über einem Pfahlunterbau aufgeschüttete *Burghügel* geblieben.
Am Waldrand s v. L. findet sich ein reliefgeschmücktes *Steinkreuz* (Bärenjagd, 1650).

Umgebung

Vierundzwanzighöfe (7 km s): Um den kleinen Ferienort liegen – eingebettet zwischen Hochwiesen und Tannenwäldern – prächtige alte *Kinzigtäler Bauernhöfe* (17./18.Jh.), die als Eindachhäuser mit steilen Satteldächern und Reihen kleiner Einzelfenster an den hohen Giebelfronten errichtet wurden und zu denen kleinere Nebengebäude wie Hausmühlen, Bienenhäuser und externe Backöfen gehören.

M

7631 Mahlberg

Ortenaukreis

Einw.: 3100 Höhe: 180 m S.256 □ B 3

Hoch über der Rheinebene thronen das reizvolle, bereits 1007 erwähnte Städtchen und sein Schloß auf einem Basaltkegelberg, der schon den Germanen als Gerichtsstätte (Mahalberg) diente.

Schloß: Neben der vom Stauferkaiser Friedrich II. 1218 hier zur *Reichsburg* erhobe-

Mahlberg, Schloß

nen urspr. Wehrburg (12./13. Jh.), die um 1250 an die Geroldsecker Grafen gelangte und nach Zerstörung (1641) im Dreißigjährigen Krieg erneuert wurde, baute man 1630 das zweistöckige *Neue Schloß* (heute im Besitz der Freiherren v. Türckheim) mit einer stattlichen S-Fassade und herrschaftlichem Säulenportal. Auf dem der Stadt zugewandten Turm schmuckes gestaffeltes Glockendach.

Katharinenkapelle: Anstelle einer im 12. Jh. gegr. Vorgängerkirche wurde 1687 ein achteckiger *Zentralbau* (heute ev. Kirche) mit Halbrundapsis und *Volutengiebelchen* erbaut. Das charakteristische schlanke Türmchen ist eine Zutat aus dem Jahre 1890. Im Inneren *Rokokoausstattung* (1760) mit guten Stukkaturen und Gewölbemalereien v. Johann Pfunner*.

Außerdem sehenswert: Das *Oberrheinische Tabakmuseum*, das größte Museum der Bundesrepublik zum Thema »Tabak« mit interessanten Exponaten vom Tabakanbau über den Handel bis zur Verarbeitung und Dokumenten zum Konsum des Tabaks kann hier besichtigt werden.
Mehrere Ortenauer *Fachwerkhäuser* aus dem 17. und 18. Jh. prägen das alte Stadtbild.

Umgebung

Kippenheim (1 km n): Im Chor der mehrfach erweiterten *Mauritiuskirche* (16. bis 18. Jh., heute ev. Kirche) spätgot. Sternrippengewölbe über Konsolen. Der roman. Chorturm (12. Jh.) besitzt rundbogige Schallarkaden und wurde im 18. Jh. erhöht. Spätgot. Ausstattungsstücke sind die Maßwerkkanzel, der geschnitzte Kruzifixus (um 1490) und 2 Altargemälde (um 1505) eines Schongauer-Schülers. – Neben dem *Renaissancepfarrhof* (um 1582) mit Staffelgiebeln verdienen auch mehrere alte *Fachwerkbauten* (16.–19. Jh.) Beachtung. – Das stattliche dreigeschossige *Renaissancerathaus* (1610) zeichnet sich durch ornamentgeschmückte Auslugerker mit eigenwilligen glockenähnlichen Bedachungen und hohe seitliche Treppengiebel aus. Das steile Satteldach mit 3 frontalen Schleppgaupen gipfelt in einem Dachreiter mit Zwiebelhaube.
Rust (9 km sw): Der Vorarlberger Baumeister Peter Thumb* war am Bau der Barockkirche *St. Peter* (1728–37) maßgeblich beteiligt. – In der Nähe des dreistöckigen *Schlosses Balthasar* (1577) mit prachtvollem Renaissanceportal, Treppenerker und -turm findet man den sog. *Europa-Park*,

Mahlberg, Katharinenkapelle

Kippenheim (Mahlberg), Rathaus

den größten süddt. Freizeitpark, u.a. mit einer Kaiserstühler Eisenbahn und einem nachgebauten Mississippi-Raddampfer.
Schmieheim (4 km ö): Ursprünglich als Wasserburg (1607–09) angelegt war das örtliche *Renaissancerathaus* mit oktogonalem Turm und Ecktürmchen. – Sehenswertes *Kirchweihfest.*

7806 March Breisgau-Hochschwarzwald		
Einw.: 8200	Höhe: 2010 m	S.256 □ B 3

Zur Gemeinde March zählen die Ortschaften Buchheim, Holzhausen, Hugstetten und Neuershausen.

Ortschaft Hugstetten: Das einfache *Schloß* wurde 1805 gebaut, möglicherweise an der Stelle einer ma Wasserburg. In seinem Park steht eine Orangerie mit »chinesischem« Dach. – In der früheren Pfarrscheune ist das *Marcher Heimatmuseum* untergebracht, das vor allem alte landwirtschaftliche Arbeitsgeräte und alte Handwerksgeräte zeigt und einen frühgeschichtlichen Ausstellungsbereich besitzt. Über Öffnungszeiten gibt das Bürgermeisteramt (Tel.: 07665/422-0) Auskunft.

Ortschaft Neuershausen: *Kath. Pfarrkirche St. Vinzentius.* Philip Johann Dano*, Hofbaumeister des Basler Bischofs, errichtete 1758–65 diesen Neubau, der durch seinen hohen Turm mit Helmkuppel auffällt. An den flachgewölbten Saal schließt der halbrunde Chor an. An dessen Außenseite steht in einer Nische die Statue der Immaculata v. Franz Xaver Hauser*. Von ihm stammen auch die Statuen der 4 Kirchen- und Altarpatrone am Turm. Die Stuckdekoration im Schiff und die beiden Seitenaltäre stammen v. Franz Anton Vogel*. Die Blätter der Seitenaltäre malte Johann Pfunner*. Die Figuren des Hochaltars schuf wieder F.X. Hauser*. Das Altarblatt und die Deckengemälde, die die Schlüsselübergabe der Kirche und die 4 Erdteile darstellen, sind Werke v. Joseph Rösch*. – *Schloß:* Gräfin Elisabeth v. Schauenburg ließ sich um 1780 v. François E. Pinot* die Anlage im Stil des franz. Klassizismus errichten. Die Stukkaturen stammen v. Joseph Meißbrunner*. Das Schloß befindet sich in Privatbesitz.

Umgebung

Bötzingen-Oberschaffhausen (4 km nw): Die *kath. Pfarrkirche St. Laurentius* wurde

March, St. Vinzentius

March, St. Vinzentius, Immaculata

1786-92 unter Verwendung des Turms und des Chors aus dem MA neu errichtet. Im barocken Hochaltar steht eine spätgot. Madonna vom Ende des 15.Jh. - Beim Ortsteil *Oberschaffhausen* steht auf einem Hügel die *kath. Pestkapelle St. Alban,* die auf Grund eines Gelübdes vor 1481 erbaut wurde. Der Chor mit Sterngewölbe und das Langhaus besitzen Maßwerkfenster. Am Hauptportal befindet sich ein Relief mit 2 Engeln und dem Schweißtuch der Veronika, darüber in einer Nische die Statue des Patrons. Zur Ausstattung gehören ein lebensgroßer geschnitzter »Pestkruzifixus« (um 1490) und eine spätgot. stehende Madonna. 1962 wurde ein gut erhaltener Zyklus v. um 1500 entstandenen *Wandgemälden* freigelegt. Sie zeigen an der N-Wand Szenen aus dem Leben des hl. Sebastian, am Chorbogen das Martyrium der hl. Ursula, an der S-Wand Szenen aus den Legenden der hll. Alban und Mauritius, an den Seitenwänden Szenen aus der Passion Christi und an der Eingangswand die Kreuzigung sowie den Rest eines Weltgerichts mit der Hölle; im Chor ist neben den Evangelistensymbolen die Krönung der Maria dargestellt.

Hochdorf (4 km sö): Unter Verwendung roman. Teile (SO-Turm, W-Fassade) entstand 1734 der heutige barocke *Kirchenbau,* der 1960 wiederhergestellt wurde. Kanzel und Altäre stammen aus dem Rokoko; das Blatt des Hochaltars malte 1666 Caspar de Crayer*.

Umkirch (4 km s): Die *kath. Pfarrkirche St. Mariä Himmelfahrt* enthält im Langhaus und im halbrunden Chor noch Teile eines Vorgängerbaus aus dem 11. und 12.Jh. An der W-Fassade konnte der urspr. Bauschmuck freigelegt werden, ein durch Lisenen unterteilter Rundbogenfries. Das W-Portal ist got. Die oberen Bauteile, die großen Fenster und der viergeschossige Turm wurden nach einem Brand 1739 neu gebaut. Reste einer Wandbemalung (um 1520) vorwiegend dekorativer Art sowie im Chor Schmerzensmann und Mater dolorosa sind erkennbar; ebenso Spuren einer roman. Bemalung in der Sockelzone. - Im SW des Dorfs liegt das 1760 erbaute, 1787 erhöhte und durch Seitenflügel erweiterte *Schloß.* 1816 wurden das Belvedere errichtet und die Fassade klassizistisch umgestaltet.

< Umkirch (March), Mariä Himmelfahrt

Neuershausen (March), St. Vinzentius, Altar

7501 Marxzell Karlsruhe		
Einw.: 4800	Höhe: 250 m	S.255 □ D 1

Markuskirche: Anstelle einer ma Chorturmkirche wurde 1773-82 unter Bauleitung v. Leonhard Stahl* die heutige barocke kath. *Filialkirche* (restauriert) erbaut. Dabei baute man den urspr. Turmchor mit einem über Fratzenkonsolen ruhenden spätgot. Kreuzrippengewölbe zur Eingangshalle im W des neuen Langhauses um. Von der *Barockausstattung* sind ein Tabernakel (um 1760), der Haupt- und die Nebenaltäre (um 1790) sowie die Kanzel (um 1790) erhalten. Als das nahe Kloster →Frauenalb dem Verfall preisgegeben wurde, brachte man die vielen *Grabmäler* der ehem. Benediktinerinnen hierher in die Markuskirche.

Außerdem sehenswert: *Historisches Fahrzeugmuseum,* das mit einer umfangreichen Fahrrad-, Motorrad- und Autosammlung die Anfänge der modernen Fahrzeugentwicklung dokumentiert.
Der benachbarte Ortsteil *Pfaffenrot* ist die Heimat der Vorfahren des Automobilerfinders Carl Benz. Nach dem Willen des Gründers soll das Museum daran erinnern.

Umgebung

Langenalb (Gemeinde Straubenhardt; 5 km sö): In der *ev. Pfarrkirche* (19. Jh.), die einen quadratischen ma Chorturm (um 1400) mit kreuzgewölbtem Untergeschoß mit einbezieht, hängt ein sehenswerter Holzkruzifixus (um 1490) am Chorbogen.
Völkersbach (Gemeinde Malsch; 8 km w): An den 1348 über quadratischem Grundriß errichteten und im 15. Jh. mit einem Kreuzrippengewölbe versehenen Chorturm der got. Vorgängerkirche der Pfarrkirche *St. Georg* wurde 1833 bis 1835 ein klassizistisches Langhaus angebaut, dem Entwürfe v. Johann Ludwig Weinbrenner* zugrunde liegen. Im Chor got. Maßwerkfenster aus dem 14. Jh.

Marxzell, Markuskirche

7840 Müllheim (Baden)

Breisgau-Hochschwarzwald

Einw.: 14 000 Höhe: 240–350 m S. 258 □ A 4

Auf einem steil nach Westen und Süden abfallenden Moränenhügel bauten die Römer im 2. Jh. n. Chr. einen Gutshof, eine »villa rustica«. Ihre Reste wurden 1980–81 unter der ehem. Kirche St. Martin aufgefunden. Es handelte sich um eine vierflügelige Anlage mit einem rechteckigen Innenhof und mehreren Kellern. Einige Räume waren hypokaustiert, also heizbar.
Urkundlich erwähnt wird *Mulinheimo* bereits 758. Es gehörte zur Herrschaft Badenweiler und kam mit dieser über die Zähringer, Heinrich den Löwen, Kaiser Friedrich I. und die Grafen von Freiburg 1444 an die Markgrafen von Hochberg. 1633 und 1676 wurde es geplündert und gebrandschatzt. Seit 1698 ist Müllheim Marktort. 1772 wurde die markgräfliche Verwaltung von Badenweiler nach Müllheim verlegt. 1810 erhielt es die Stadtrechte, die es jedoch von 1935 bis 1950 wieder verlor.
Das Gedicht »Z'Mülle an der Post« von Johann Peter Hebel ist eine Hymne an den Müllheimer Wein.
Müllheim, die Stadt zwischen Wald und

Marxzell, Markuskirche, Grabstein

Reben, wie sie treffend genannt wird, hat für Ortskundige einen guten Klang im Zusammenhang mit dem Markgräfler Wein.

Ehem. Pfarrkirche St. Martin (Müllheim): Der schlichte got. Bau entstand nach 1409, nur der W-Turm ist aus dem MA erhalten, in dessen Durchgang *Fresken* freigelegt und restauriert wurden. Sie zeigen die Auferstehung der Toten, die entweder dem Höllenrachen übergeben oder in Abrahams Schoß aufgenommen werden. Die Wände des Schiffes zeigen dekorative Wandmalerei aus der Zeit um 1600. Der Kirchenraum, jetzt Konzert- und Ausstellungssaal, wurde in jüngster Zeit mit viel Aufwand und Geschmack renoviert. Zu sehen sind Funde aus der Römerzeit, ein frühmittelalterlicher Sarkophag und ein äußerst qualitätsvolles spätgot. Malereifragment mit der Szene der Geburt Mariens.

Ev. Kirche St. Johannes-St. Sebastian (Britzingen): Die Kirche in Britzingen wird mit ihrem Turm in das 13. Jh. datiert, während der Chor dem 14. Jh. zuzuordnen ist, das Schiff dem 15. Jh. Bis zum Jahre 1785 beherbergte das Gotteshaus einen Hochaltar, der – 1511 gefertigt – einem Schüler Hans Holbeins d. Ä. zugeschrieben wird. Über seinen Verbleib ist nichts bekannt.

Ev. Kirche St. Jakobus (Dattingen): Als Filialort v. Britzingen »mit einem alten Kirchlein« wird Dattingen schon 1184 erwähnt. Der Standort dieses Gotteshauses dürfte der Lage der heutigen Kirche entsprechen, während über dessen Aussehen nichts bekannt ist. Mit dem Bau des Chores der heute bestehenden Kirche ist – nach der Form der Fenster zu schließen – im 14. Jh. begonnen worden. Er wird v. 5 Seiten eines Achtecks gebildet und hat gegen das Langhaus zu ein Vorjoch. Der Schlußstein des Chores zeigt das Wappen des Markgrafen Rudolf IV. v. Hachberg-Sausenberg und Rötteln (1445–87). Die Chorfenster lassen den Schluß zu, daß sie im 14. Jh. entstanden sind. Später erbaut wurde der Turm über dem Eingang an der W-Seite. Ein dort eingemauerter Stein mit der Jahreszahl 1512 läßt vermuten, daß altes Baumaterial wiederverwendet worden ist.

Ev. Kirche St. Ulrich (Feldberg): Der älteste Teil dieses Gotteshauses ist der Turm, der urspr. mit seinem ungewölbten Untergeschoß als Chor der ersten Kirche oder Kapelle diente, die dem hl. Ulrich

Müllheim, Ehem. Pfarrkirche St. Martin (l); Hügelheim (Müllheim), Ev. Kirche, Fresken (r)

geweiht war. Die Datierung für den Turm schwankt zwischen dem 13. Jh., der Zeit vor 1200 und dem Jahre 1000. Eventuell ist der Turm ein- oder zweimal aufgestockt worden.
Chor und Langhaus der heutigen Kirche wurden 1420 an die S-Wand des Turmes angebaut, wie die Jahreszahl über dem Hauptportal in der W-Wand ausweist. Das Turmuntergeschoß blieb vielleicht bis zur Reformation noch Nebenkapelle.

Ev. Kirche (Hügelheim): Die Kirche war urspr. eine roman. W-Turm-Anlage. Urkundlich erscheint sie zum erstenmal im Jahre 1113. Sie dürfte zu den ältesten Chorturmkirchen des Markgräflerlandes zählen. Der gegen Ende des 12. Jh. erbaute Turm ist in 4 Stockwerke gegliedert und schließt mit einem Satteldach in Langhausrichtung. Das oberste Geschoß öffnet sich nach allen 4 Seiten in Langarkaden, die aus paarig gekuppelten Rundbogen und einer Mittelsäule bestehen. Der Chor im Turmuntergeschoß wurde 1492 vergrößert. Im Jahre 1667 erfolgte eine weitere Verbreiterung des Langhauses nach N., wobei auch der Dachstuhl proportional erhöht wurde. Die Erweiterung des Langhauses nach W auf die heutige Länge und der polygonal schließende querschiffige Anbau nach N wurden 1745–1746 durchgeführt. Das Langhaus war in got. Zeit mit *Wandmalereien* ausgestaltet, die 1934 teilweise wieder aufgefunden und freigelegt wurden. Sie enthalten den Zyklus der Schöpfungsgeschichte, der Kreuzigung und Auferstehung Christi sowie Fragmente des Martyriums der hl. Katharina und des Weltgerichts.

Ev. Kirche (Zunzingen): Der heutige Kirchenbau wurde vermutlich vor dem Dreißigjährigen Krieg erbaut. Erstmals wird die Kirche 1759 im Inventar der Gemeinde erwähnt. Der Turm der Kirche wurde in den Jahren 1842–1845 erneuert und 1897 eine barocke Kanzel aus einer anderen Kirche eingebaut.

Provinzsynagoge: Für die seit 1716 in M. aufgenommenen Schutzjuden wurde im Jahre 1754 die erste Synagoge erbaut, nachdem vorher der Gottesdienst in einem Privathaus abgehalten worden war. 1814 entstand eine neue oberrheinische Provinzsynagoge in M., die 1938 in Brand gesteckt wurde.

Amtshaus: Der 1727–30 für die markgräfliche Verwaltung errichtete Bau diente bis 1964 als Landratsamt.

Munzingen, Schloß (l), Wasserspeier im Schloßpark (r)

Bürgerhäuser und stattliche **Weinbauernhöfe** aus dem 18.Jh. befinden sich in der Stadt, darunter der »Lindenhof« (1762) der heutigen Winzergenossenschaft.

Markgräfler Wein- und Heimatmuseum: Im Haus Wilhelmstr.7 wurde 1974 dieses Museum gegr. Es ist zwischen April und Oktober donnerstags von 15.00 bis 18.00 Uhr und sonntags von 10.00 bis 12.00 Uhr geöffnet.

Weinmarkt: Seit 1872 wird allj. im Frühjahr der einzige regionale Weinmarkt für Markgräfler Qualitätsweine abgehalten.

7801 Munzingen
Freiburg

Einw.: 2000 Höhe: 209 m S.258 □ B 4

Im Südwesten des Ortes, am Tuniberg, entdeckte man ein im 16.Jtd. v.Chr. angelegtes altsteinzeitliches Rentierjägerlager mit Waffen und Geräten aus Feuerstein. Das Dorf gehört heute zur Gemeinde Freiburg im Breisgau.

Kath. Pfarrkirche St. Stephan: 2 Altarblätter malte um 1770 Simon Göser*.

Schloß: Dieses älteste der erhaltenen Barockschlösser im Breisgau wurde 1672 für den vorderösterreichischen Statthalter Johann Friedrich Graf v. Kageneck erbaut und erfuhr 1767 eine Erweiterung im Stil des Rokoko. Der kubische dreigeschossige Bau unter einem Walmdach besitzt auf der Hof- und der Gartenseite je einen giebelgekrönten Mittelrisalit. Die Rokokostuckzierde der Fassade wurde 1860 restauriert. Auch die Innenräume, deren Aufteilung noch aus dem 17.Jh. stammt, sind reich stuckiert, so die Hauskapelle durch Hans Anton Vogel*. Das *Deckengemälde* des Hauptsaals v. 1767 gilt als das früheste Werk des Simon Göser*; es stellt den Götterhimmel dar. Von ihm und Georg Saum* stammen weitere Gemälde. Im Garten stehen 4 Narrenstatuetten aus Sandstein.

Reinachsches Schlößchen: Der zweigeschossige Bau mit Walmdach wurde 1750 erbaut und 1965 renoviert.

Ruine der Wasserburg: Die v. den Üsenbergern errichtete Burg wurde 1633 zerstört. Erhalten ist ein Eckturm mit achtseitigem Zeltdach, an dessen Tür sich das Wappen der Üsenberg und die Jahreszahl 1582 finden.

Umgebung

Ebringen (6 km ö): 717 wird Ebringen urkundlich als Weinbauort erwähnt; das Kloster St. Gallen hatte hier Besitzungen. - Der spätgot. Turm und der netzgewölbte Chor der *kath. Pfarrkirche St. Gallus und Othmarus* sind noch ma, mehrere Umbauten und Erweiterungen führten zu dem jetzigen Zustand. Stuck und Fresken des Langhauses datieren v. 1721. Der Hochaltar entstand 1689, die Figuren der Titelheiligen sind jedoch jüngeren Datums und könnten v. Matthias Faller* stammen. Die Grabdenkmäler des Sigmund (†1533) und des Christoph v. Falkenstein (†1559) sind Werke des späten 17.Jh. Die Figuren der Immaculata und des hl. Josef am Aufgang zur Kirche werden Fidelis Sporer* zugeschrieben.
Merdingen (8 km n): Die *kath. Pfarrkirche St. Remigius* ist ein Saalbau mit dreiseitig geschlossenem Chor und einem Turm in

Merdingen (Munzingen), St. Remigius

der W-Fassade, den der Deutschherren-Baumeister Johann Caspar Bagnato* 1738–41 errichtete. Über dem Portal die Sandsteinstatue der Immaculata (1741) v. Johann Christoph Wentzinger*. Am Hochaltar v. Joseph Anton Feichtmayr* befinden sich die Figuren v. Heinrich II. und seiner Gemahlin Kunigunde, das Blatt malte Franz Joseph Spiegler*. Die Rokokostukkaturen stammen v. Franz Pozzi*. 1964–73 wurde die Kirche unter Korrektur der Erneuerung v. 1901 restauriert. – Das *Haus Saladin* (1666) ist ein schöner Fachwerkbau mit einem großen Erker im oberen Stock.

Oberrimsingen (4 km w): Die urspr. got. *kath. Pfarrkirche St. Stephan* wurde 1737 weitgehend erneuert. Im Erdgeschoß des Turms findet sich noch ein rippenloses Kreuzgewölbe. – Das frühklassizistische *Schloß* baute Kaspar Zengerle* 1773 nach einem Plan v. Franz Anton Bagnato* d.J. Der zweigeschossige Rechteckbau mit 7 Fensterachsen liegt unter einem Walmdach. Die neunachsige Gartenseite wird durch einen Mittelrisalit mit Balkon und Dreiecksgiebel und einer kurzen Freitreppe betont. Stukkaturen und Möbel sind klassizistisch. Das Schloß beherbergt heute eine private *Galerie für Dt. Malerei der Gegenwart*, die täglich außer montags von 10.00 bis 19.00 Uhr besichtigt werden kann.

Merdingen (Munzingen), St. Remigius

Tiengen (2 km nö): In dem Dorf sind mehrere *ältere Häuser* mit Staffelgiebeln und Holzhäuser mit Hofgalerien erhalten.

Wolfenweiler (5 km ö): Das *Gasthaus »Zum Ochsen«* ist ein Steinbau mit Staffelgiebel und seitlichem Erker; den zur Straße gelegenen Giebel krönt ein Glokkentürmchen mit der Jahreszahl 1595.

N

7270 Nagold
Calw

Einw.: 21300 Höhe: 400 m S.255 □ E 2

Vor- und frühgeschichtliche Denkmäler, darunter der frühkeltische Fürstengrabhügel *Kraut-* bzw. *Heidenbühl* und 2 ergrabene *römische Gutshöfe* belegen die permanente Besiedlung des Gebietes am Schloßberg und an der Nagoldschlaufe seit der Steinzeit. Die 786 erstmals als *villa nagaltuna* genannte Stadt (seit 1329) ist geprägt von malerischen Brunnen und Fachwerkhäusern.

Remigiuskirche: Die Pfarrkirche der ev. Remigius-Kirchengemeinde, im Friedhof der Stadt gelegen, wurde bereits 773 als Besitz des Klosters Lorch erwähnt. Grabungen (19./20. Jh.) zufolge wurde in merowingischer Zeit über den Resten eines röm. Gebäudes eine erste Missionskirche des fränkischen Königshofes erbaut, die im

8./9.Jh. um einen eingezogenen Chor mit Halbrundapsis und im 9./10.Jh. um ein Querhaus mit 2 Apsiden erweitert wurde. In den Schallarkaden des roman. *Glockenturms* kleine Säulen mit Würfelkapitellen. Got. Veränderungen sind das oberste Turmgeschoß, der *Polygonalchor*, die S-Kapelle und Teile der Langhausmauern, die um 1320 mit einem bedeutenden frühgot. *Freskenzyklus* (Vita Christi und hl. Michael als Seelenwäger) in der Art der gleichzeitigen Malerei des Bodenseegebietes geschmückt wurden. Beachtung verdienen auch die spätgot. Wandmalereien (hl. Margareta zwischen den hll. Apollonia und Ursula, um 1500) an der N-Wand der *Taufkapelle*, die beiden kurzen röm. Säulen am Chorbogen sowie mehrere *Grabmäler* des 14.-16.Jh. Bei Grabungen 1963 Fund eines *röm. Viergöttersteins* (Rest einer keltoröm. Jupiter-Gigantensäule), jetzt im Stadtbauamt, Burgstr. 10, aufgestellt. Die Kirche ist im Sommerhalbjahr tagsüber geöffnet, Schlüssel beim Mesner schräg gegenüber, Remigiusweg 3.

Burgruine Hohennagold: Auf einem an 3 Seiten v. der Nagold umflossenen Bergsporn, dessen strategische Bedeutung bereits bronzezeitliche Siedler erkannt hatten, errichteten die Nagoldgaugrafen (Vorgänger der Tübinger Pfalzgrafen) im 10./11.Jh. eine erste Burg (restauriert). Ein eindrucksvolles Bild bietet noch heute der Kern der 1646 zerstörten dreieckigen Burganlage (13.-15.Jh., restauriert) mit der 2,5 m dicken Schildmauer, dem Flankierungsturm an deren W-Ende und dem dahinter aufragenden Bergfried. Sie wurde im 15.Jh. unter württembergischer Herrschaft (ab 1363) durch den noch gut erhaltenen äußeren Zwinger mit seinen Bastionen und Ecktürmen ergänzt. Die Aussichtsplatte an der SO-Ecke der Anlage bietet einen weiten Ausblick auf die Stadt.

Außerdem sehenswert: Das *Steinhaus*, wohl ältestes und noch im 13.Jh. errichtetes Haus der Stadt, mit Buckelquadern an den Ecken des Sockelgeschosses wird derzeit grundlegend restauriert und nimmt ab 1989 Heimatmuseum und Stadtarchiv auf. - Am Vorstadtplatz das *Hotel Post*, ehemaliger Gasthof zur »Sonne« (1697), mit reichem Zierfachwerk und schönem Wirtshausschild. - Der mächtige Fachwerkbau des *Oberamtsgebäudes*, im Spätmittelalter als Zehntscheuer errichtet, beherbergt jetzt das Polizeirevier. Daneben *Reste der Stadtmauer* und der *Zwingermauer*. - In der Marktstr. das *Rathaus*, 1756/58 durch Rentkammerbaumeister Joh. Adam Groß

Nagold, Wirtshausschild des Hotels Post

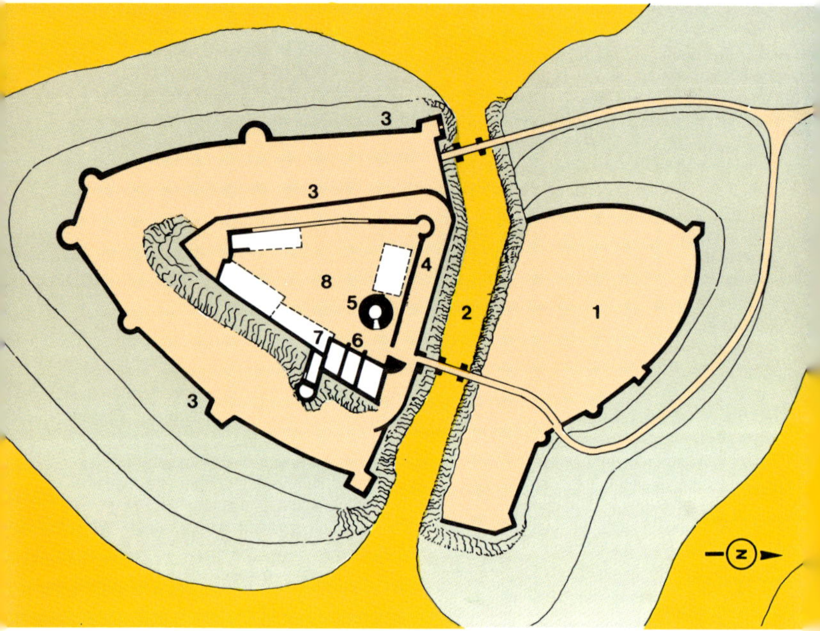

Burg Hohennagold 1 Vorburg **2** Graben **3** Zwingermauern **4** Schildmauer mit got. Flankenturm **5** runder Bergfried (13. Jh.) **6** Palas mit Frauenhaus **7** Küche mit Brunnenturm und Keller **8** Innenhof der dreieckigen Hauptburg

d.Ä. als zweigeschossiges Rokokogebäude mit Arkaden umgebaut. – Prägend für das Gesamtbild der Stadt ist der in weitem Bogen um den Stadtkern ziehende, das Waldachtal überquerende *Viadukt* der Bundesstr. 28, begonnen 1938, fertiggestellt 1955.

Stadtteil Vollmaringen (4 km sö):
Londorfer Kapelle auf dem Gelände einer jungsteinzeitlichen Siedlung im Mittelalter erbaut. Im Chor zahlreiche Grabsteine und Epitaphe aus dem Spätmittelalter und der Frühneuzeit der früheren adligen Vollmaringer Ortsherren und Geistlichen. Kruzifix v. 1589 (aus der abgebrochenen Vollmaringer Ortskirche), 2 Seitenaltäre. – *Neugot. Pfarrkirche* (1845): In der Turmhalle 4 Schlußsteine aus der abgebrochenen Ortskirche (alte Schloßkapelle) Ende 15. Jh. und das barocke Epitaph des Ortsherren Dionysius v. Rost († 1730), Hauptmann der vorderösterreichischen Herrschaft Hohenberg zu Rottenburg a.N. und Statthalter der vorderösterreichischen Lande in Freiburg i.Br. , aus Renfrizhäuser Forellensandstein. In der Chorwand spätgot. Wandtabernakel, vor dem Chor 2 Leuchter v. 1595 (Stiftung Marx Caspar v. Neuhausen und seine Gemahlin v. Freiberg), neugot. Hochaltar; dabei spätgot. Figuren einer Kreuzigungsgruppe (Maria und Johannes), um 1500. – *Kath. Pfarrhaus:* Tafelgemälde aus der Mitte des 16. Jh. (1557) in Anlehnung an einen Dürer-Holzschnitt v. 1511 mit Familiendarstellung der Herrren v. Neuneck zu Glatt und Ahnenprobe. – *Schloß*: Vor kurzem neu restauriert, ehem. Sitz der adligen Ortsherren, Dreiflügelanlage v. 1669 (Erbauer: Jakob Streit v. Immendingen) anstelle der vermuteten spätmittelal-

Nagold, Fachwerkhaus (l); Rohrdorf (Nagold), Ehem. Johanniterkommende (r)

terlichen Wasserburg der Herren v. Dettlingen. Nördlicher Seitenflügel vor 50 Jahren abgerissen.

Stadtteil Gündringen (4 km sw): Mehrere alemannische Grabfunde, eine Lorscher Urkunde aus dem 9. Jh. und das Remigius-Patrozinium belegen ein hohes Alter des Ortes. - Alte *Kirche* im 19. Jh. durch Neubau ersetzt, dieser 1967 durch flachgedeckten Sichtbetonbau an gleicher Stelle auf Anhöhe über dem Ort. Daneben Friedhof mit Epitaph (fast vollplastische Steinfigur in Lebensgröße) und Wappenfries des adligen Ortsherren Hans Kaspar Kechler v. Schwandorf (1513-76). - Ölbergkapelle v. 1891.

Umgebung

Haiterbach (10 km sw): Im *Heimatmuseum* sind eine Dokumentation der Ortsgeschichte sowie bäuerliche und handwerkliche Gerätschaften zu sehen, die einst beim Schnapsbrennen und bei der Tuchherstellung nötig waren. - Am ma Chorturm der alten *Dorfkirche* ein got. Chörlein (15. Jh.) mit Strebewerk.
Rohrdorf (4 km nw): Hinter dem heutigen *Rathaus* (ehem. Schloß, 16. Jh.) mit hübschem Erker findet sich das *Alte Rathaus* (1430) mit dreigeteilten Fensteröffnungen. - Zum großen Gebäudekomplex der *ehem. Johanniterkommende* gehört auch die *Pfarrkirche* (14./18. Jh.), die 2 qualitätvolle spätgot. Holzskulpturen (1485) birgt.

7265 Neubulach

Calw

Einw.: 3600 Höhe: 600 m S. 255 □ E 2

Dank der örtlichen Kupfer- und Silbervorkommen erlebte das seit 1300 reichsunmittelbare *Bergbaustädtchen* auf dem Hochplateau zwischen dem Nagold- und dem Teinachtal vom 11. Jh. bis in das 14. Jh. eine wirtschaftliche Blüte.

Schaubergwerk: Das historische *Silberbergwerk*, dessen Betrieb aufständische Bauernhaufen 1524/25 ein jähes Ende bereiteten, kann heute besichtigt werden und bringt dem Besucher die Arbeitsmethoden und den Silbererzabbau unter Tage nahe, wie sie im 15. Jahrhundert alltägliche Realität waren. In den staubfreien Stollen werden heute auch erfolgreich Kuren für Asthmatiker durchgeführt.

Mineralien- und Bergbaumuseum: Das Museum besitzt zur Zeit 1900 Mineralien, Gesteine und Versteinerungen, 60 Gegenstände aus dem Bergbau, 100 Exemplare bergmännischen Schrifttums sowie 110 Grubenlampen.

Außerdem sehenswert: Die malerische *Altstadt* mit verwinkelten Gäßchen und zahlreichen Fachwerkbauten (16.–19. Jh.) wie dem ma *Rathaus*, der *Alten Vogtei* (16. Jh.) und dem ma *Hohenberger Schloß* bewahrt mit dem prächtig erhaltenen *Diebsturm* und der streckenweise stehen gebliebenen *Stadtmauer* viel von ihrem ursprünglichen Aussehen.
Mittelalterliche *Jodokuskirche* mit Doppelportal.
Grücklerschlößle..

Neubulach, Diebsturm

Umgebung

Altbulach (1 km nö): Die romanische *Mauritiuskirche* (heute ev. Pfarrkirche), v. der das Turmerdgeschoß und das Langhaus stammen, erhielt 1493 ihren spätgot. Chor, dessen Netzrippengewölbe auf Maskenkonsolen ansetzt. Neben dem spätgot. Wandtabernakel sind 2 got. Grabmäler (14. Jh.) für Waldecker Burgherren sehenswert.
Neuweiler (10 km w): Die pittoreske spätgot. *Wehrkirche St. Stephanus* mit hohen Kirchhofmauern birgt im Inneren eine seltene urspr. erhaltene Tannenholzausstattung. – Im *Alten Rathaus* ist das *Heimatmuseum* mit einer umfangreichen Sammlung alten Haus- und Handwerksgerätes eingerichtet. Beachtung verdienen auch ein sog. Schwörstab, der bei der ehem. Gemeinde-Rechtsprechung Verwendung fand, sowie alte Wappensteine, die bei der Grenzbezeugung nötig waren.
Oberhaugstett (2 km sw): Die 1853 erbaute *ev. Dorfkirche* bewahrt v. ihrer Vorgängerin, einer ma Chorturmkirche, das roman. Tympanon und Freskenreste des 15. Jh.

7540 Neuenbürg
Enzkreis

Einw.: 7300 Höhe: 325-450 m S. 255 □ D 1

Zu Füßen der ehem. *Burg Neuenbürg*, die strategisch günstig auf einer von der Enz an 3 Seiten umflossenen Bergkuppe thronte, entwickelte sich im 13. Jh. eine erste Burgsiedlung, der 1361 das Stadtrecht verliehen wurde. Wegen des verheerenden Stadtbrandes von 1783, dem auch die alte Stadtbefestigung und ein mächtiger Brükkentorturm zum Opfer fielen, stehen am pittoresken *Marktplatz* zahlreiche Giebel- und Fachwerkhäuser aus dem späten 18. Jh.

Schloßberg: Auf gepflastertem Steig gelangt man vom Städtchen hinauf zu dem v. Ring- und Zwingermauern umgebenen *Neuen Schloß*, einem Renaissancebau (1553) mit 2 schmucklosen, schräg aneinandergebauten Flügeln, deren 3 Geschosse im O durch 2 Treppentürme (1605) miteinander verbunden sind. Im Inneren kann man an Sonntagnachmittagen das interessante kleine *Bergbaumuseum* besichtigen, dem ein *Heimatmuseum* zur Geschichte, Tradition und Kunst im Enztal beigesellt ist.

Durch das 1658 erbaute, pompöse *Barockportal* an der zur Stadt gewandten W-Fassade und einen Durchgang gelangt man in den ehem. *Lustgarten* (um 1600, heute Schloßgarten) und zur ö gelegenen malerischen *Ruine* der alten Burg, die noch den Stumpf des quadratischen roman. Bergfrieds und den 1572 zum Fruchtkasten umfunktionierten Palas (14.Jh.) erkennen läßt. – Auf halber Höhe des Schloßbergs liegt im befestigten Alten Friedhof die frühgot. *Schloßkirche St. Georg*. Ihr charakteristischer massiger N-Turm besitzt ein Fachwerkobergeschoß mit hohem, achteckigem Pyramidendach. Im 1557 teilweise erneuerten Inneren bedeutender got. Freskenzyklus (Viten Christi und Mariens, Weltgericht; um 1330/40) und ein spätgot. *Weltgerichtsfresko* aus der Zeit um 1460.

Historisches Bergwerk: Das 1868 geschlossene *Eisenerzbergwerk*, das vom MA an betrieben wurde, ist seit 1985 zu besichtigen. Über einen horizontalen Einstieg gelangt man ins Innere und zu den höher gelegenen Stollen der Erzgrube. *Geöffnet*: April bis Oktober.

Außerdem sehenswert: In der frühklassizistischen *ev. Pfarrkirche* (1789) steht ein für den Enzkreis untypischer Kanzelaltar (18.Jh.). – Auf der nahen *Wilhelmshöhe* sind Spuren der im Dreißigjährigen Krieg befestigten Schwedenschanze und der ehem. Richtstätte erhalten.

Umgebung

Gräfenhausen (5 km n): In das roman. Turmuntergeschoß der 1747 barockisierten *Michaeliskirche* (12.Jh.) ist eine interessante röm. Spolie, der sog. Viergötterstein, vermauert. Im Inneren dieser ehem. Wehrkirche frühgot. Freskenreste aus dem 13./14.Jh.

Langenbrand (10 km sö): Einer eigenwilligen architektonischen Bauform begegnet man in der *Ulrichskirche* (11.–19. Jh.); heute ev. Pfarrkirche. Das Kreuzrippengewölbe des um 1450 freskierten Turmchores ruht auf 4 frei vor den ausgerundeten Raumecken stehenden Rundpfeilern. Angeblich wurde eine zweistöckige ehem. Burgkapelle (11./12.Jh.) um 1300 zu diesem Chorturm umgestaltet.

Neuenbürg, Burgruine

Schwann (6 km w): In der ehem. *Schloßkirche* interessante heraldische Glasmalereien (um 1495). – Von der sog. *Schwanner Warte* weiter Rundblick.

O

7602 Oberkirch
Ortenaukreis

Einw.: 17 000   Höhe: 193–874 m   S. 254 □ C 2

Die am Ausgang des *Renchtales* in die Rheinebene mitten zwischen Rebhängen und Obstbaumhainen gelegene Stadt (seit 1326) wurde 1689 während des Pfälzischen Erbfolgekrieges auf Geheiß des Straßburger Stadtkommandanten Marquis de Chamilly fast völlig niedergebrannt. Aus der Folgezeit stammen zahlreiche stattliche *Fachwerkbauten,* die dem Erholungsort sein malerisches Gepräge verleihen. Oberkirch ist heute für sein Kirschwasser, das in seinen 891 lizenzierten Hausbrennereien destilliert wird, seinen frühsommerlichen *Erdbeermarkt* (den größten in Deutschland) und für das Anfang September stattfindende *Renchtaler Weinfest* bekannt, bei dem fast 50 Sorten Renchtäler Weines – auch aus den Kellerbeständen (8 Millionen Liter) der Winzergenossenschaft – ausgeschenkt werden.

Oberkirch, Romantikhotel »Obere Linde«

Altstadt: Das 1704 im Auftrag des Oberamtmannes Johann Evangelist v. Bodeck errichtete stattliche *Amtshaus* diente den Fürstbischöfen v. Straßburg als Sitz ihrer Amtsleute und als Münzstätte (1758–72). Über dem Barockportal prangen die Wappen des Erbauers und der ehem. Herrschaft O. – Ebenfalls an der Hauptstr. liegen das *Haus »Zum Greifen«* (urspr. Herberge, 1738) beim *Löwenbrunnen* (1570, Original im Heimatmuseum), das 1687 zum *Gasthaus »Zur Sonne«* umgebaute ehem. Stadthaus der Ritter v. Neuenstein (16. Jh.) mit Toreinfahrt (1609) und Treppenturm, gegenüber das *Kirchgätter,* eine Ädikula mit Pieta (16. Jh.) sowie das klassizistische *Rathaus* (1802), dessen Untergeschoß zeitweilig als Obstmarkt verwendet wurde; ferner das v. Matthias Fuchs* erbaute barocke *ehem. Stadtschloß* (1743) beim *Nepomukbrunnen* und das 1692–1702 v. Christian und Johann Georg Fischer* erneuerte stattliche *Romantikhotel »Obere Linde«* mit halbrundem Treppenturm. – Im ehem. Metzger- und Gerberviertel (Bachanlage) ist eine geschlossene Gruppe v. *Fachwerkhäusern* (1689–1803) erhalten.

Heimatmuseum (Kirchplatz 7): Das an Mittwochnachmittagen und Sonntagvormittagen geöffnete Heimatmuseum besitzt zahlreiche Exponate zur Stadtgeschichte, zur Tracht, zum Brauchtum und zum historischen Handwerk (Hanf-, Wein- und Honigherstellung) der Gegend. Besondere Beachtung verdient neben einem Modell (1908) der Schauenburg (vgl. Umgebung) auch eine interessante Sammlung zum Leben und literarischen Schaffen des ersten großen deutschen Prosaschriftstellers Hans Jakob Christoffel v. Grimmelshausen (1621-76).

Umgebung

Fürsteneck (2 km sw): Nur eine Ruine mit Grundmauerresten und einem erhaltenen Mauerzug erinnert noch an die einst v. den Zähringern gegr., 1263 vergrößerte *Burg Fürsteneck* der Herren v. Fürstenberg. - In der Nähe steht ein bes. sehenswerter spätgot. *Bildstock* mit figürlichen Ritzzeichnungen (hll. Maria und Georg, 1508) und bekrönendem Kruzifix.

Gaisbach (1 km nw): Neben den barocken Freskenresten (Christus und Heilige, um 1623) im Polygonalchor der spätgot. *Georgskapelle* ist die *Gaststätte »Kranz zum Silbernen Stern«* v. Interesse, deren Wirt 1665-67, Hans Jakob Christoffel v. Grimmelshausen, angeblich in der Kammer über der Gaststube einen großen Teil seines berühmten Schelmenromans »Der Abentheuerliche Simplicissimus Teutsch« (1669) schrieb.

Herztal (4 km w): Eine außergewöhnliche Fassade mit einer Außenkanzel und einem runden Glockenturm in der Mitte besitzt die nach 1754 v. Johann Ellmenreich* errichtete spätbarocke *Wallfahrtskapelle St. Wendelin*. Außer dem qualitätvollen Hauptaltar (1763) verdienen die Wandmalereien (hl. Wendelin, Hl. Trinität; nach 1761) der Altarnische Beachtung. Am Wendelinstag (20.10.) treffen sich hier Pferdezüchter, um ihre Tiere segnen zu lassen.

Nußbach (4 km w): In dem im 9. Jh. aus einem fränkischen Königshof hervorgegangenen Dorf steht die Mutterkirche des Renchtales *St. Sebastian*. In 2 Schichten sind am Kreuzrippengewölbe des Chorturmes (13. Jh.) Freskenreste aus dem 13. (Sternendekoration) und 15. Jh. (letztes Abendmahl, hl. Michael und Evangelistensymbole) erhalten.

Schauenburg (2 km nö): Die v. den Zähringern gegr. aussichtsreiche *Schauenburg* (11.-13. Jh.) zählte zu den größten Wehranlagen Mittelbadens. Als Schaffner der Burg waltete 1650-68 Hans Jakob Christoffel v. Grimmelshausen im Auftrag der Freiherren v. Schauenburg. 1731 wird die Schauenburg erstmals als »völlig in Ruinen liegend« bezeichnet. Erhalten blieben jedoch 2 *Wohntürme* der Ganer-

Schauenburg (Oberkirch), Burgruine

benfamilien, darunter der fünfstöckige Turm im O mit spitzbogigen Zwillings- und Drillingsfenstern in schlichten frühgot. Formen, sowie die 3,7 m dicke *Schildmauer*, an die die ehem. Burgkapelle St. Ulrich angebaut wurde. Ein Kuriosum für eine Höhenburg ist der tiefe *Halsgraben*, der als schützender Wassergraben geflutet werden konnte.

7238 Oberndorf am Neckar

Rottweil

Einw.: 14000 Höhe: 520 m S. 257 □ D 3

Reiche Funde aus der Jung- und Mittelsteinzeit, der Urnenfelder- und Hallsteinzeit sowie aus der Römer- und Merowingerzeit belegen die kontinuierliche Besiedlung dieser Gegend. 782 wird Oberndorf erstmals als königseigenes Gut genannt. Durch Schenkungen, Verkäufe und Verpfändungen wechselte die um 1251 von den Herzögen von Teck gegründete Stadt häufig die Besitzer, bis sie 1594 österreichisch und dann 1805 württembergisch und 1810 Oberamtsstadt wurde. Die hier 1811 gegründete Königliche Gewehrfabrik übernahmen 1872 die Gebrüder Mauser und bauten sie zur weltbekannten Waffenfabrik aus. In Oberndorf wird seit 1837 der »Schwarzwälder Bote« gedruckt; der Bau der Eisenbahn 1867 begünstigte die Entwicklung zur Industriestadt.

Oberndorf, Ehem. Augustinerklosterkirche

Stadtkirche St. Michael: Zum ehem. Bering gehörte der roman. O-Turm mit seinem tonnengewölbten Chor der sonst neu erbauten Kirche.

Ehem. Augustinerkloster und -kirche: Im 13. Jh. als Frauenkloster gegr., wurde es Mitte des 16. Jh. in ein Männerkloster umgewandelt, das bald zu hoher Blüte kam. Die halbzerfallenen Bauten des MA wurden im 16. und 17. Jh. erneuert und vergrößert. Im 18. Jh. riß man das Kloster dann schrittweise nieder und baute es größer und prächtiger als geschlossene Vierflügelanlage wieder auf. Für den Neubau der Kirche, einer weiträumigen Saalkirche an der N-Seite, verpflichteten die Mönche den Baumeister Christian Großbayer*; als Bildhauer wirkte Johann Georg Weckenmann*; als Stukkateur Andreas Henckel* und als Maler Johann Baptist Enderle* am Neubau mit. 1805 wurde das Kloster aufgehoben und die Kirche profaniert. 1948 führte man erste Restaurierungsarbeiten durch, aber erst die gründliche Restauration v. 1973–78 sicherte den Bestand der Bauwerke.

Die *W-Fassade* der Kirche ist durch Pilaster in 3 Zonen aufgegliedert, deren mittlere durch das Sandsteinportal Weckenmanns mit den leeren Seitennischen betont wird. Er schuf auch den Klosterbrunnen und die Figur des hl. Nepomuk auf der Neckarbrücke.

Die *Deckengemälde* Johann Baptist Enderles* zeigen über dem Chor den Ratschluß der Erlösung mit Gottvater, dem als Person dargestellten Hl. Geist und Christus, dem Engel seine Marterwerkzeuge und die Insignien der Krönung darbringen. Über dem Schiff sind die Herbergssuche, Christi Geburt, die Verkündung an die Hirten und die Anbetung der Hll. Drei Könige dargestellt; über der Empore schließlich die Kreuzigung.

Im Konventsgebäude sind die Stadtverwaltung und die Polizei untergebracht.

Heimat- und Waffenmuseum der Stadt O: Der sogenannte Schwedenbau (Klo-

sterstr. 14) hat die reichhaltige heimatgeschichtliche und -kundliche Sammlung aufgenommen. Das Waffenmuseum zeigt Exponate der Oberndorfer Produktion vom Vorderlader der Kgl. Württ. Gewehrfabrik bis zur Gegenwart.
Öffnungszeiten: mittwochs und samstags jeweils 14.00 bis 16.00 und sonntags 10.00 bis 12.00 Uhr.

Ruine Waseneck: Der ehem. Sitz der Herzöge v. Zähringen und Teck aus dem 13. Jh. verfällt seit 1637. Nur 3 Halsgräben und beachtliche Mauerreste sind erhalten.

Umgebung

Waldmössingen (7,5 km sw): 1896 konnte man ein auf dem Schafbühl gelegenes *röm. Kastell* nachweisen, das spätestens 74 n. Chr. angelegt worden sein muß, um die röm. Straße durch das Kinzigtal zu sichern. Funde aus der Umgebung weisen auf eine Zivilsiedlung (vicus) hin. 1982 wurden der S-Turm des Kastells und die anschließenden Mauern wieder errichtet. Er dient als *Museum* für die hier gemachten Funde und ist sonntags v. 10.30 bis 12.00 und v. 14.00 bis 16.00 Uhr geöffnet.

7801 Oberried
Breisgau-Hochschwarzwald

Einw.: 2600 Höhe: 450–1428 m S. 258 □ B 4

Im frühen 12. Jh. wird Oberried genannt. Seit 1237 gab es hier eine Niederlassung der Nonnen aus dem Kloster Günterstal, die 1252 in den Besitz des Wilhelmitenordens überging. 1507 im Bauernkrieg wurde das Kloster verlassen, doch 1682 von den durch den Bau der Vaubanschen Festung heimatlos gewordenen Freiburger Wilhelmiten wieder bezogen.
Seit 1727 war das Kloster bis zu seiner Säkularisierung 1806 Priorat der Benediktinerabtei St. Blasien.

Ehem. Wilhelmitenkloster Mariengart (auch Mariä Kron): Die ehem. Konventsgebäude mit Stuckdecken und Kachelöfen aus dem 18. Jh. dienen heute als Rathaus. Renovierungsarbeiten ab 1988.

Kath. Pfarr- und Wallfahrtskirche Mariä Krönung: Die barocke ehem. Klosterkirche ist ein schlichter tonnengewölbter Saalbau zu 4 Jochen, den der eingezogene Triumphbogen v. der Sakristei und dem darüberliegenden Psallierchor trennt. Die Ausstattung stammt aus der 1. Hälfte des 18. Jh. Am Hochaltar stehen die 1737 v. Christian Wentzinger* geschaffenen Figuren eines hl. Bischofs und des hl. Ulrich. Vor dem Triumphbogen befindet sich ein Gnadenkruzifixus aus dem späten 15. Jh. Die Gemälde der Kreuzwegstationen stammen v. Simon Göser*. – Renovierungsarbeiten ab 1988.

Umgebung

Hofsgrund (8 km sw): In diesem unterhalb des Schauinsland gelegenen Dörfchen steht der *Schniederlihof*, ein Bergbauernhaus aus dem Jahre 1592, dessen alte Einrichtung erhalten geblieben ist. Als *Bauernhausmuseum* ist es im Mai, September und Oktober jeweils samstags und sonntags, v. Juni bis August jeweils täglich v. 10.00 bis 18.00 Uhr der Öffentlichkeit zugänglich.
Schauinsland: Der 1284 m hohe Hausberg Freiburgs kann außer zu Fuß über die Schauinslandstraße, eine Bergrennstrecke,

Oberried, Wilhelmitenkloster Mariengart

oder mit der Schauinslandbahn erreicht werden. Bei ihrer Talstation gibt es ein kleines *Bergbaumuseum*. – 500 m nö des Gipfels steht das 1942 gegr. Fraunhofer-Institut, ein Observatorium zur Sonnenforschung.

7600 Offenburg

Ortenaukreis

Einw.: 50375 Höhe: 142–690 m S. 256 □ B 2

Zu Beginn des 12. Jh. wurde am Ausgang des Kinzigtals, wo sich ehemals 2 wichtige Römerstraßen gekreuzt hatten, in der Nähe einer Burg eine Siedlung gegründet, die sich nach dem für sie typischen, genau festgelegten Anlageschema gut entwickelte und um 1235 zur Reichsstadt erhoben wurde. Seit dem 16. Jh. gehörte Offenburg, abgesehen von einem kurzen badischen Zwischenspiel im 18. Jh., den Habsburgern und fiel 1803 endgültig an Baden. 1689 wüteten auch hier die Truppen Ludwigs XIV., so daß nur einige wenige Gebäude überlebten. Deshalb entwickelte sich der heutige Stadtkern mit seinen historischen Sehenswürdigkeiten im Verlauf des 18. Jh. Die auch »Tor zum Schwarzwald« genannte Stadt ist heute Verwaltungssitz, verkehrsmäßiges, wirtschaftliches und kulturelles Zentrum des Ortenaukreises und lebt von verschiedenen Industrien.

Katholische Stadtpfarrkirche Hl. Kreuz (Pfarrstr.): Von dem im 13./14. Jh. errichteten Gotteshaus überstanden nur Mauern, der Chor, das Josefschörlein und die Sakristei das Feuer v. 1689. Der Chor wurde bereits im 18. Jh. wiederhergestellt und konnte bis heute sein spätgot. Aussehen bewahren. Ab 1700 bauten Franz Beer* und Leonhard Albrecht*, beide Meister der Vorarlberger Bauschule, an der 1791 geweihten dreischiffigen Hallenkirche mit einem dominierenden dreigeschossigen Barockturm v. 1726. Der betont einfach dekorierte Innenraum mit in Kapitellhöhe der Pfeiler verlaufenden Emporen und 1956 erneuerten Malereien wirkt großzügig und elegant. Von der *Ausstattung* sind die

< Offenburg, Stadtpfarrkirche Hl. Kreuz, Ölberg, Detail

Offenburg, Stadtpfarrkirche Hl. Kreuz

1740 v. Franz Lichtenauer* geschaffenen Altäre – das Hochaltargemälde stammt v. Joseph Esperlin* –, Chor- und Gemeindegestühl (um 1740), die klassizistische Kanzel v. Johann Nepomuk Speckert*, der Orgelprospekt, ein reizvolles Rokokogitter sowie das im »Josefschörlein« befindliche Renaissancekruzifix v. 1521 zu nennen. Von den an den Außenmauern der Kirche befindlichen, meist ins 16. Jh. weisenden Grabdenkmälern verdient bes. das v. Christoph von Urach geschaffene *Frührenaissance-Epitaph* für Jörg v. Bach (†1538) Erwähnung. Als ein hervorragendes Kunstwerk gilt der 1524 entstandene, eng an sein Vorbild am Straßburger Münster angelehnte *Ölberg:* Im Zentrum ist Christus in sein Gebet vertieft, im Vordergrund schlafen die Jünger, im Hintergrund nahen vor der Kulisse einer ma Stadt die Häscher. – Das Kruzifix auf dem ehem. Friedhof ist eine Kopie des im Josefschörlein bewahrten Originals.

Dreifaltigkeitskirche (Friedenstr.): In den

Offenburg, Rathaus

Offenburg, Einhornapotheke

Jahren 1906–08 erbaute Kirche, die im Stil einer roman. Basilika nachempfunden wurde.

Ev. Stadtkirche (Poststr.): 1857–64 im neugot. Stil erbaute Kirche.

St.-Andreas-Hospital (Glaserstr.): Das Spital wurde um 1300 als Pflegeplatz für Kranke und Bedürftige eingerichtet und erhielt sein heutiges Aussehen im 18. Jh. Reizvoll wirkt dabei die Elemente der Gotik und des Barock vereinende Kapelle. Seit 1982 die Sanierung des ehem. Spitalspeichers zum Abschluß kam, befinden sich darin Räumlichkeiten für Ausstellungen und Veranstaltungen.

Franziskanerkloster (Lange Str.): Ab 1702 wurde die Anlage auf den Fundamenten des 1689 zerstörten Vorgängers wiederaufgebaut. Sie ist heute Sitz v. Augustinerinnen. Die einschiffige Barockkirche ist nur sehr sparsam dekoriert, besitzt jedoch einen sehr üppigen Barockaltar, ein

Offenburg, Königshof

schönes Chorgestühl und eine gute Orgel. In der an den Kreuzgang anschließenden Grabkapelle befindet sich eine reizvolle geschnitzte *Madonna* aus dem frühen 16. Jh. Gute Ölgemälde aus dem Besitz des Klosters hängen im Empfangsraum.

Kapuzinerkloster (Gymnasiumstr.): Die Gebäude des ehem. Klosters überstanden das Feuer von 1689. Sie wurden in den Jahren 1641–47 errichtet und 1984 restauriert. Die einschiffige Kirche besitzt spätbarocke Holzaltäre, eine Empirekanzel und eine Orgel des frühen 19. Jh. Angeschlossen ist ein reizvoller Kreuzgang.

Rathaus (Hauptstr.): Matthias Fuchs* vollendete 1741 den eindrucksvollen dreigeschossigen Barockbau. Ecken und Mittelrisalit mit kunstvoll gerahmtem Portal werden durch Rustikapilaster betont, die Fenster v. kunstvollen, teilweise mit Masken und Schnecken gezierten Steinrahmen umgeben. Den halbkreisförmigen Mittel- und den geschweiften Seitengiebel krönen Statuen. Über dem Eingang sieht man das Stadtwappen und den österreichischen Doppeladler.

Häuser: Offenburg verfügt über eine ganze Reihe reizvoller Gebäude des 18. Jh. Bes. hervorzuheben sind:
Battiany-Haus: Dreistöckiges Bürgerhaus v. 1793 mit v. Sgraffito gerahmten Fenstern.
Beck'sches Haus: Ausgezeichnet renoviertes spätbarockes Bürgerhaus v. 1760 mit hohem Spitzgiebel.
Einhornapotheke: 1720, bzw. 1772 errichtetes Barockgebäude mit schönem Volutengiebel.
Königshof: Das ehem. Verwaltungsgebäude der Landvogtei Ortenau und jetzige Polizeidirektion entstand 1714–17 nach Plänen Michael Ludwig Rohrers* unter Leitung des Vorarlbergers Dominik Ellmenreich*. Das v. der reichen Fassade umgebene Portal und den Balkon gestaltete Franz Ignaz Krohmer*.
Ritterhaus: Der schöne spätbarocke Bau

Oppenau, St. Johann Baptist, Marienstatue

von 1784 wird Matthias Fuchs* zugeschrieben und beherbergt heute Stadtarchiv und -museum.
Vinzentiushaus: Das v. einem reizvollen Park mit Rokokogitter und schönen Steinplastiken umgebene Haus wurde 1764 für den österreichischen Feldmarschall Josef Freiherr v. Ried errichtet und ist heute Pflege- und Altenheim.

Außerdem sehenswert: An Gebäuden verdienen Erwähnung: das *Jenewein-Haus,* ein reizvoller, 1977 renovierter Fachwerkbau des 19. Jh., in dem früher das bekannte Hotel »Fortuna« untergebracht war. Das *Judenbad,* eine aus dem 13./14. Jh. stammende unterirdische Anlage für rituelle Waschungen, ist seit 1978 der Öffentlichkeit zugänglich. Die *Volksbank* ist ein dem Stil der Renaissance nachempfundenes Gebäude v. 1906. Die v. 1698 stammende *Hirschapotheke,* das *Salzhaus* (1786) und der *Löwenbrunnen* (1599) verleihen dem Fischmarkt seinen besonderen Reiz. Neben historischen Bauten besitzt die Stadt auch noch eine Reihe weiterer Kunstdenkmäler:
Als Stiftungen des Verlegers und Ehrenbürgers der Stadt, Senator Dr. Franz Burda, sind zu nennen: *Dionysos,* eine vom Italiener Sandro Chia* 1984 geschaffene Plastik des griech. Weingottes. *Kranich,* eine 1979 im Bürgerpark aufgestellte Plastik v. Walter Schelenz*. *Ursula-Säule,* ein 1961 fertiggestelltes Werk v. Emil Sutor*.
Außerdem: *Kriegerdenkmal.* Es wurde 1883 zur Erinnerung an die Gefallenen des Dt.-Franz. Krieges von 1870/71 erstellt.
Neptunbrunnen: Das Abbild des Wassergottes im got. gestalteten Brunnen ist eine Kopie, das Original steht im Ritterhausmuseum.
Tod aus Liebe: Die 1984 aufgestellte Plastik ist ein Geschenk des russischen Künstlers Vadim Sidur*.
Zwingerpark: Die zwischen Stadtmauer und Wasserstraße angelegte Grünanlage zählt zu den schönsten Stadtparks der Region.

Ritterhausmuseum (Ritterstr.): Neben den die Stadt- und Regionalgeschichte erläuternden Exponaten gibt es natur- und völkerkundliche Sammlungen sowie die Jagdtrophäensammlung Cron. Bis September 1989 wegen Renovierung geschlossen.

Veranstaltungen: *Kultur-Feschd,* in allen Jahren mit gerader Endzahl. – Wettbewerb *Zeitgenössische Keramik,* alle Jahre mit ungerader Endzahl. – Verschiedene Veranstaltungen zum Thema Wein und Weinbau.

Stadtteil Fessenbach: Von Sandro Chia* geschaffene *Skulptur* des röm. Weingottes Bacchus.

Stadtteil Griesheim (9 km nw): *Kath. Pfarrkirche St. Nikolaus.* Johann Ellmenreich errichtete 1748 die barocke Kirche anstelle eines spätgot. Vorgängers, v. dem der Chorturm blieb. Der Innenraum gefällt nicht nur durch üppige schöne Stukkaturen, sondern birgt auch einen prachtvoll gestalteten barocken Hochaltar und reizvolle Seitenaltäre.

Stadtteil Waltersweier (3 km w): *Kath*

Oppenau, Mühle bei Oppenau

Pfarrkirche aus dem frühen 18. Jh. mit barocker Ausstattung.

Umgebung

Schutterwald (4 km w): *Kath. Pfarrkirche* des späten 18. Jh.

7603 Oppenau

Ortenaukreis

Einw.: 5000	Höhe: 270 m	S. 257 □ C 2

Der nördlich der waldigen Schwarzwaldhöhen *Edelmannskopf* (861 m) und *Braunberg* (872 m) im *Renchtal* an der *Freundschaftsstraße* gelegene Luftkurort hat seinen Namen v. dem ma Dorf *Noppenow*. Nach Schenkung (1299) durch die Herren von Schauenburg an das Kloster →Allerheiligen trug die Siedlung ebenso wie eine damals erbaute Burg bis in die frühe Neuzeit vorübergehend den Kunstnamen *Friedberg*.

Heimatmuseum: Das im Rathaus eingerichtete *Renchtaler Heimatmuseum* bewahrt frühgeschichtliche Schmuck- und Waffenfunde aus alemannischen Gräbern und dokumentiert die Geschichte und die bäuerliche Kultur v. O. und den umliegenden Gemeinden. Neben sakralen Kunstwerken aus dem ehem. Prämonstratenserkloster →Allerheiligen sind auch 10 mit Glasmalereien (Gerichtsherren mit Ehefrauen, Oppenauer Stadtwappen; 1588 bis 1617) geschmückte Scheibenfenster aus der ehem. Pfarrkirche *St. Johannes Baptist* hier untergebracht.

Außerdem sehenswert: Nach Entwürfen v. Johann Ludwig Weinbrenner* wurde die jetzige *Pfarrkirche St. Johannes Baptist* (1826/27) in schlichten klassizistischen Formen erbaut. – Das *Obere Tor* (16. Jh.) erhielt sein heutiges Aussehen 1788. – Ein spätgot. Netzgewölbe gereicht dem Chor

(1464) der ehem. Pfarrkirche (heute *Friedhofskapelle*) zur Zierde.

Umgebung

Bad Peterstal-Griesbach (8 km sö): Die heilende Wirkung des kohlensäurehaltigen Mineralbrunnens v. *Peterstal* wurde bereits im 14. Jh. genutzt. Im 16. Jh. begann der Kurbetrieb dann in *Griesbach*, wo sich 1818 auch der Großherzog Karl v. Baden erholte und am 22.8. im historischen *Roten Bau* die badische Verfassung mit seiner Unterschrift rechtskräftig machte. – Bei Brauchtumsveranstaltungen, Kirchen- und Heimatfesten tritt die *historische Bürgermiliz* in alter Renchtaler Bauerntracht auf.

7601 Ortenberg

Ortenaukreis

Einw.: 2800 Höhe: 160 m S. 256 □ B 2

Schloß Ortenberg (nicht zu besichtigen): Die wohl schon im 11. Jh. v. den Zähringern auf dem Bergkegel am Eingang ins Kinzigtal gegr., aber erst 1167 erwähnte Burg fiel 1218 an den Stauferkaiser Friedrich II. und war als Reichsburg *Ortinberch* Sitz der Landvögte. 1678 v. den Franzosen gesprengt, verfiel die Burganlage bis zu ihrem Wiederaufbau (1838–43) in neugot. Formen durch Friedrich Jakob Eisenlohr*. Von der Zähringerburg ist das bossierte Untergeschoß des Bergfrieds erhalten; dieser *Schimmel* genannte Turm diente bis ins 19. Jh. als Verlies. Unter Friedrich II. wurde 1218–46 die ehem. *Untere Burg* wohl zum Palas ausgebaut. Heute sind in die romantische Burganlage eine der modernsten und schönsten Jugendherbergen Deutschlands sowie das *Weinversuchsgut Schloß Ortenberg* mit integriert.

Bühlwegkapelle: Die auch unter der Bezeichnung *Wallfahrtskirche Mariä Ruh* bekannte urspr. Wehrkirche *St. Bartholomäus* (10./11. Jh., erst 1144 urkundlich erwähnt) wurde in den Jahren nach 1497 ausgebaut und um 1730 mit neuen Altären barock ausgestattet.
Ihr Besuch lohnt sich wegen des umfänglichen spätgot. *Freskenzyklus* (um 1500) im Chor (Muttergottes und Kirchenväter), an der Chorbogenwand (l: Anna selbdritt, r: Kreuzigung) sowie im Langhaus an der N-Wand (hll. Laurentius, Katharina und Urban), S-Wand (Leiden Christi, Stifterbilder und Heilige) und W-Wand (Gevatter Tod und Heilige).

Ortenberg, Schloß

Außerdem sehenswert: Zahlreiche *Fachwerkbauten* gereichen dem gepflegten »Dorf des Weines, der Blumen und der Brunnen« an der *Badischen Weinstraße* zur Zierde.

P

7530 Pforzheim
Nordbaden

Einw.: 105 000 Höhe: 235–609 m S. 255 □ E 1

Der Name Pforzheim erinnert noch heute an die römische Siedlung *Portus*, an deren Stelle sich 2 Orte entwickelten, aus denen die heute besonders wegen ihrer Schmuckwaren-, der optischen und der feinmechanischen Industrie berühmte Stadt hervorging: die »Neue Stadt« erhielt um 1195 Stadtrechte, die im 11. Jh. erstmals erwähnte »Alte Stadt« besaß eher dörflichen Charakter. Am 22.2. 1455 erblickte in Pforzheim der Humanist Johannes Rechlin das Licht der Welt. Er gilt als der bedeutendste deutsche Vertreter des Neuplatonismus und begründete mit einer hebräischen Grammatik die hebräische Sprachforschung sowie auch die alttestamentliche Bibelforschung. Wie die meisten anderen Städte der Region litt auch Pforzheim sehr unter den Kriegen des 17. Jh. und wurde zwischen 1689 und 1693 von französischen Truppen mehrfach so schwer zerstört, daß der Wiederaufbau erst um 1780 abgeschlossen werden konnte. Das Jahr 1767, in dem die Pforzheimer Schmuckindustrie begründet wurde, markiert den Beginn eines neuen wirtschaftlichen Aufschwungs in der »Goldstadt«. Am 23.2. 1945 legte ein alliierter Luftangriff nahezu die ganze Stadt in Trümmer, in denen über 17 000 Menschen ihr Leben ließen. Aber auch dieses Mal erholte sich Pforzheim und wurde ab 1948 systematisch wieder-aufgebaut, so daß die »Pforte zum Nordschwarzwald«, in der sich moderne und sachkundig restaurierte historische Architektur zu einem harmonischen Ganzen verbinden und verschiedene Museen zu hochinteressanten Bildungsausflügen laden, wieder zahlreiche Besucher anlockt.

SAKRALBAUTEN

Ev. Schloß- und Stiftskirche St. Michael (Schloßberg): Um 1225 begann mit der Errichtung des W-Teils die Geschichte v. P.s bedeutendstem Baudenkmal. Im späten 13. Jh. kam der O-Teil, und nach der Erhebung zur Stiftskirche im Jahre 1460 der Stiftschor hinzu. Letzte Bauglieder waren im späten 15. Jh. der Turm und eine heute nicht mehr vorhandene Kapelle an der N-Seite. Die ausgezeichnete Restaurierung des 1945 schwer beschädigten Gotteshauses ist eine Meisterleistung v. Emil Lacroix*.

Pforzheim, St. Michael, Chorpartie

Pforzheim, St. Michael, Steinplastik im ehem. Schloßbereich

Die Anlage stellt sich dar als dreischiffige Basilika mit W-Vorhalle, Chorquadrat und sog. Diagonalchören, die durch die nach außen abgewinkelten O-Abschlüsse der beiden Seitenschiffe gebildet werden. An der N-Seite liegt die Margaretenkapelle. Das gestufte Rundbogenportal an der doppelgeschossigen Fassade der Vorhalle, die Lisenen und Bogenfriese gliedern, verrät durch seinen phantasievollen Skulpturenschmuck elsässischen Einfluß. Den Gesamteindruck des Äußeren bestimmen roman. und frühgot. Detailelemente und rundet der hoch über das Langhaus aufragende spätgot. Stiftschor ab. Frühgot. zeigt sich auch der Innenraum mit niederer Vorhalle, über der eine Empore zum kreuzrippengewölbten Langhaus mit schmalen Seitenschiffen überleitet. Augenfällig wirken die bis zu den Arkadenpfeilern heruntergezogenen Strebebogen des Mittelschiffs. Leichter und großzügiger wirkt der sterngewölbte *Stiftschor*, an dessen ö Gewölbeschlußstein man Büste und Signatur des Erbauers Hans Spryß* sieht. Der Lettner des 15. Jh. mußte großenteils erneuert werden, die Glasfenster kamen im Verlauf der Restaurierung hinzu. Die Kirche konnte zahlreiche Grabdenkmäler v. Pforzheimer Noblen und Bürgern bewahren. Am bedeutendsten sind die imposanten Renaissanceaufbauten im Stiftschor, der im 16. Jh. Grablege des badischen Fürstenhauses war. Besondere Hervorhebung verdienen das *Grabmal* für Markgraf Albrecht Alcibiades v. Brandenburg-Bayreuth (†1557) und die v. Johann v. Trarbach* geschaffenen Epitaphe für Prinz Albrecht (†1574) und Karl II. (†1577) und ihre Familien.

Die Kirche ist vom 1.3. bis zum 1.10. Do bis So von. 13.15 bis 16.00 und Mi von 13.15 bis 18.00 Uhr geöffnet.

Von Mai bis Oktober finden außerdem jeden Mittwoch von 17.00 bis 17.45 Uhr Kurzführungen und an jedem letzten Freitag im Monat ab 15.30 Uhr längere Führungen statt.

Pforzheim, St. Martin, Fresken im Chor >

Ev. Altstadtkirche St. Martin (Altstädter Str.): Nach den Zerstörungen v. 1945 mußte die im 19. Jh. entstandene Anlage vollkommen erneuert werden. Im Zuge der Wiederaufbauarbeiten traten im Mitte des 14. Jh. errichteten Chor herrliche spätgot. *Fresken* des frühen 15. Jh. zutage: an der N-Wand Jüngstes Gericht, an der S-Wand Martyrium des hl. Sebastian, Schutzmantelmadonna und Heilige.
Einziger Überrest einer roman. Basilika aus der Mitte des 12. Jh. ist das *Portal* der Turmhalle, in dessen Tympanon irdische Versuchungen der Menschen und ihre Errettung durch die Kirche symbolhaft dargestellt sind. Besichtigung der Kirche nach Vereinbarung.

Ev.-lutherische Kirche (Schwebelstr.): Olaf Andreas Gulbransson* errichtete 1954 den schlichten, saalartigen Bau und die angrenzenden Gebäude.

Ev. Matthäuskirche (Hochkopfstr.): 1953 errichtete der Karlsruher Professor und Architekt Egon Eiermann* (1904 bis 1970) dieses gute Beispiel moderner Sakralarchitektur als eine Art Vorläufer seiner Berliner Kaiser-Wilhelm-Gedächtniskirche. Der Raumeindruck wird voll und ganz bestimmt vom Spiel der Farben des Glases, für das die Architektur, ein leicht wirkendes »Zeltgerippe« aus Stahlbeton, lediglich Stütze und unaufdringlicher Rahmen ist und dem sich auch die ebenfalls schlicht gestalteten Ausstattungsstücke unterordnen. Besichtigung sonntags und nach Vereinbarung.

Ev. Stadtkirche (Rennfeldstr./Lindenplatz): 1964 bis 1968 vom Trierer Architekten Heinrich Otto Vogel* errichteter moderner Kirchenbau, von dessen Turm aus sich ein herrlicher Rundblick bietet.

Öffnungszeiten: Vom 1.3. bis 31.10. Mo, Fr von 15.30 bis 17.00, Mi von 16.30 bis 18.00, Sa von 10.30 bis 12.00 Uhr.
An jedem letzten Sonntag im Monat von 11.00 bis 12.30 Uhr.

Barfüßerkirche (Barfüßergasse): Von einem Franziskanerkloster des 13. Jh. blieb nur noch der nach 1945 restaurierte und modern ausgestaltete Chor der Kirche erhalten.

Kath. Herz-Jesu-Kirche (Jörg-Ratgeb-Str.): Der Architekt Otto Lindner* leitete selbst den originalgetreuen Wiederaufbau des von ihm 1929 erstellten Gotteshauses mit moderner Ausstattung.

Pforzheim, Ev.-lutherische Kirche

Pforzheim, Barfüßerkirche

PROFANBAUTEN

Rathaus (Marktplatz): Der moderne Betonbau entstand 1968–73. Fünfmal täglich ertönen die 46 Bronzeglocken des Glokkenspiels: 8.25, 11.35, 14.35, 17.35, 20.35 Uhr.

Archivturm (Schloßberg): Der einzige Überrest des Schlosses wurde nach dem Krieg wiederhergestellt.

Bezirksamtsturm (Bahnhofstr.): Den 1903 errichteten, 42 m hohen Turm schmücken Malereien des Karlsruher Künstlers Hellmut Eichrodt*, die die Tierkreiszeichen darstellen.

Leitgastturm (Schloßberg): Er blieb als einziger Überrest der ma Stadtmauern erhalten.

Reuchlinhaus (Jahnstr.): Das inmitten des reizvollen Stadtgartens gelegene Haus wurde 1962 v. Manfred Lehmbruck* erbaut und beherbergt das →Schmuckmuseum.

Weitere Sehenswürdigkeiten in der Innenstadt: *Blumenhof* mit *Dreiflüssebrunnen,* dessen Statuen Enz, Nagold und Würm symbolisieren (nahe der Schloßkirche). – *Rasslerdenkmal* (Poststr.), gewidmet den Pendlern, die aus der Umgebung zur Arbeit in die Schmuckfabriken kamen. – *Plastiken: Pforzheimer Seckel* v. Fritz Theilmann*, *Jungfrau* v. Gerhard Marcks*, *Der Dicke* v. Karl Henning Seemann*, *Der Horchende* v. Fritz Nuß*.

MUSEEN

Schmuckmuseum (Reuchlinhaus, Jahnstraße): Ständige Ausstellung zur Geschichte und Entwicklung des abendländischen Schmucks mit interessanten Beispielen v. der Antike bis zur Moderne. *Öffnungszeiten*: Di–Fr 10.00–17.00, Mi 10.00–20.00, So 10.00–13.00, und 15.00–17.00 Uhr.

Technisches Museum (Bleichstr.): Geschichte und Entwicklung der Pforzheimer Schmuck- und Uhrenindustrie v. den Anfängen bis zur Gegenwart. *Öffnungszeiten*: Mi 9.00–12.00, 15.00–18.00, 2. und 4. So im Monat 10.00–12.00, 14.00–17.00 Uhr.

Heimatmuseum (Westliche Karl-Friedrich-Str.): Geschichte und Entwicklung der Stadt Pforzheim. *Öffnungszeiten*: Di und

Pforzheim, Leitgastturm

Eutingen (Pforzheim), Ev. Pfarrkirche

Do 14.00–17.00, 1. und 3. So im Monat 10.00–12.00, und 15.00–17.00 Uhr.

Bäuerliches Museum (Julius-Heydegger-Str.): *Öffnungszeiten*: 2. und 4. So im Monat 15.00–17.00 Uhr.

Mineralienmuseum (Hirsauer Str.): Umfangreiche Sammlung mit Stücken aus der Region und der ganzen Welt. *Öffnungszeiten*: So 10.00–13.00 Uhr.

Edelsteinausstellung Schütt (Goldschmiedeschulstr.): Rohe und bearbeitete Schmucksteine aus aller Welt. *Öffnungszeiten*: Mo–Fr 9.00–12.00, 13.00–17.00, Sa 9.00–12.00 Uhr.

Theater und Veranstaltungen: *Stadttheater* (Osterfeldstr.), 394 Plätze, ganzjährige Spielzeit. – *Marionettenbühne »Mottenkäfig«* (Kirchenstr.), 99 Plätze. – Die genauen Termine für die *Begegnung im Stadtgarten* (Juli, August), den *Brötzinger Samstag*, die *Pforzheimer Drehorgelei*, das *Marktplatzfest* und das dem Wein gewidmete *Oechslefest* sind bei der Stadtinformation (Marktplatz 1) zu erfahren.

Sehenswürdigkeiten im Stadtgebiet
Stadtteil Brötzingen: *Ev. Kirche:* Das nicht mehr genutzte Gotteshaus birgt ein Kruzifix des frühen 16. Jh.
Hagenschießwald: Hier wurden Überreste eines *röm. Gutshofes* aus dem 2. Jh. n. Chr. ergraben.
Stadtteil Weißenstein: Reizvolle *Bogenbrücke* über die Nagold, Burgruinen. *Kräheneck* und *Rabeneck* (heute Jugendherberge).
Wildpark (Tiefenbronner Str.): Im täglich geöffneten Areal sind einheimische und fremde Tiere zu sehen, die teilweise vom Aussterben bedroht sind.
Wolfsgrubenwald: In dieser Gemarkung des Stadtwaldes sieht man eine um 1600 ausgehobene Grube, in der damals noch in der Gegend herumstreifende Wölfe gefangen wurden.
Stadtteil Würm: *Alpengarten:* Hier kann man über 100 000 Alpenpflanzen aus allen Gebirgsregionen der Welt bewundern.

Umgebung

Büchenbronn: *Ev. Kirche.* Der um 1900 errichtete Bau birgt Freskenfragmente des frühen 15. Jh.
Eutingen: *Ev. Pfarrkirche.* Vom im späten 15. Jh. errichteten Gotteshaus wurden der mit den Insignien des Baumeisters Hans

Rastatt, Schloß

Spryß* versehene Chor und die Sakristei in die Anlage des 19. Jh. einbezogen.

Kieselbronn: *Ev. Pfarrkirche.* Im 18. Jh. veränderte got. Anlage mit Fresken aus der Bauzeit.

R

7550 Rastatt Rastatt		
Einw.: 40000	Höhe: 122 m	S. 254 □ C 1

Rastetten, wie der Ort damals hieß, wurde 1084 erstmals urkundlich erwähnt. 1404 erfolgte die Verleihung des Marktrechts, und 1689 legten französische Truppen den blühenden Ort in Schutt und Asche. Markgraf Ludwig Wilhelm, der »Türkenlouis«, der zusammen mit seiner Gemahlin Sibylla Augusta zu den bedeutendsten deutschen Persönlichkeiten der Barockzeit zählt, holte 1697 den italienischen Baumeister Domenico Egidio Rossi* und beauftragte ihn mit der Errichtung eines Schlosses und der Neugestaltung des Ortes als barocke Residenz. Nachdem Rastatt 1700 Stadtrecht erhalten hatte und 1705 der Bau des markgräflichen Schlosses vollendet war, verlegte der »Türkenlouis« im Sinne des Zeitgeschmacks Wohn- und Regierungssitz aus dem bergigen Baden-Baden in das von Flachland umgebene Rastatt, das bis 1771 den Status einer markgräflichen Residenzstadt innehatte. Am 6.3. 1714 beendete der Friede von Rastatt auf der Basis des ein Jahr zuvor geschlossenen Utrechter Friedens den Spanischen Erbfolgekrieg zwischen Kaiser Karl VI. und Frankreich. 1797–99 fand der Friedenskongreß von Rastatt statt, auf dem das Heilige Römische Reich in die Abtretung des linken Rheinufers an die Franzosen einwilligte. Der Kongreß mußte infolge des Ausbruchs des 2. Koalitionskrieges gegen Frankreich abgebrochen werden, und es kam zu dem bis heute nicht ganz geklärten Rastatter Gesandtenmord. Nachdem 1811 eine Garnison des Deutschen Bundes nach Rastatt verlegt worden war, erfolgte der Ausbau der Stadt zu einer Festung, die während der Revolutionskämpfe kurzzeitig in die Hand preußischer Truppen fiel und 1890 endgültig aufgehoben wurde. Im Verlauf des 2. Weltkriegs mußte auch Rastatt schwere Zerstörungen hinnehmen. Heute lebt die von der Murg durchflossene Kreisstadt von verschiedenen Industrien und zieht mit ihren barocken Baudenkmälern und Museen zahlreiche Besucher an.

SAKRALBAUTEN

Kath. Stadtkirche St. Alexander (Kaiserstr.): 1756–64 errichtete Johann Peter Rohrer* das Gotteshaus, dessen Äußeres, vor allem die durch Pilaster gegliederte, im Giebel und an dessen Seiten mit Figuren

Rastatt, Kath. Stadtkirche St. Alexander

bestückte und v. einer Laterne bekrönte dreigeschossige Turmfassade noch ganz dem Barock verhaftet ist. Der schmucklose, tonnengewölbte Innenraum mit Wandpfeilern und Emporen deutet dagegen bereits die Nüchternheit des Klassizismus an. Interessant sind der Hochaltar und die Seitenaltäre.

Kath. Kirche St. Bernhard (Herrenstr.): Das vom alten Friedhof umgebene Gotteshaus ist die älteste Kirche der Stadt und vereint got. (Chor) und barocke (Langhaus, Fassade, Turm) Elemente.

Kapelle Maria Einsiedeln →Schloß.

Schloßkirche Hl. Kreuz →Schloß.

Ev. Stadtkirche: Lorenzo de Sale* errichtete 1701-17 nach Plänen Domenico Egidio Rossis* die Kirche des 1699 gegr. und 1805 aufgehobenen Franziskanerklosters, einen schlichten einschiffigen, v. einem Dachreiter bekrönten Bau, der auch im Inneren kühl wirkt.

PROFANBAUTEN

Schloß: Der Wunsch des »Türkenlouis« nach einer angemessenen Residenz machte zunächst den Abbruch eines an der dafür vorgesehenen Stelle im Bau befindlichen Jagdschlosses notwendig. Domenico Egidio Rossi* lieferte sodann die Pläne für eine an Versailles orientierte Anlage, und 1705 war der Hauptbau so weit gediehen, daß der markgräfliche Hofstaat seinen Einzug halten konnte. Die Freude des Erbauers an seinem neuen Domizil war allerdings nur v. kurzer Dauer - er starb 1707, und seine Gemahlin übernahm nicht nur die Regierungsgeschäfte, sondern auch den weiteren Ausbau des Schlosses. Unter Leitung der Brüder Rohrer* kamen N-Flügel und Schloßkirche hinzu, und ab 1762 vollendete Franz Ignaz Krohmer* den Bau durch die Errichtung des N-Flügels. R. besaß nun nach Mannheim das zweitgrößte Barockschloß Süddeutschlands und, wie Rossi es geplant hatte, eine repräsentative Stadtanlage - beherrscht vom leicht erhöht liegenden Schloß, dessen Ehrenhof sich in den Marktplatz öffnete und Ausgangspunkt zweier auf diesen v. Stadtkirche und Rathaus begrenzten Platz strahlenförmig auslaufender Straßen war.

Statuen säumen den Anfang zum Ehrenhof, in dessen Zentrum sich der dreigeschossige, durch Pilaster gegliederte fürstli-

Rastatt, Schloß, Fürstentrakt

Rastatt, Schloß, Statue am Aufgang

che Wohntrakt mit v. Figuren besetzter Dachbalustrade erhebt. Der Eingangsrisalit wird durch einen Säulenportikus, wappengeschmückten Dreiecksgiebel und bekrönende Laterne hervorgehoben. Der darauf stehende »Goldene Mann« ist eine Kopie einer im Schloßinneren befindlichen Jupiterstatue v. Johann Jakob Vogelhund*. Die Seitenflügel sind nur zweigeschossig und im Untergeschoß durch Rundbogenarkaden geöffnet. Im Inneren leitet eine großzügige Eingangshalle zum Gartensaal über, v. dem aus sich der Blick auf die im franz. Stil angelegte Anlage öffnet. 2 Treppen führen nach oben, wo die fürstlichen Prunkgemächer, aber auch Personal- und Wirtschaftsräume liegen. Von Interesse sind hier vor allem die herrlichen, formenreichen Stukkaturen und die Fresken, alles Werke ital. Künstler.

Schloßkirche Hl. Kreuz: 1719–21 schloß Michael Ludwig Rohrer* auf Geheiß der Markgrafenwitwe Sibylla die Kirche an den N-Flügel an, wo sie lebte. Bei der Ausgestaltung des Innenraums der zu einem Zentralraum tendierenden Wandpfeileranlage trug er dem Geschmack der aus dem böhmischen Teil Österreichs stammenden Bauherrin Rechnung, so daß sich ein reizvoller Gegensatz zum eher kühl und klar wirkenden franz. Gestaltungsstil der Schloßräume ergibt. Der Betrachter spürt sofort die Harmonie v. einfallendem Licht und der reichlich verwendeten Farbe – bunter Marmor für die Altäre, reichlich Gold an den Pilastern und viel Liebe zum ornamentalen Detail fallen ins Auge. Für das Deckengemälde, das Auffindung und Erhöhung des Kreuzes zeigt, holte man aus Böhmen Johann Hiebel* und Johann Ongers*. Zentraler Blickfang ist der auf einer Art Bühne, zugänglich über 2 Treppen, erhöhte monumentale *Hochaltar,* der ein 1721 v. Johann Christoph Möckel* geschaffenes Kruzifix birgt. Dahinter befindet sich eine Nachbildung der Scala Santa (Hl. Stiege) aus der nö des röm. Lateranspalastes gelegenen SS. Salvatore della Scala Santa.

Kapelle Maria Einsiedeln: Die der Gnadenkapelle v. Einsiedeln nachempfundene, früher zum Schloßbezirk gehörige Kapelle ist wiederum ein Werk Rohrers* v. 1715–17. Ganz unter ital. Einfluß steht die prächtige Fassade mit korinthischen Säulen und Pilastern, schwungvollem Barockgiebel, den Statuen zweier Heiliger und der Gottesmutter krönen, sowie reichlichem Relief- und Rankenwerkschmuck. Über dem Portal halten 2 Engel das Wappen der Stifterin, Markgräfin Sibylla.

Rastatt, Schloß, Wappen am Portal der Schloßkirche (l); Schloß, Wappenstein (r)

Rastatt, Kapelle Maria Einsiedeln, Portaldetail

Pagodenburg: Auch dieser 1722 v. Rohrer* errichtete Bau gehörte früher zum Schloßbezirk. Der Meister richtete sich dabei nach den aus München angeforderten Plänen, nach denen Josef Effner* dort 1716–19 die Pagodenburg im Nymphenburger Schloßpark errichtet hatte. Die »Kopie« bleibt jedoch in der Detailausführung hinter dem Original zurück.

Rathaus (Marktplatz): Das Gebäude ist ein Gemeinschaftswerk der Brüder Rohrer* v. 1750. Original erhalten blieb die Marktfront mit in Arkaden geöffnetem Erdgeschoß, Dreiecksgiebel und Uhrturm.

Ehem. Piaristenkloster: Johann Peter Rohrer* erbaute 1739–45 n des Schloßbezirks die schlichten Gebäude, die heute Gymnasium sind.

Brunnen: Johann Peter Rohrer* schuf 1734 den *Johann-Nepomuk-Brunnen* und 1737/38 den *Alexius-Brunnen,* beide auf dem Marktplatz befindlich. 1771 entstand als Werk v. Ignaz Lenglacher* der *Bernhardiusbrunnen* (Kaiserstr.) mit einer Statue des 1770 seliggesprochenen Markgrafen Bernhard v. Baden.

MUSEEN

Heimatmuseum (Herrenstr.): Ein reizvolles Barockhaus ist heute Heimat des Exponate zur Stadtgeschichte v. den vorgeschichtlichen Anfängen bis zur Gegenwart zeigenden Museums. Neben dem Stadtarchiv sind hervorzuheben: der »Prunkraum« mit Erinnerungsstücken an die Zeit als markgräfliche Residenz; das »Schlackenwerther Zimmer« zur Erinnerung an die böhmische Heimat der Markgräfin Sibylla; der »Revolutionsraum« mit Dokumenten zu Belagerung und Fall v. R. 1849. *Öffnungszeiten:* Mi, Fr, So und Feiertage 10.00–12.00, 15.00–17.00 Uhr.

Freiheitsmuseum (Schloß): Die Erinnerungsstätte für die Freiheitsbewegungen in

Rastatt, Schloß, Kapelle Maria Einsiedeln

Rastatt, Schloß, Pagodenburg

der deutschen Geschichte ist eine Außenstelle des Koblenzer Bundesarchivs und würdigt Personen und Ereignisse des 18. und 19. Jh. Die umfangreiche Bibliothek besitzt auch ins 20. Jh. weisendes Material.

Öffnungszeiten: Di bis So von 9.30 bis 17.00 Uhr.

Wehrgeschichtliches Museum (Schloß): Exponate zur dt. Wehrgeschichte mit Schwerpunkt Militärwesen im Südwesten.
Öffnungszeiten: Di bis So von 9.30 bis 17.00 Uhr.

Veranstaltungen: *Badische Ausstellung*, alle Jahre mit ungerader Schlußzahl.
Stadtfest, alle Jahre mit gerader Schlußzahl.

R.-Niederbühl: *Kath. Pfarrkirche St. Laurentius:* Interessanter moderner Kirchenbau, 1970/71 v. Heinz Gaiser* und Klaus Kapuste* aus Beton mit pyramidenförmigem Turm errichtet.

Schloß Favorite →Hauptartikel Favorite, Schloß.

7888 Rheinfelden (Baden)

Lörrach

Einw.: 28000 Höhe: 260–520 m S. 258 □ B 5

Von früher Besiedlung zeugen Reste einer Fliehburg und eines röm. Gutshofs auf der Nollinger Höhe. Die Industriestadt (Rheinkraftwerk, Aluminiumhütte, chemische Industrie) entstand im Zusammenhang mit dem Kraftwerksbau (Ende 19. Jh.) und der Industrieansiedlung. 1922 wurde die Siedlung zur Stadt erhoben, den Namen übernahm sie von der linksrheinischen schweizerischen Nachbargemeinde, mit der sie eine Brücke verbindet. 1972–75 wurden weitere 7 Dörfer eingemeindet, so daß Rheinfelden Große Kreisstadt wurde.

Ortsteil Eichsel: Die *kath. Pfarrkirche St. Gallus* fällt durch ihren mehrstöckigen

Rheinfelden, Schloß Beuggen, Torhaus

Rheinfelden, Schloß Beuggen, Storchenturm

Turm mit achteckigem Obergeschoß unter dem spitzen Zeltdach auf. Sie steht an der Stelle einer ma Wallfahrtskirche, an die die in die Chorwand eingelassene got. Heiliggrabnische mit Sakramentsschrein v. 1478 erinnert.

Ortsteil Karsau: Hier liegt am Rheinufer das *Schloß Beuggen.* Seit Mitte des 13. Jh. bestand hier eine Kommende des Deutschritterordens. 1268 wurde die Ordensburg geweiht. Sie wurde immer wieder vergrößert, soweit das die halbkreisförmigen Umfassungsmauern und der Wassergraben davor zuließen. Das wuchtige Torhaus stammt wie die ehem. Kornschütte aus der Mitte des 16. Jh., die Wagenremise aus dem 18. Jh. 1806 wurde die Ordenskommende aufgelöst. In den Befreiungskriegen diente das Schloß als Lazarett. Ein 1911 errichtetes Denkmal erinnert daran, daß damals hier mehr als 3000 Soldaten gestorben sind. 1752–57 wurde das Schloß durch den Deutschordensbaumeister Johann Caspar Bagnato* erneuert. Das Portal ist v. Karyatiden umgeben. Der heute als Konzertsaal genutzte Festsaal ist mit feinem Stuck verziert. Das geschnitzte Geländer im Treppenhaus ist sehenswert. Das alte Burgspital ist jetzt kath. Pfarrhaus.
Die *kath. Schloßkirche* (heute kath. Pfarrkirche) wurde 1585–98 erweitert und gemeinsam mit dem Schloßneubau v. Bagnato* barockisiert. Der Turm mit Zwiebelhaube stammt aus dieser Zeit. Die Rokoko-Deckengemälde v. Franz Ludwig Hermann* verherrlichen die Ordenspatronin Elisabeth v. Thüringen, allerdings als der Kaiserin Maria Theresia ähnelnde Barockfürstin. Im Reigen ihrer Hofdamen und in Anwesenheit des Gesindes lindert sie Armut und Not durch reiche Geschenke.

Ortsteil Minseln: Die *kath. Pfarrkirche St. Peter und Paul* wurde 1686 erneuert und im 18. Jh. weiter verändert. Das Deckengemälde zeigt im Langhaus Szenen aus dem Leben der beiden Patrone, im Chor die Verherrlichung der hl. Eucharistie.

S

7822 St. Blasien
Waldshut-Tiengen

Einw.: 4300 Höhe: 760 m S.259. □ C 4

St. Blasien im romantischen Tal der Alb ist heute ein bedeutender heilklimatischer und Kneippkurort.

Ehem. Benediktinerabtei: Im 8. Jh. ließen sich fromme Einsiedler hier an der Alb nieder. Sie schlossen sich dem Kloster Rheinau an und nannten sich *cella alba*, später, als sie die Reliquien des St. Blasius erhielten, *Cella Sancti Blasii.*
Zu diesen Einsiedlern gesellte sich der Ritter Reginbert v. Seldenbüren, ein Feldherr im Heer Ottos I. Er besaß große Güter bei Zürich, verfügte über Geld und Einfluß. Statt Hütten konnte man steinerne Häuser bauen und sich langsam zu einem Kloster entwickeln. 983 wurde es selbständige Abtei. Das Kloster überstand 1322 einen Brand, 1526 einen Überfall im Bauernkrieg, 1600 die Pest, 1634 die Plünderung durch die Schweden und 1745 die Aufstände der Salpeterer. Unter Abt Franz Schächtelin aus Freiburg fing man 1730 an, das Kloster abzureißen und baute es im heutigen Umfang neu auf: ein Münster mit 2 Türmen. Architekt war Johann Michael Beer*. Ein riesiger Gebäudekomplex enthält den Abteihof und den Konventhof. Das barocke Portal befindet sich an der W-Front. Das Klostermeisterhaus, ehemals Tor-, Kanzlei- und Beamtengebäude, die alte Mühle, die Metzig, die Bleiche und

St. Blasien, Klostergebäude, Wappen

das Doktorenhaus errichtete der Baumeister Johann Caspar Bagnato*.
1746 wurde Abt Franz II. zum Fürstabt erhoben. Nun war man nicht nur geistlicher, sondern auch weltlicher Herr im ganzen südlichen Raum. 1765 kamen zum nun errichteten Kloster auch noch die vielen Besitzungen in der nahen und weiteren Umgebung dazu. Zu dieser Zeit besaß das Kloster seinen berühmtesten Abt, Fürstabt Martin II. Gerbert. Er war auch auf sozialem Gebiet ein Vorbild und gründete die zweitälteste Sparkasse in Deutschland, ein Altersheim und die Brauerei Rothaus, die alle noch bestehen.
Der Fürstabt brachte das Kloster zur höchsten Blüte, doch 1768 legte ein Brand die ganze Anlage mit Münster in Schutt und Asche. Der außergewöhnliche und weitgereiste Abt befaßte sich sofort mit dem Bau einer *neuen Kirche*. Er beauftragte den franz. Baumeister Michel d'Ixnard* und den Oberbaudirektor Salzmann des Fürsten v. Fürstenberg. Sie entwarfen den riesigen Kuppelbau, den ersten klassizisti-

schen Bau auf dt. Boden. Die *Kuppel* ist halbkugelförmig, mißt 43 m im Durchmesser und wird v. 20 Säulen, die einen Kreis bilden, getragen. Der Innenraum hat eine Höhe v. 35 m und ist mit dem Deckenbild des hl. Benedikt ausgeschmückt, geschaffen v. Christian Wentzinger*. Die Kirche war 65 m hoch, kupfergedeckt und wurde v. einem herrlichen Eichengerüst gehalten. Bezeichnend der große Innenraum mit ungewöhnlicher Helligkeit. Der langgestreckte Mönchschor schloß mit der großen Orgel ab, gebaut v. Andreas Silbermann* aus Straßburg.

Fürstabt Gerbert holte die Gebeine der früheren Habsburger aus dem schweizerischen Königsfelden und dem Münster in Basel, da es vorgesehen war, unter dem Chor eine große Gruft mit Kapelle zu bauen. Man erhoffte sich finanzielle Unterstützung aus Wien, die jedoch ausblieb, so daß die Gruft nicht gebaut wurde.

1783 konnte das Gotteshaus eingeweiht

< *St. Blasien, Benediktinerabtei*

St. Blasien, Klosterkirche (Dom) 1 Freitreppe und Eingangshalle **2** Rotunde mit Säulenumgang und Kuppelraum **3** Chorgitter **4** rechteckiger Mönchschor

werden, doch 1806 fand eine tausendjährige Kulturgeschichte durch die Säkularisation ihr Ende. Baden wurde Großherzogtum, das Kloster fiel an den Staat. Man beschloß den Dom abzureißen, doch Oberbaudirektor Weinbrenner und die Großherzogin Sofie wehrten sich dagegen. 32 Mönche erhielten die Genehmigung, nach Österreich auszuwandern und bekamen später das Kloster St. Paul in Kärnten zugeteilt. Sie nahmen sämtliche Kunstschätze und die Gebeine der Habsburger mit. Sie unterhalten heute noch ein großes Gymnasium. Die Glocken und die herrliche Orgel kamen nach Karlsruhe und wurden im 2. Weltkrieg zerstört. In den Klostergebäuden wurde 1809 eine Gewehrfabrik eingerichtet, die monatlich 10 000 Gewehre herstellte, die Napoleon

St. Blasien, Benediktinerabtei, Kuppel

St. Märgen, Ehem. Klosterkirche, Hochaltar >

St. Blasien, Klosterkirche, Kuppelfresko

im Feldzug gegen Rußland verwendete. Dazu kam noch eine Spinnereimaschinenfabrik, und so entstand der damals größte Fabrikbetrieb Deutschlands. 1855 wurde aus der Fabrik eine Baumwollspinnerei, die 1874 niederbrannte, aber sofort wieder aufgebaut wurde. Der Brand griff damals auch auf das Kuppeldach über, das man 1807 mit Schindeln gedeckt hatte; es fiel in sich zusammen. Nur mit viel Mühe konnte die Kuppel wieder aufgestockt und 1913 eingeweiht werden. 1931 ging die Baumwollspinnerei in Konkurs. 1933 übernahm der Jesuitenorden die Anlage und richtete ab 1934 ein Gymnasium ein, das in Deutschland und im Ausland höchste Anerkennung fand. 1939 wurde es geschlossen, da man die Gebäude als Lazarett benötigte. Die Wiedereröffnung erfolgte 1946. Mit 800 Schülern ist das Kolleg St. Blasien eines der größten Gymnasien in Deutschland. Nach dem Brand v. 1977 wurde die Schule sorgfältig wiederhergestellt. Von Mai bis Oktober werden wöchentlich Führungen durchgeführt, im Festsaal finden die bekannten Klosterkonzerte statt.

1980–83 wurde der Dom stilgerecht restauriert. Die Säulen erhielten eine Marmorierung, der Fußboden wurde mit Carrara-Marmor ausgelegt. Im Sommer finden zahlreiche Konzerte weltbekannter Chöre und Organisten statt. Der Domplatz wurde vergrößert und in der Mitte der *Blasiusbrunnen* mit der Statue v. 1714 errichtet.

Aus dem Marstallgebäude, einer früheren Herberge, wurde das *Haus des Gastes*. In ihm sind die Kurverwaltung, das Reisebüro und das *Museum* des Landkreises Waldshut untergebracht.

Ev. Kirche: Sie ist eine reine Holzkonstruktion und wurde v. dem Berliner Architekten Dr. Bartling* in ihrem Äußeren sehr gut der Umgebung angepaßt.

7811 St. Märgen

Breisgau-Hochschwarzwald

Einw.: 1500 Höhe: 900–1100 m S.259 □ C 3

Ein 1118 hier gegründetes Augustinerchorherrenstift lag lange im Streit mit den Vögten, zwei Äbte wurden ermordet. Dreimal brannten Kirche und Kloster ab: 1430, 1560 und 1704. Dann erfolgte in den Jahren 1716–61 der nie ganz vollendete Neubau der gesamten Anlage. 1807 wurde das Kloster säkularisiert, die Klosterkirche wurde Pfarrkirche. Kirche und Klostergebäude brannten 1907 nach Blitzeinschlag bis auf den ehem. Prälatenbau ab. Der Ort ist heute ein heilklimatischer Kurort und beliebter Wintersportplatz.

Kath. Pfarrkirche St. Maria, ehem. Klosterkirche: Propst Andreas Dilger ließ durch Johann Matthies* 1716–25 die neue barocke Kirche als Saalbau mit zweitürmiger W-Fassade errichten. 1908 wurde sie nach dem Brand unter starker Anlehnung an den alten Bestand wieder aufgebaut. Die Ausstattung stammt großenteils noch aus dem 18. Jh., insbesondere die *geschnitzten Figuren* v. Matthias Faller*: Am Hochaltar die hll. Augustin, die beiden Johannes und Peter Forerius, am rechten Seitenaltar die hll. Johannes v. Nepomuk und Ubald v. Gubbio, am linken die hll. Blasius und Sebastian und die Rosenkranzgruppe, im Chor eine Kreuzigungsgruppe, in der Josephskapelle die Muttergottes und in der Muttergotteskapelle 2 Engel. Sie sind dem *Gnadenbild,* einer sitzenden, bekleideten Madonna aus dem 12. Jh., zugeordnet.

Wallfahrtskapelle auf dem Ohmen: Auf ma Grundlage wurde die Kapelle 1734–35 neu gebaut. Sie enthält ebenfalls Schnitzfiguren v. Matthias Faller* und ein Deckengemälde v. Johann Pfunner*.

7811 St. Peter im Schwarzwald

Breisgau-Hochschwarzwald

Einw.: 2200 Höhe: 722–1200 m S.259 □ C 3

1093 verlegte Herzog Berthold II. von Zähringen das von seinem Vater 20 Jahre früher gegr. Hauskloster der Familie von Weilheim an der Teck in den Schwarzwald. Das Benediktinerkloster erhielt viele Schenkungen im Schwarzwald, im Breisgau und in der Schweiz. Die Kastvogtei ging von den Zähringern auf die Grafen von Freiburg, die Markgrafen von Baden und 1526 an Österreich über. Im 17. Jh. litt das Kloster unter den Einwirkungen der

Kriege; es brannte 1644 mit der Kirche nieder. 1653 wiederaufgebaut, brannte es 1678 erneut und wurde 1690 geplündert. Deshalb ist von den mittelalterlichen Bauten und Kunstwerken nichts erhalten. Neubauten führten im 18. Jh. zu dem jetzt noch bestehenden Baubestand. 1806 kam das Kloster an Baden und wurde säkularisiert; die Gebäude werden seit 1842 als Priesterseminar genutzt.

Kath. Pfarrkirche, ehem. Benediktinerklosterkirche St. Peter: Peter Thumb* erbaute diese barocke *Wandpfeilerkirche* mit Kapellen und Emporen 1724 bis 1727 nach Vorarlberger Mustern. Ihre W-Fassade mit den beiden Türmen und den Nischenfiguren unter dem geschwungenen Giebel ist weithin sichtbar. Das Langhaus besitzt 3 Paare v. Seitenkapellen, das 4. springt querschiffartig zurück. Der zweijochige Chor ist nur leicht eingezogen. Chorgitter, Chorgestühl und die Chororgel schmücken ihn.
Wand- und Gewölbemalereien v. Franz Joseph Spiegler* zeigen hauptsächlich Szenen aus dem Leben des Kirchenpatrons. Die *Stukkaturen* stammen v. Giovanni Battisti Clerici*.
Der *Hochaltar* mit dem 1661 v. Johann Christoph Storer* geschaffenen Gemälde der Marienkrönung trägt Figuren der hll. Benedikt, Scholastika, Clemens und Ursula, die Johann Anton Feichtmayr* geschaffen hat; auch die Statuen an den Pfeilern und die Figuren an den beiden Seitenaltären sind seine Werke. Die Figurengruppe des *Taufbrunnens* stammt v. Matthias Faller*. Die *Epitaphe* der Zähringer sind klassizistische Arbeiten v. Joseph Hörr* und Franz Vogel*.

Klostergebäude: Es wurde im wesentlichen zwischen 1730 und 1757 errichtet. Die Stuckarbeiten besorgte Johann Georg Gigl*. Die Ausmalung des *Treppenhauses* mit Himmelsleiter und den Vier Letzten Dingen stammt v. Georg Saum*. Die *Fresken des Fürsten- und des Kapitelsaals* malte Simon Göser*. Im sehenswerten weitgewölbten *Bibliothekssaal* schuf Matthias Faller* nach Modellen v. Christian Wentzinger* die allegorischen Figuren der Wissenschaften und Künste an der Galerie. Das Deckengemälde v. Benedikt Gambs* stellt die Huldigung vor der Dreifaltigkeit dar. Führungen sind nach Voranmeldung möglich.

St. Peter, Ehem. Benediktiner-Klosterkirche

Umgebung

Eschbach (6 km sw): Die *kath. Pfarrkirche St. Jakobus maior* ersetzte 1791 eine abgerissene ältere Kapelle. Von Simon Göser* stammen sowohl die Decken- und Wandbilder mit Szenen aus dem Marienleben und marianischer Symbolik (1790 datiert und später restauriert) als auch die Blätter der beiden Seitenaltäre.

Glottertal (6–8 km nw): In diesem sonnigen Seitental der Elz gedeihen auf 500 m Höhe der berühmte Glottertaler Spätburgunder Weißherbst und andere erlesene Weine. Im Mittelalter wurde hier noch Erz- und Silberbergbau betrieben. Zahlreiche Gasthöfe und Hotels machen das Tal mit seinen Dörfern zu einem beliebten Erholungsgebiet.

St. Trudpert ✉ 7816 Münstertal im Schwarzwald
Breisgau-Hochschwarzwald

Einw.: 160	Höhe: 450 m	S.258 □ B 4

Nach der Legende hat der irische Missionar Trudpert, der 643 den Märtyrertod durch das Beil erlitten haben soll, im 7. Jh. am Anfang des Münstertals eine Zelle gegründet. Um 900 entstand dann das Benediktinerkloster und später die Bergbaustadt Münster, die jedoch bereits 1346 von den Freiburgern zerstört wurde. Das Kloster besaß reiche Besitzungen in der Umgebung. 1806 wurde es säkularisiert. Seit 1920 ist es Mutterhaus der aus dem Elsaß zugewanderten Niederbronner St.-Joseph-Schwestern, die hier ein Altersheim führen.

Kath. Pfarrkirche, ehem. Benediktinerklosterkirche St. Petrus und Paulus: 962 wurde eine damals neu errichtete Kirche erbaut, die 1456 einen got. Chor erhielt. Im Dreißigjährigen Krieg verwüsteten 1632 die Schweden Kirche und Kloster. Erst 1710 baute Peter Thumb* ein neues Gotteshaus, Teile des alten Chors behielt er bei, überwölbte ihn aber mit einer Tonne. Das vorarlbergischem Vorbild folgende Langhaus und der Fassadenturm mit Oktogon und Zwiebelkuppel waren 1722 vollendet. Die *Wandpfeilerkirche* zu 4 Achsen liegt unter einem Stichkappengewölbe und besitzt tiefliegende Seitenkapellen und Emporen. Die *Stukkaturen* schufen 1716 Carpoforo Orsati* und Michelangelo de Prevostis*. Die *Deckengemälde* mit Darstellungen aus dem Leben der beiden Titelheiligen und der Legende des Klostergründers sind Werke v. Francesco Antonio Giorgioli*. Der um das Chorfenster herumgebaute Hochaltar stammt v. Franz Joseph Christian*, einem Bruder des Abts Columban. Die Blätter der 7 *Seitenaltäre* malte Jakob Karl Stauder*. Zur weiteren *Ausstattung* gehören das Chorgestühl (1670), die Beichtstühle (1748), der Kenotaph der Grafen v. Habsburg, der vorgeblichen Stifter (1784), und ein monumentaler Kruzifixus an der N-Wand des Langhauses v. Christoph Daniel Schenk*.

St.-Trudpert-Kapelle: Der Zentralbau über

kreuzförmigem Grundriß mit achteckiger Kuppel wurde 1698 v. Peter Gayet* und Johann Travers* errichtet. Der *Hochaltar* stellt die Apotheose des hl. Trudpert dar, das *Deckengemälde* wird Francesco Antonio Giorgioli* zugeschrieben.

Klostergebäude: Den schlichten, allerdings zunächst größer ausgeführten Bau errichtete Peter Thumb* nach 1737, sein Hoftor (1740) ist eine Arbeit v. Andreas Moosbrunner*.

Münstertal: Der Ort setzt sich aus den beiden Gemeinden Unter- und Obermünstertal sowie zahlreichen verstreuten Bauerngehöften zusammen. Er erstreckt sich bis zu 1400 m Höhe und hat 4500 Einw.

Außerdem sehenswert: *Schaubergwerk Teufelsgrund* mit einer Sammlung v. Bergbaugeräten und Mineralien. Es kann zwischen dem 15.6. und dem 15.9. täglich außer montags, zwischen dem 1.4. und 15.6. sowie dem 15.9. und 31.10. dienstags, don-

St. Trudpert

nerstags, samstags und sonntags und die übrige Zeit nur samstags und sonntags jeweils von 14.00 bis 18.00 Uhr besichtigt werden. Das *Bienenkundemuseum* mit Exponaten zur Imkerei und zum Leben der Bienen sowie das *Waldmuseum* sind im Sommer mittwochs, samstags, sonn- und feiertags von 14.00 bis 17.00 Uhr geöffnet.

St. Ulrich ✉ 7801 Bollschweil

Breisgau-Hochschwarzwald

Einw.: 340 Höhe: 550–1100 m S.258 □ B 4

Ein Ort mit Namen Wilmars- oder Peterszell wird bereits 868 erwähnt, wurde aber wieder verlassen. 1087 verlegte der hl. Ulrich von Zell, damals Kluniazenserprior von Grüningen, das Priorat hierher ans Ende des abgelegenen Möhlintals. 1303 wird das Kloster erstmals mit dem Namen *cella Sancti Udalrici* erwähnt. 1546 trennten sich die Mönche von Cluny, das Priorat wurde zunächst vom Kloster St. Georgen, seit 1560 von der Abtei St. Peter verwaltet, dieser schließlich 1578 inkorporiert und mit ihr 1806 aufgehoben. Der Ort gehört heute zur Gemeinde Bollschweil.

Kath. Pfarrkirche St. Peter und Paul, ehem. Benediktinerprioratskirche: Wie die Kirche von St. Peter ist die hiesige eine Arbeit v. Peter Thumb*, jedoch erst v. 1739–42. Den Turm errichtete 1763 Hans William*. Der schlichte Saal schließt mit einem halbrunden Chor, der außen dreiseitig ummantelt ist. Die Decken- und Wandgemälde, 1767 v. Franz Ludwig Hermann* gemalt, schildern Szenen aus dem Leben des hl. Ulrich. Das Hochaltarblatt schuf 1751 Benedikt Gambs*, das Blatt des s Seitenaltars Simon Göser*. An der S-Wand des Langhauses steht die schöne Muttergottesstatue aus Sandstein des dem nach diesem Werk genannten Meisters der Madonna v. St. Ulrich*. Sie entstand um 1300 offenbar unter dem Eindruck der Madonna am inneren Portal des Freiburger Münsters. Der Kopf des Kindes wurde ergänzt, die

Statue neu gefaßt. - Renovierungsarbeiten 1988-89.

Ehem. Propstei (später Pfarrhaus, jetzt Landvolkshochschule): Der doppelgeschossige Rechteckbau - einziger Rest der früheren Anlage - enthält Stuckdecken, Kachelöfen und Türen aus der Entstehungszeit 1741. Im Garten steht eine aus einem einzigen Buntsandsteinklotz geschlagene *hochroman. Steinmetzarbeit,* die lange Zeit als Taufstein angesehen wurde (Durchmesser 2,59 m, Höhe 72 cm), wahrscheinlich aber doch ein ehem. Brunnenbecken war. Angeblich stammt dieses rund 8 Tonnen wiegende berühmte Kunstwerk aus Cluny. Es ist mit ornamentalen und figürlichen Reliefs bedeckt. 24 Einzelfiguren stellen die 12 Propheten und die 12 Apostel dar, auf den Scheiteln der Kreishälften Christus und die Gottesmutter (?) in der Mandorla.

Umgebung

Bollschweil (5 km w): Der hl. Ulrich hatte hier auch ein Frauenkloster gegr., das jedoch bald verlegt wurde.
Kirchhofen (9 km w): Die *kath. Pfarr- und Wallfahrtskirche Mariä Himmelfahrt,* urspr. eine got. dreischiffige Pfeilerbasilika mit polygonalem Chor, wurde 1633 v. den Schweden teilweise zerstört und zuletzt in den Jahren nach 1740 durch Hans Georg Gigl* umgestaltet. Den Chor schmücken Stukkaturen v. Franz Anton Vogel*. Spätgot. ist noch das Portal, etwas älter sind die Untergeschosse des Turms, dessen Oktogon mit der Zwiebelhaube 1712 aufgestockt wurde. 1962 wurde die Kirche restauriert. Zur Ausstattung gehören die Deckengemälde v. Jakob Karl Stauder* (1740), die Altarblätter v. Simon Göser* (?) und die hervorragenden Figuren des Hauptaltars, die Christian Wentzinger* zugeschrieben werden. Die Plastiken der Nebenaltäre schuf wahrscheinlich Matthias Faller*. Das Gnadenbild, eine Muttergottes aus dem späten 15. Jh., steht im Gnadenaltar aus dem 18. Jh. - Das *Schloß* aus dem 16. Jh., eine quadratische Wasserburg mit 4 Rundtürmen an den Ecken, wurde im 18. Jh. zum Schulhaus umgebaut.
Sölden (5 km nw): Das in Bollschweil gegr. Frauenkloster der Kluniazenser wurde 1115 hierher verlegt. Bes. im 17. Jh. wurde es mehrfach zerstört und wieder aufgebaut. Die *kath. Pfarrkirche St. Fides und Markus,* die ehem. Klosterkirche, ist ein Bau des 16. Jh., lediglich die Umfassungsmauern des Chors sind älter. Die Ausstattung

St. Ulrich, Brunnenbecken

stammt zum großen Teil aus dem 18. Jh. Die Deckengemälde mit Szenen aus dem Leben der Titularheiligen sind Werke v. Franz Ludwig Hermann*, die 1890 restauriert wurden, wobei die Signatur und die Datierung 1764 verlorengingen. Hans Michael Sauer* malte das undatierte Blatt des Hochaltars. Im Chor befinden sich das spätgot. Sakramentshäuschen und die Figuren v. 2 Heiligen aus der Zeit um 1520.

7591 Sasbach

Ortenaukreis

Einw.: 3200 Höhe: 150–1100 m S.254 □ C 2

Das an den Westausläufern des Schwarzwaldes gelegene, im Jahre 750 erstmals erwähnte Dorf Sas - vermittelt mit blumengeschmückten *Fachwerkhäusern* den Eindruck eines gepflegten Idylls. Sasbach ist heute zusammen mit dem von Weinbergen umgebenen Erholungsort Obersasbach eine Doppelgemeinde mit insgesamt ca. 5000 Einwohnern.

Pfarrkirche St. Brigitta: Die 1774–76 v. Anton Schmid* nach Plänen des Vorarlbergers Kaspar Waldner* erbaute spätbarocke Kirche bezieht Teile ihrer spätgot. Vorgängerin mit ein, v. deren Ausstattung ein wertvolles Relief der Kirchenpatronin (hl. Brigitta, um 1480) erhalten ist. Der in den Untergeschossen spätgot. *Chorturm* (um 1500) ist mit seinem barocken Schallgeschoß und seinem gedrückten Glockendach mit Laternenbekrönung heute das 41 m hohe Wahrzeichen v. S. Die *W-Fassade* vereint mit dem geschwungenen Volutengiebel und dessen schrägovalen Seitenfenstern noch spätbarockes und mit der sparsamen Wandgliederung, dem gedrückten Rundbogenportal und den schlichten Rundbogenfenstern bereits klassizistisches Formengut in der Manier der Vorarlberger Bauschule. In derselben Tradition steht der lichte *Betraum,* dessen konkave Eckpilaster mit flachen Akanthuskapitellen geschmückt sind. Dem reifsten Rokoko sind hingegen die qualitätvollen Stuckrahmungen der *Deckenkartuschen* verpflichtet. Aus der aufgegebenen Pfarrkirche in Freudenberg am Main wurden 1962–65 die 3 frühklassizistischen *Altäre* des Würzburger Hofbildhauers Johann Peter Wagner* hierher gebracht; am Hochaltar sehenswerte Skulpturen (Hl. Dreifaltigkeit, hl. Sebastian, Maria, Johannes d. Ev. und hl. Rochus).

Turenne-Denkmal: Das Denkmal für Henri

St. Ulrich, St. Peter und Paul

Sasbach, Fachwerkhaus

Sasbachwalden (Sasbach), Fachwerkhaus

Schiltach, Fachwerkhaus am Marktplatz

de Turenne (eigtl. Henri Vicomte de Latour d'Auvergne; 1611–75), den berühmten Feldherrn König Ludwigs XIV., steht auf einem Gebiet (1,1 ha), das sich im Besitz des franz. Staates befindet. Zu dem 14 m hohen klassizistischen *Obelisken* (1782), der bei der Stelle steht, an der Turenne am 27.7. 1675 bei einer Lageerkundung v. der Kugel eines gegnerischen Gewehrschützen Kaiser Leopolds I. tödlich getroffen wurde, gelangt man auf der *Avenue Turenne*, einer etwa 500 m langen Allee. Im kleinen *Museum* mit Archiv sind Erinnerungsstücke, Gemälde und Schriften zur Lebensgeschichte Turennes zu sehen. *Geöffnet* Mo.–Fr. v. 9.00 bis 12.00 und v. 14.00 bis 17.00 Uhr. Sa und So v. 14.00 bis 17.00 Uhr. Mi geschlossen. Besichtigung kostenlos.

Toni-Merz-Museum (Obersasbach): Es ist dem Kunsterzieher und Maler Toni Merz (*1895) gewidmet und zeigt eine Auswahl seiner schönsten Bilder. *Geöffnet* 1. und 3. So im Monat 10.30–12.00 Uhr, 2. und 4. So im Monat 14.00–16.00 Uhr. Besichtigung kostenlos.

Umgebung

Brigittenschloß (8 km sö): Die im 11./12. Jh. aussichtsreich auf einem Vorberg des Hornisgrindemassivs erbaute *Burg Hohenrode* ist heute besser unter dem Namen Brigittenschloß bekannt. Spärliche Mauerreste weisen sie als eine der frühesten Steinburgen des Schwarzwaldes aus.

Lauf (4 km nö): Im Trotthaus des *Alsenhofs* steht eine der ältesten erhaltenen Weinkeltern (alemann.: Trotte) Deutschlands. Die aus massiven Eichenholzelementen (8 m langer Preßbalken, 3,85 m hohe Spindel) zusammengesetzte Weinpresse wiegt etwa 15 Tonnen.

Neuwindeck (5 km ö): Von der malerischen Ruine der fünfeckigen *Burg Neuwindeck* (um 1300) mit eindrucksvollem, aus Granitblöcken errichtetem sö *Bergfried* und s

Schenkenzell (Schiltach), St. Ulrich

Schildmauer hat man eine Aussicht bis hin zum Straßburger Münster und zu den Bergkämmen der Vogesen.

Sasbachwalden (5 km sö): Wegen seiner vielen blumengeschmückten *Fachwerkhäuser* steht der ganze Ortskern der gepflegten Weinbaugemeinde heute unter Denkmalschutz. - 2 km oberhalb v. Sasbachwalden liegt an der Straße zur Hornisgrinde (1164 m) die strohgedeckte alte *Straubenhofmühle* mit ihrem oberschlächtigen Wasserrad.

7622 Schiltach
Rottweil

Einw.: 4000 Höhe: 300 m S.257 □ D 3

Das unterhalb der 1643 von französischen Truppen zerstörten *Burg Schiltach* gelegene *»Städtle«* am Zusammenfluß von Kinzig und Schiltach ist mit seinen mehrstöckigen reizvollen *Fachwerkbauten* am Marktplatz und entlang der kopfsteingepflasterten Straßen und Treppengäßchen, den sog. *Stäpfele,* ein Kleinod des Schwarzwälder Städtebaus.

Altstadt: Am dreieckigen *Marktplatz* mit seinem alten *Marktbrunnen* steht das stattliche *Renaissancerathaus* (1590-94) mit hohem Staffelgiebel. - Als »Herrenherberg zum Hohen Haus« wurde das *Gasthaus »Adler«* 1604 an der Hauptstraße erbaut; das Giebelhaus zeichnet sich durch einen mit grünem Spitzdach bekrönten Eckerker aus. - Ältestes Fachwerkhaus ist die *Äußere Mühle* (1557) in der Gerbergasse. - Die *ev. Stadtkirche* (1843) hatte urspr. die Kanzel im Zentrum, heute nimmt diesen Platz eine Orgel ein.

Museum »Flößerstube«: Das kleine Museum erinnert mit einer Sammlung zur Flößerei, zur Holzgewinnung und -verarbeitungstechnik an die ehem. Bedeutung v. S. als einen der Hauptsitze der Kinzigflößerei. Es wird gerade um technische

Schiltach, Fachwerkhäuser am Marktplatz

Anlagen zur Holzverarbeitung und 2 angrenzende Gebäude erweitert. - Die Exponate zur Stadt- und Heimatgeschichte sind (ab Mai 1989) im neuen *Museum am Markt* zu sehen. Am Marktplatz wird auch die ehem. Ratsapotheke zu einem *Apothekenmuseum* hergerichtet.

Umgebung

St. Roman (9 km nw): In der spätroman. *Wallfahrtskirche* unterhalb des *Staufenkopfs* (851 m) findet man im platt geschlossenen spätgot. Chor eine sehenswerte Sakramentsnische (1481). Aus spätgot. Zeit stammt das Netzgewölbe der Sakristei.
Schenkenburg (2 km nö): Die im 13./14. Jh. errichtete *Burg* der Herren v. Geroldseck, die sie im Jahre 1501 an die Grafen v. Fürstenberg verkauften, wurde 1534 vom Kriegsvolk des Grafen Wilhelm v. Fürstenberg zerstört. Die hohe Giebelwand eines der beiden Palasgebäude ist auf der Höhe des ehem. Rittersaales v. einem Drillingsfenster (1. Hälfte 13. Jh.) durchbrochen und an den Ecken durch Buckelquader verstärkt. An der höchsten Stelle des Burgareals erkennt man die Reste des Bergfrieds mit über 3 m dicken Mauern.

< Wittichen (Schiltach), Klosterkirche

Schenkenzell (4 km nö): In der v. Franz Joseph Salzmann* erbauten *Pfarrkirche St. Ulrich* (1772) dokumentieren die vielen Holzskulpturen die örtliche Volksfrömmigkeit im 18. Jh.
In dem Erholungsort ist beim spätherbstlichen Schlachtfest noch ein alter Schwarzwälder Brauch, das sog. *Säcklestrecken* lebendig, bei dem der Bittsteller gegen Geschenke und ein Gedicht als »Gefangener« am Ergebnis der Hausschlachtungen teilhaben darf.
Wittichen (10 km n): Das v. der sel. Mystikerin Luitgart 1324 gegr. *Klarissen-Kloster* wurde im 14. und 17. Jh. mehrfach verändert und birgt interessante Ausstattungsstücke, so die Barockkanzel (um 1720), den Hochaltar (Marienkrönung, 1687), die

Schliengen, Wasserschloß Entenstein

bemalte Holzdecke und mehrere Grabmäler.

7846 Schliengen Lörrach		
Einw.: 4000	Höhe: 251 m	S.258 □ A 4

Basler Bürger, die Abtei Murbach im Elsaß, die Johanniter, das Damenstift Säkkingen, das Spital in Neuenburg, die Lazaritenkommende in Schlatt, das Schweizer Kloster Königsfelden, der Bischof zu Basel, die Ritter von Neuenfels und andere Adelige waren hier begütert. Von 1343 bis zur Säkularisation war Schliengen im Besitz des Basler Hochstifts, ab 1725 Sitz eines Oberamtes. 1796 fand bei Schliengen ein heftiges Rückzugsgefecht zwischen den Franzosen unter Moreau und österreichischen Truppen unter Erzherzog Karl statt. Seit 1803 gehört der Ort zu Baden.

Kath. Pfarrkirche St. Leodegar: Langhaus und Chor sind Neubauten v. 1753. Der Unterbau des Turms mit Rippen auf Würfelknaufsäulchen im Erdgeschoß entstand an der Wende vom 13. zum 14. Jh. Sehenswert sind die 3 Tafeln des *Arlesheimer Marienlebens* im Chor und die *Seitenaltäre;* am rechten ein hl. Sebastian v. Franz Ludwig Hermann und Figuren der hl. Katharina und der hl. Barbara v. Johann Michael Winterhalter* (Umkreis Christian Wentzingers) sowie die Kanzel v. Michael Faller*. Der Kirchenaufgang ist ein Portal mit Volutengiebel und Figurenschmuck, errichtet um 1720.

Wasserschloß Entenstein: Der mittlere Teil der S-Front stammt noch v. dem Wohnturm der Herren v. S., den diese um 1000 (?) erbauen ließen. Im 16. Jh. wurden große Erweiterungsbauten errichtet, die dann im 18. und 19. Jh. verändert wurden. Das Schloß wurde 1977 bis 79 restauriert. Dabei wurde auch der im 19. Jh. trockengelegte Wassergraben wiederhergestellt. Der ehemals im franz. Geschmack geome-

Liel (Schliengen), St. Vinzentius, Fresko >

trisch angelegte Garten ist einem *Englischen Park* gewichen. Das Schloß dient heute der Gemeinde als Rathaus.

Außerdem sehenswert: *Barockhäuser* aus dem 18. Jh. im Ortskern, schöner *Renaissancebrunnen* in der Dorfmitte.

Umgebung

Bürgelnschloß (10 km ö): Die auf der 655 m hohen Kuppe des Bürgelnberges errichtete Eigenkirche der Herren v. Kaltenbach wurde 1125 dem Kloster St. Blasien vermacht, in dessen Besitz sie - zur Propstei umgebaut - bis zur Säkularisation 1806 blieb. Franz Anton Bagnato* erbaute an der Stelle der alten Anlage möglicherweise nach Plänen seines Vaters Johann Caspar das kleine Barockschloß, eine einfache Dreiflügelanlage mit 2 Stockwerken. Die *Kapelle* im N-Flügel ist reich stuckiert (Franz Anton Vogel*) und besitzt ein Dekkengemälde mit der Taufe Christi v. Anton Morath*. Das Schloß ist seit 1920 im Besitz des Bürgelnbundes. Besichtigungen täglich außer Di um 11.00, 14.00, 15.00, 16.00 und 17.00 Uhr.
Liel (4 km sö): Funde aus der jüngeren Steinzeit, ein Bronzeschwert und röm. Münzen, Ziegel und Kacheln bezeugen die kontinuierliche Besiedlung vom 3. Jtd. an. Der Ort mit Resten einer ma Burganlage war lange im Besitz verschiedener Schweizer Klöster, ehe es 1469 die Herren v. Baden erwarben. 1560 ließ Hans Baltasar v. Baden die Mineralquelle fassen. Von 1657 bis Mitte des 19. Jh. förderte man in der Umgebung Bohnerz. Eingangsstollen zu den Gruben sind erhalten. - Die *kath. Pfarrkirche St. Vinzentius* ist eine im 14. Jh. vergrößerte und im 18. Jh. durch das Langhaus erneuerte Chorturmanlage. Im O Kapelle mit Wandmalereien aus 2 Perioden: 3 Frauen, Maria und Johannes, einer Heilig-Grab-Darstellung v. 1420 und Rankenwerk v. 1520. Die Kapelle war Grablege der Herren v. Baden, mehrere Epitaphe sind erhalten. - Das *Barockschloß* mit dem schönem Treppenhaus und den Prunkgiebel mit dem Allianzwappen könnte einer der beiden Bagnatos um 1750 gebaut haben.
Niedereggenen (7 km ö): Die *ev. Pfarrkirche,* ehemals der hl. Barbara und dem hl. Cyriacus geweiht, ist eine Torturmkirche (Tonnengewölbe-Zugang). Der Turm ist roman., Langhaus und Chor sind got. Anbauten. Die Fragmente der Fresken im Langhaus (um 1440-50) zeigen die Schöpfungsgeschichte sowie die Passion, im Chor u. a. den Gnadenstuhl, die Krönung Mariens, die klugen und die törichten Jungfrauen sowie Engel mit Marterwerkzeugen. Die Predella eines Altars (um 1500) zeigt Christus im Apostelkollegium (Schongauer-Schule).
Obereggenen (8 km ö): Die *ev. Pfarrkirche,* ehemals St. Johann Bapt., ist eine roman. Chorturmanlage. Das Schiff wurde mehrfach umgebaut und 1912 restauriert. - Im Ort steht das 1582 erbaute *ehem. Zehnthaus* des Klosters St. Blasien.

7869 Schönau im Schwarzwald

Lörrach

Einw.: 2500 Höhe: 540 m S.258 □ B 4

Dieses abgelegene Waldgebiet war bereits im 10. Jh. besiedelt. Im 12. Jh. gelangte es an das Kloster St. Blasien. Die Vogtei der Zähringer fiel über die Herren von Staufen 1356 an Habsburg und kam 1806 an Baden. Seit dem 12. Jh. wurde hier Bergbau betrieben, Schönau wurde Marktort. Häufige Brände vernichteten das mittelalterliche Ortsbild. Nach dem Rückgang des Silberbergbaus ernährte sich die Bevölkerung durch Landwirtschaft, bis im 18. Jh. die in Heimarbeit betriebene Weberei und bald darauf die Textilindustrie und später noch die Lederindustrie für Arbeit sorgten. 1809 wurde Schönau zur Stadt erhoben und ist heute ein beliebter Luftkurort im Wiesental.

Kath. Pfarrkirche St. Mariä Himmelfahrt: Die »Münster des Wiesentals« genannte Kirche mit ihrem auffallend hohen Turm, in dem noch Reste eines ma Vorgängerbaus stecken mögen, ist 1904-07 v. Raymund Jehlinger* im neugot. Stil errichtet worden. Im Marienaltar befinden sich spätgot. Arbeiten eines unbekannten, sich an den Meister H. L. anlehnenden Meisters: Muttergottes mit 4 Heiligen im Schrein, auf den Flügeln 8 Reliefs mit

Schönau, Mariä Himmelfahrt (l); Mariä Himmelfahrt, Kruzifix über Eingangsportal (r)

Szenen aus dem Marienleben, in der Predella die Hl. Familie und im Auszug die Krönung der Maria. Die übrige Architektur und die Fassung wurden 1927 hinzugefügt.

Umgebung

Belchen (13 km nw): Der mit 1414 m Höhe dritthöchste Berg des S-Schwarzwalds ist ein beliebtes Wanderziel und Skigebiet mit einem sehr schönen Rundblick auf das kleine Wiesental, den Schweizer Jura, die Alpen, das Münstertal, die Rheinebene und die Vogesen sowie auf die Höhen des Schwarzwalds mit Schauinsland und Feldberg.
Geschwend (4 km nö): Im Ort und seiner näheren Umgebung stehen noch zahlreiche *Schwarzwaldhöfe* vorwiegend aus dem 18. Jh., aber auch aus dem 19. Jh.
Wieden (8 km n): Das *Besuchsbergwerk »Finstergrund«* mit einer Sammlung v. Mineralien und Bergbaugeräten ist zwischen April und Oktober mittwochs v. 13.00 bis 18.00 Uhr und an Samstagen, Sonn- und Feiertagen v. 10.00 bis 18.00 Uhr zu besichtigen.

7860 Schopfheim
Lörrach

Einw.: 16800 Höhe: 375–1170 m S.258 □ B 5

Neben geringen römischen Mauerresten wurden alemannische Steinkistengräber aus dem 6. Jh. ausgegraben. 807 ist ein älteres Dorf *Scofheim* beurkundet, das 1250 Konrad I. von Rötteln zur Stadt erhob. Sie erhielt das Salzmonopol und das Recht zur Abhaltung von 3 Jahrmärkten. 1529 ging die Herrschaft an die Markgrafen von Baden über. Im Dreißigjährigen Krieg wurde Schopfheim großenteils zerstört. Die mittelalterlichen Befestigungsmauern verfielen und wurden 1819–36 geschleift. 1971–75 wurden mehrere Orte der Nachbarschaft eingemeindet.

Johann Peter Hebel ging 1773–74 hier in die Lateinschule. 1802 wurde hier Ernst Friedrich Gottschalk, späterer Abgeordneter der Nationalversammlung in der Frankfurter Paulskirche, geboren. Franz von Roggenbach, der letzte Außenminister des Großherzogtums Baden, besaß in der Nähe ein Gut. Der Philosoph Dr. Max Picard wurde in Schopfheim geboren, ebenso Dr. Max Josef Metzger, der wegen eines Friedensmemorandums 1944 von den Nationalsozialisten hingerichtet wurde.

Ehem. Stadtkirche St. Michael: Die Anfang des 13. Jh. gegr. Kirche wurde nach einem Brand 1479–82 im spätgot. Stil als einschiffiger Bau unter Verwendung des älteren Chorturms mit Kreuzgewölbe und einer der beiden Kapellen errichtet. Im Chor und der Höcklinkapelle befinden sich Fragmente v. *Wandmalereien* aus der Zeit um 1400. 2 Orgeln aus der Silbermannschule gehören zur Ausstattung.

Ev. Pfarrkirche: Josef Durm* errichtete den neugot. Bau um die Jahrhundertwende.

Rathaus: Am im 18. Jh. anstelle der geschleiften Befestigungen angelegten Marktplatz steht der 1826 in der Art Weinbrenners errichtete klassizistische Bau mit einem säulenbesetzten Mittelrisalit.

»Städtle«: Die heute unter Denkmalschutz stehende Altstadt mit Resten des *ehem. Schlosses, ehem. Adelshöfen* und dem *ehem. Kornhaus* besteht noch vorwiegend aus Häusern des 16. Jh., die häufig in der Biedermeierzeit verändert worden sind.

Heimatmuseum: Die im alten *Hirtenhaus* (Wallstraße) und einem weiteren Gebäude untergebrachten heimatkundlichen Sammlungen sind mittwochs und samstags von 14.00 bis 17.00 Uhr und sonntags von 10.00 bis 12.00 sowie v. 14.00 bis 17.00 Uhr zu besichtigen (ständig Sonderausstellungen).

Theater und Konzerte: Die Veranstaltungen des Kulturrings werden in der *Stadthalle* mit gastierenden Truppen und Orchestern durchgeführt.

»Chalte Märkt«: Jeweils am 1. Dienstag und Mittwoch im Dezember – deshalb der Name »Kalter Markt« – findet dieser bunte Jahrmarkt statt.

Eichener See: Im N der Stadt gibt es ein seltenes Naturphänomen zu beobachten:

Schopfheim, St. Michaelskirche (l); Wappen der Markgraf. v. Rötteln am ehem. Marsstall (r)

der See erscheint zu unregelmäßigen Zeiten und verschwindet wieder. Es handelt sich um das Zutagetreten v. Grundwasser.

Umgebung

Hausen (4 km n): Das Dorf wird 1295 als *Husen* genannt. Hier wuchs der 1760 in Basel geborene Johann Peter Hebel auf, der als Dichter in alemannischer Mundart berühmt geworden ist. Sein Heimathaus, ein Fachwerkbau, ist heute *Dorfmuseum und Hebel-Gedenkstätte*. Es ist sonntags v. 10.00 bis 12.00 Uhr geöffnet. Jeweils an Hebels Geburtstag, dem 10.5., wird hier der Hebelpreis verliehen. - Ein Denkmal des Dichters steht auf dem Kirchplatz.

Nordschwaben (4 km s): In der um 1480 errichteten *Gottesackerkapelle St. Mauritius* - einer W-Turm-Anlage mit gerade geschlossenem Chor und einem Schiff v. 1733 - wurden 1940 Wandmalereien aus der Zeit um 1480 entdeckt und konserviert. Dargestellt ist ein Apostelzyklus.

7230 Schramberg

Rottweil

Einw.: 18200 Höhe: 400-700m S.257 □ D 3

Schramberg ist weit über seine Grenzen hinaus als »Fünftälerstadt« bekannt. Diesen Namen trägt die Schwarzwaldstadt wegen ihrer landschaftlich reizvollen Lage in 5 Schwarzwaldtälern zu Recht. Zutreffend ist auch die Bezeichnung »Burgenstadt«, denn die Geschichte der Stadt Schramberg ist bis zum Jahre 1689 eng mit den Burgen Falkenstein, Schilteck, Hohenschramberg, Berneck-Tischneck, Ramstein und Altenburg sowie dem Burgstall Lichtenau bei Heiligenbronn verbunden. Heute noch geben die weithin sichtbaren Burgruinen Falkenstein, Hohenschramberg und Schilteck Zeugnis von einer längst vergangenen Zeit. Als ältester historischer Nachweis einer Zivilisation gilt das Römerkastell aus der Zeit um 74 n.Chr. im Stadtteil Waldmössingen, einer damals fast undurchdringlichen Waldlandschaft.

Erst um 1100 n.Chr. drangen Siedler bis in den Raum der heutigen Stadt Schramberg vor. Von den Burgen aus entstanden einst die ersten Siedlungen, die erst im vergangenen Jahrhundert, nach dem verwaltungsmäßigen und kirchlichen Zusammenschluß, auch baulich zusammenrückten, so daß aus mehreren getrennten Parzellen eine einheitliche, geschlossene Talstadt wurde. Eine Wandlung der bis dahin bäuerlichen Streusiedlung Schramberg erfolgte unter der Herrschaft von Rochus Merz von Staffelfelden, der 1547 dem Flecken am Fuße des Schloßberges das Marktrecht erwirkte. In dieser Zeit entstanden rechts und links der Hauptstraße Häuser für Handwerker, Händler und Wirte.

Stadtrecht bekam Schramberg erst 1867 im Gefolge der Industrialisierung. Diese war entscheidend für die Entwicklung der Stadt und hat die Lebensweise ihrer Bewohner wesentlich geprägt. Weltbekannt wurde die 1861 von der Familie Junghans gegründete Uhrenfabrik.

Ein markantes Wahrzeichen der Stadt ist der 1717 erbaute Turm der *alten katholischen Kirche* mit seiner Doppelzwiebelkuppe.

Falkensteiner Kapelle: Das Gotteshaus ist schon im Jahre 1004 als Eigenkirche der Edelfreien v. Falkenstein urkundlich benannt und diente später den Bewohnern

Schramberg, Astronomische Uhr

Schramberg, Pfarrkirche

des Berneck- und Kirnbachtals als Pfarrkirche. Ende des 14. Jh. wurde das urspr. roman. Gebäude gotisiert. Während des Dreißigjährigen Krieges wurde die Kapelle fast vollständig zerstört. Erst 1713 hat man sie etwas bescheidener und kleiner wiederaufgebaut. Die Kapelle beherbergt eine der bedeutendsten holzgeschnitzten Beweinungsdarstellungen in der europäischen Kunst n der Alpen. Diese um 1500 entstandene *Falkensteiner Beweinung* wird Konrad Rötlin*, dem Rottweiler Bildhauer Kaiser Maximilians, zugeschrieben.

Alte St.-Laurentius-Kirche mit ehem. Wehrturm: Zu den ältesten Zeugnissen des Stadtteils Sulgen zählt der Stufengiebelturm, der vermutlich 1496 in seiner heutigen Form aus einem ehem. Wehrturm entstand. Der Chor der Kirche weist ein *Kreuzigungs-Fresko,* ein typisches Werk des Expressionismus, auf, das Prof. Albert Birkle* Anfang der 30er Jahre geschaffen hat. Dort sind *Glasfenster* aus dem ganzen europäischen Raum, Reproduktionen in Großdias und die Völkerkrippe (Miniatur- und Kastenkrippen) ausgestellt. *Öffnungszeiten*: 1.5.-30.9. Mi, Do, Fr, So 14.00-17.00 Uhr.

Burgruine Falkenstein: Auf dieser Burg soll bis zu seinem Tode 1030 Herzog Ernst v. Schwaben gelebt haben. Man muß also annehmen, daß diese Burg schon im Jahre 1000 bestand. Aus dem Geschlecht der Falkensteiner stammten auch Äbte des Klosters St. Georgen und St. Gallen. Von der *Burg Unterfalkenstein* sind nur die Grundmauern, v. der *Burg Oberfalkenstein* noch das Eckturmgemäuer und die mächtigen Umfassungsmauern zu sehen.

Burgruine Hohenschramberg: Hohenschramberg ist nicht nur die größte Burgruine im Kreis, sie ist die zweitgrößte (nach dem Hohentwiel) in Südwestdeutschland. Die Burg wurde in den Jahren 1457-1459 v. Hans v. Rechberg erstellt und v. seinen Nachfolgern durch Wehrtürme und Mauern zu einer der größten Bergfestungen ausgebaut, die den damaligen Feuerwaffen bis zum Dreißigjährigen Krieg standhielt. Nachdem die Burg 1633 v. den Württembergern eingenommen und teilweise zerstört wurde, bauten sie die Freiherren v. Bissingen und Nippenburg wieder auf. Im Verlauf der Kriege Ludwigs XIV. gegen das Reich wurde die Festung 1689 v. den Franzosen eingeäschert und geschleift. Bis heute erhalten geblieben sind der Käferlesturm, die eigtl. Wehrburg und die Außenmauern des Pallas.

Burgruine Schilteck: Wann und wer die Burg erbaut hat, ist ungewiß. Die Bauart läßt auf eine Bauzeit um 1200 schließen. Noch erhalten sind Teile der trapezförmigen Ummauerung und außerdem der etwa 18 m hohe Bergfried aus Buckelquadern, auf denen zahlreiche Steinmetzzeichen zu sehen sind.

Römerkastell: Das älteste Zeugnis der Stadt ist das 74 n. Chr. erbaute Römerkastell in S.-Waldmössingen. Es lag an der wichtigen röm. Straße v. Straßburg (Argentorate) nach Rottweil (Arae Flaviae). Die Sammlung der dort gemachten *Funde* ist im Eckturm vom 15.4. bis 30.10. So 13.30–17.30 Uhr zu besichtigen.

Ehem. Junghans-Villa: Mit dem Parkhotel, der 1885 v. Erhard Junghans erbauten Villa, besitzt die Stadt ein kulturelles Denkmal des klassizistischen Geistes des 19. Jh. Die Parkvilla verkörpert in ihrer unverwechselbaren Baugestalt und im Zusammenspiel mit dem einzigartigen *Park* sowohl die urbane als auch die arkadische, die der Natur zugewandte Ausdrucksweise dieses Stils.

Stadtmuseum im Schloß: Das ehem. Schloß der Grafen v. Bissingen wurde 1841–43 im klassizistischen Stil erbaut. Es beherbergt heute Sammlungen (Ausgrabungen v. der Burg Hohenschramberg, Strohflechterei, Steingut und Uhren), die die Geschichte der Stadt wie auch die sozialen und technischen Entwicklungen ihrer Zeit dokumentieren. *Öffnungszeiten*: Di–Fr 10.00–12.00 (1.5.–15.9.) und 14.00–18.00 Uhr (das ganze Jahr) sowie Sa und So 10.00–12.00 (1.5.–15.9.) und 14.00–17.00 Uhr (das ganze Jahr).

Umgebung

Dunningen (11 km sö): Das Dorf wird bereits im Jahre 786 erwähnt, um 900 lagen hier königliche Güter. Im späten MA wurde es reichsunmittelbar, kam aber 1434 zur Reichsstadt Rottweil. Söhne der Stadt sind der Bildhauer Landolin Ohnmacht* (*1760) und der Industrielle Jakob Mayer (* 1813), der Erfinder des Stahlformgusses. Die *Martinskirche* bewahrt an der Vorhalle ein roman. Relief (Mensch zwischen Tieren) und Teile eines Barockgestühls (um 1785) v. Landolin Ohnmacht*.
Lauterbach (4 km w): Seit über 100 Jahren ist Lauterbach Luftkurort. Dies ist begründet im Leben und Werk des »Priester-Arztes« Dr. Ludwig Stemmer. Ein weiterer berühmter Sohn des Ortes war der Schwarzwaldmaler Wilhelm Kimmich*. Dessen Werke werden ab 1989 in einer ständigen Ausstellung im alten Rathaus zu sehen sein. Weit über die Grenzen seines Heimatortes hinaus bekannt ist auch Johann Georg Heine (* 1770), der Erfinder zahlreicher orthopädischer und chirurgischer Instrumente. – Alte *Schwarzwaldhöfe* aus dem 18. und 19. Jh. und alte *Schwarzwaldmühlen* prägen die Landschaft um Lauterbach. – Ein alter Brauch ist der alljährlich zu Pfingsten stattfindende *Schellenmarkt* auf dem Fohrenbühl. Dort befindet sich auch das Gedächtnishaus, das 1923 seine heutige Form erhielt.

Tennenbronn, Schwarzwaldhaus

Tennenbronn (9 km sw): Der Ort wird bereits 1179 in einer Bulle Papst Alexanders III. genannt. Die einst n des Ortes gelegene Burg Ramstein wird erstmals 1187 erwähnt. Sie kam in den Besitz des Raubritters Hans v. Rechberg und wurde 1452 v. 8 Städten, denen der Rechberger Fehde angesagt hatte, zerstört. Nur noch wenige Reste sind auffindbar. Nach 1444 wurde der Ort teils v. den Württembergern, teils v. St. Georgen und teils vom Inhaber der Herrschaft S. verwaltet. Im Jahre 1810, nach dem Anschluß an Baden, wurden 2 selbständige Gemeinden gebildet: kath. Tennenbronn und ev. Tennenbronn, die sich dann im Jahre 1922 zu einer Gemeinde Tennenbronn zusammenschlossen. –

Schwarzach, St. Petrus und Paulus

Schwarzach, Pfarrgarten, Roman. Taufbrunnen

Die *ev. Kirche* wurde nach dem großen Brand 1901 neu erbaut. - An derselben Stelle, an der einst eine 1848 entstandene kath. Kirche stand, wurde anfangs der 70er Jahre die neue *kath. Kirche* errichtet. - Eine noch betriebsbereite *Schwarzwaldmühle* wird hier gezeigt.

Schwarzach ✉ 7587 Rheinmünster Rastatt		
Einw.: 1700	Höhe: 125 m	S.254 □ C 1

Der Straßburger Bischof Eddo gründete angeblich 748 auf einer Rheininsel ein Kloster, das dann 826 an das rechte Rheinufer und um 1200 an die heutige Stelle verlegt worden sein soll. Nach Einführung der Hirsauer Reform wurde hier der Neubau einer romanischen Kirche und der Klostergebäude begonnen. Das Kloster wurde 1803 säkularisiert.

Kath. Pfarrkirche und ehem. Benediktinerabteikirche St. Petrus und Paulus: Wohl auf einem karolingischen Vorgängerbau wurde um 1200 - genaue Baudaten sind nicht nachzuweisen - eine *spätroman. Kirche nach dem Hirsauer Schema* gebaut. Das dreischiffige Langhaus wird im O durch den Hauptchor und die beiden Nebenchöre mit je einer halbrunden Apsis abgeschlossen. Auch die beiden Querschiffarme schließen nach O mit je einer halbrunden Apsis. Über der Vierung erhebt sich der mächtige got., leicht veränderte Turm mit Zeltdach. Die turmlose W-Fassade besaß urspr. eine Paradiesvorhalle. Sie trägt im Bogenfeld des Portals die Figuren des thronenden Christus, v. den beiden Kirchenpatronen flankiert.
Im Inneren ruhen die Arkaden auf Säulen, nur das letzte Paar wird vor der Vierung v. quadratischen Pfeilern gestützt. Langhaus, Querhaus und Vierung sind flachgedeckt, Gratgewölbe überspannen die Nebenchöre, während das Quadrat des Hauptchors unter einem Kreuzrippengewölbe liegt. Eine Barockisierung unterblieb, lediglich die Seitenschiffe wurden vergrößert und eine der 5 Apsiden beseitigt, jedoch wurde der Innenraum stuckiert und die Ausstattung barock erneuert. Diese Umbauten wurden dann Ende des 19. Jh. teilweise wieder beseitigt; man versuchte der Kirche wieder ihre roman. Gestalt zurückzugeben. Dies gelang aber erst anläßlich der erneuten gründlichen Restaurierung, die Arnold Tschira* 1967-69 durchführte.
Zur *Ausstattung* gehören der barocke Hochaltar Martin Eiglers* v. 1752, der heute im n Querarm aufgestellt ist, der Rufinenaltar im s Querarm (um 1800), das Chorgestühl (um 1700) und die Orgel v. Johann Georg Rohrer* (um 1758), die Johann Andreas Silbermann, dem sie oft zugeschrieben wird, als »ein Instrument ohne Saft und Kraft« bezeichnet hat. - Im Pfarrgarten steht ein großer roman. *Taufbrunnen.*
Die v. Peter Thumb* 1724-36 errichteten *Klostergebäude* wurden zum größten Teil abgerissen.

7633 Seelbach Ortenaukreis		
Einw.: 4481	Höhe: 220-600 m	S.256 □ B 3

Ruine Dautenstein: Die staufische *Wasserburg Dautenstein* (1. Hälfte 13. Jh.) wurde den bei Ausgrabungen gefundenen Steinmetzzeichen zufolge von denselben Bauleuten erbaut wie die staufische Tiefburg

Schwarzach, St. Petrus und Paulus, Portal

in→Lahr. Dafür spricht auch der nicht ganz quadratische Grundriß des alten Gemäuers der von Rundtürmen und einem breiten Wassergraben geschützten mittelalterlichen Anlage, über dem 1775 das hufeisenförmige Barockschloß der Grafen v. der Leyen errichtet wurde. Von dem schlichten Riegelbau ist heute noch der Ostflügel zu sehen.

Außerdem sehenswert: Neben den z.T. mit Erkern versehenen *Fachwerk- und Giebelhäusern* (17./18.Jh.) des 1455 zum Marktflecken erhobenen Städtchens verdient auch der *Barockbrunnen* (18.Jh.) am Klosterplatz Beachtung. – In der schlichten *Nikolauskirche* (1749) stehen Barockaltäre aus der Bauzeit. – Hoch über S. ist die ergrabene und restaurierte *Burgruine Lützelhardt* – eine Ministerialenburg der Zähringer, die 1235 v. den Rittern v.Geroldseck zerstört wurde – ein lohnendes Wanderziel.

Umgebung

Litschental (3 km sw): Neben dem Gasthof »Zum Schwert« gibt es eine interessante, mit Wasserkraft betriebene *historische Hammerschmiede.* An Sommerwochenenden kann man sie besichtigen und dem Schmiedemeister Fehrenbach am Amboß vor der lohenden Esse bei der Anfertigung ma Waffen zusehen, wie sie in dieser Geroldsecker Waffenschmiede schon im 16.Jh. geschmiedet wurden. – Weiter talaufwärts liegt der stattliche *Hinterbauernhof* mit ausladendem Krüppelwalmdach und daneben seine malerische kleine *Kapelle* (1769) mit schlankem Dachreiter.

Schuttertal (5 km s): Im Heimatmuseum *s'Buchholze Hisli* (Laulisgraben) kann man an Sommervormittagen Einblick gewinnen in den ehem. Lebens- und Arbeitsalltag der Bauern im Geroldsecker Land. Bes. anschaulich ist eine detailgetreu eingerichtete Bauernstube. Neben zahlreichen alten landwirtschaftlichen Geräten sind auch bäuerlich verzierte Steingut- und Glaswaren sowie Möbel und Trachten des Schuttertals zu sehen.

Wittelbach (2 km s): Ein ma Freskenzyklus (Leidensweg Christi) belebt das Innere der kleinen roman. Chorturmkirche *St. Peter und Paul* (12.Jh.). Das Obergeschoß des seitlich durch schräge Wandvorlagen verstärkten massigen Turms ist v. zweibahnigen got. Maßwerkfenstern durchbrochen und mit einem Satteldach gedeckt. Im Turmuntergeschoß Kreuzgewölbe mit abgefasten Rippen, die auf Fratzenkonsolen

Seelbach, Nikolauskirche (l); Wittelbach (Seelbach), St. Peter und Paul, Fratzenkonsole (r)

ruhen. Dem Rundbogenportal gereichen Kugeln an der Laibung und roman. Reliefs (Rose, Kreuz und Baum; alle 13. Jh.) am Türsturz zur Zierde. Die Kirche wurde im Jahre 1974 innen und im Jahre 1988 außen renoviert.

7813 Staufen im Breisgau

Breisgau-Hochschwarzwald

Einw.: 7400 Höhe: 288 m S. 258 □ B 4

Als Staufen wird der Ort bereits 770 im Lorscher ↗ Codex genannt. Der Name bezieht sich auf den kegelförmigen Berg, auf dem vermutlich im 12. Jh. die Zähringer eine Burg bauten, in deren Schutz sich das Dorf entwickelte. 1337 wird Staufen als Stadt erwähnt, Stadtherren waren die Herren von Staufen als Lehnsträger der Grafen von Freiburg. Die Stadt erhielt einen kreisrunden Bering. 1602 fielen Stadt und Burg an Österreich, das sie an die Grafen von Schauenburg verpfändete, bis Kaiser Karl VI. 1739 das Kloster St. Blasien mit Staufen belehnte. 1806 kam es dann zu Baden.

Kath. Pfarrkirche St. Martin: Anstelle einer Vorgängerkirche erbaute man um 1485 eine spätgot. dreischiffige Basilika mit 5 Spitzbogenarkaden auf Achteckpfeilern ohne Kapitelle und eingezogenem Chor unter einem Netzrippengewölbe. Der Turm steht n am Langhaus; er ist im Unterbau noch frühgot., der Oberbau entstand 1516. Nach einem Brand wurde die Kirche 1690 wiederhergestellt, dabei zog man die Flachdecken in die Schiffe ein. Anläßlich der Renovierung v. 1955 erhielt die Kirche ihre modernen Glasfenster v. Edzard Seeger*.
Über dem Hauptportal ist ein Gewölbeschlußstein mit dem Gotteslamm v. der Vorgängerkirche eingelassen. Der moderne *Hochaltar* trägt ein spätgot. Kruzifix (um 1520, dem Meister Sixt v. Staufen* zugeschrieben) mit den barocken Figuren der Maria und des Johannes (um 1680). Am linken Chorbogen befindet sich eine geschnitzte *Muttergottesstatue* (um 1750). Die *Pieta* des rechten Seitenaltars entstand um 1520. Die *Bilder* über den Seitenaltären malte Simon Göser* um 1795.

Ehem. Kapuzinerkloster: Der einfache Bau v. 1683–85 wurde 1840 mit Ausnahme der Kirche abgerissen, auf den Grundmauern die heutige Schule erbaut. Der Kapuzinerhof dient heute als Vereins- und Jugendhaus.

Staufen, Burg

Burg: Die aus dem 12. Jh. stammende Burg wurde Anfang des 17. Jh. verlassen und dann im Dreißigjährigen Krieg zerstört. Erhalten sind der Bergfried in Quaderwerk und einige zum Teil mehrstöckige Mauerreste.

Rathaus: Es wurde 1546 erbaut, 1606, 1660 und im 19. Jh. erweitert und verändert. Urspr. war das Erdgeschoß eine offene Halle, die sich in Lauben öffnete. Im Obergeschoß liegt der *Ratssaal*. Das Schützenbild v. Simon Göser* wurde in den 20er Jahren restauriert.

Stadtbild: In der Hauptstr. sind traufständige dreigeschossige Steinhäuser erhalten. Das *Gasthaus »Zum Löwen«* soll nach der Legende der Ort gewesen sein, an dem 1539 »der obersten Teufel einer, der Mephistopheles«, dem Doctor Faustus »das Genick abgebrochen und seine arme Seele der ewigen Verdammnis überantwortet« habe.
Ein schöner *Brunnen* auf dem Markt stammt aus dem 17. Jh., er wurde 1786 restauriert.
Die barocke *Mariensäule* in der Hauptstr. trägt das österreichische Wappen. – Von der 1689 geschleiften *Befestigung* sind nur noch Spuren erhalten.

Staufen, Gasthof »Zum Löwen«

St.-Magdalen-Kapelle: Das an der Straße nach Bad Krozingen gelegene ehem. Leprosenhaus besitzt Malereien v. 1586 und 1738.

Freihof: Er diente einst als adeliges Freistift und war später Filialpfarrhaus des Klosters St. Trudpert in Münstertal. 1773 wurde das Gebäude von dem Vorarlberger Münsterbaumeister Peter Thumb* neu errichtet.

Ehem. Stadtschloß der Freiherrn v.S.: Es wurde im 16. Jh. errichtet und besitzt einen sehr schönen *Treppenturm*. Heute Sitz des staatlichen Forstamts.

Sog. »Stubenhaus«: Das Gebäude diente einst den Meistern und Gesellen der Zünfte als Trinkstube. Es beherbergt ein *stadtgeschichtliches Museum*.

7619 Steinach
Ortenaukreis

Einw.: 3600 Höhe: 200–500 m S.256 □ C 3

Steinach wird im Jahre 1139 erstmals urkundlich erwähnt.

Staufen, Rathaus mit Marktbrunnen

Kreuzerhöhungskirche: Die kath. Pfarrkirche (1750/51) erhielt 1880 ihre heutige Gestalt. Auf dem achteckigen (oktogonalen) Turmfuß, jetzige Sakristei, befinden sich 2 Fresken (um 1450), die z.T. renoviert sind. Das Äußere des schlichten Langhauses und der risalitartigen Vorhalle wird heute durch braunrote Wandgliederungen belebt. Prunkstücke der Ausstattung sind der spätbarocke *Hochaltar* (1777) und die mit ausgezeichneten Rokokobildwerken besetzten *Seitenaltäre* – alles Werke des Haslacher Schreiners Hansjörg Sutter*.

Außerdem sehenswert: St. war bis ins 19. Jh. wichtige Floßstation; daran erinnert die historische *Flößerstube*. – Das schönste Fachwerkhaus des Erholungsortes ist der *Gasthof »Schwarzer Adler«* (1716, heute Hotel) mit reichem Giebelfachwerk und steilem Satteldach. Die Besitzerfamilie unterhält auch eine Brauerei, deren kupferblitzende Sudkessel v. der Straße aus zu sehen sind. – Das neue *Heimatmuseum* im 1811 erbauten Fachwerkhaus in der Ortsmitte beherbergt neben vielen Exponaten eine wertvolle Steinsammlung sowie u.a. eine komplette Schnapsbrennerei aus dem vorigen Jh. – Christliches und weltliches Brauchtum ist im Ort erhalten und lebendig. Einmalig jedoch sind seit vielen Generationen die Steinacher »Klausebigger«. Durch Funk und Fernsehen sind die beiden Santiklausen, Rupelz und Bigger, ein heidnisch-christlicher Brauch, weit über die heimatlichen Grenzen hinaus bekannt. Mit Lob und Tadel, kleinen Geschenken und Ruten besuchen die Klausebigger über die Nikolaustage die Kinder.

Umgebung

Welschensteinach (4 km sw): Das anmutige Dörfchen mit einer Reihe behäbig-stattlicher Schwarzwälder *Bauernhäuser* (18./-19. Jh.) wird beherrscht v. der *Pfarrkirche St. Peter und Paul*, die aus einer Chorturmkirche des 12. Jh. hervorging und 1771 v. Franz Joseph Salzmann* erweitert wurde.

7894 Stühlingen

Waldshut

Einw.: 2500 Höhe: 500m S.259 □ D 4

Beim Bau eines Kellers stieß man 1847 auf die Mauern eines römischen Gebäudes, dessen einer Raum mit einem Mosaik ausgelegt war. Alemannische Plattengräber bezeugen eine frühe Besiedlung. Urkund-

Steinach, Gasthof Adler

Stühlingen, Kath. Pfarrkirche, Hl. Kreuz

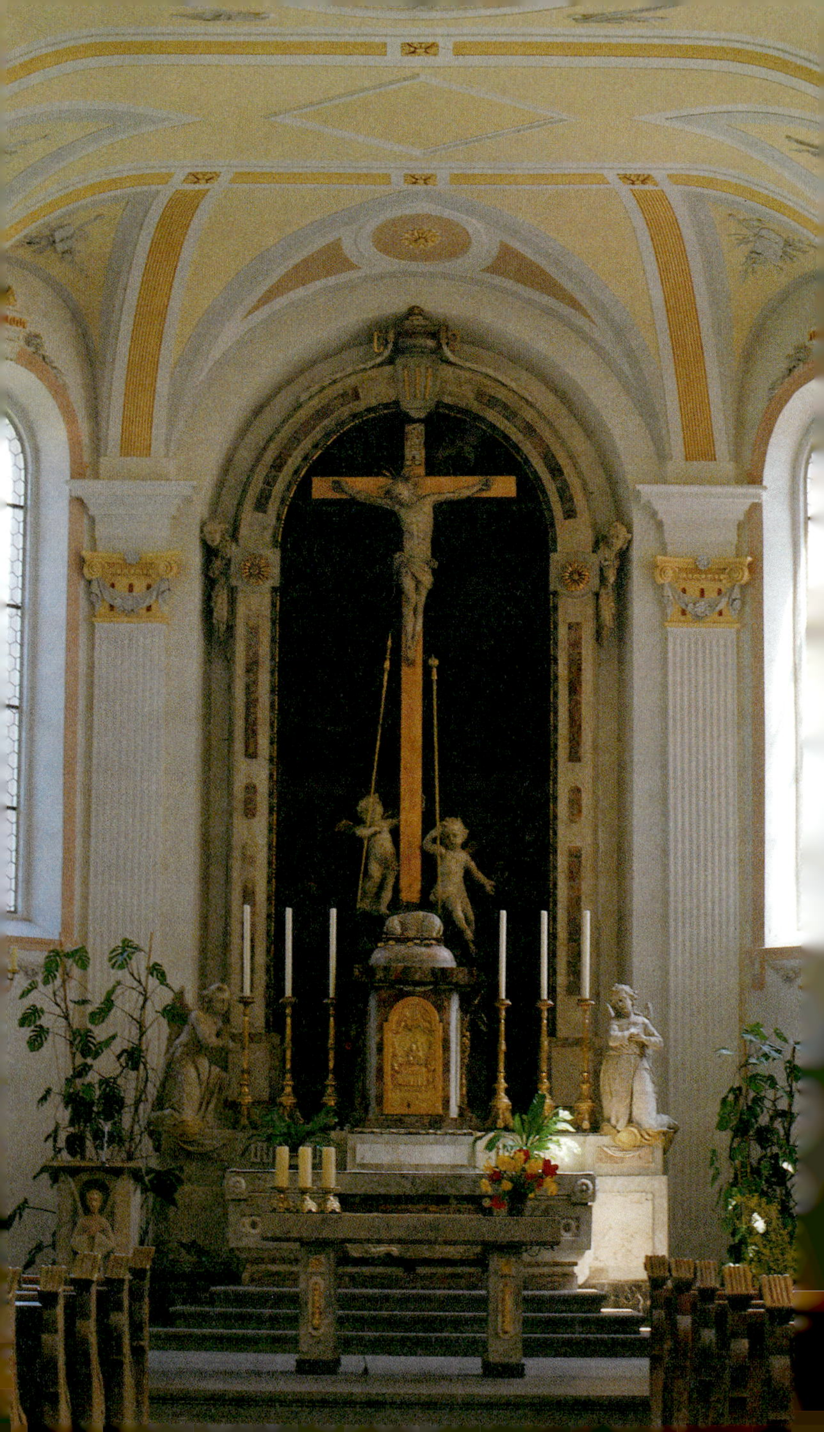

lich wird ein Dorf Stühlingen 1154 genannt, 1262 bestand bereits eine befestigte Stadt, deren Landvogt Eberhard von Lupfen war. 1296 wurde die Stadt Hauptort der Landgrafschaft Stühlingen. 1524 ging unter der Führung Hans Müllers von Stühlingen der Bauernkrieg aus. 1639 fiel der Ort an die Fürstenberger, die ihn bis zum Anschluß an Baden 1806 besaßen.

Kath. Pfarrkirche Hl. Kreuz: Anstelle einer Vorgängerkirche erstellte Franz Joseph Salzmann* in den Jahren nach 1785 diesen Saalbau, der mit Stukkaturen eines unbekannten Freiburger Meisters dekoriert ist. Die Ausstattung im Louis-seize-Stil schuf Johann Friedrich Vollmer*, bes. den bemerkenswerten *Hochaltar* aus Marmoralabaster und Stuck mit Statuen und Reliefs (1787). Die Seitenaltäre mit den Statuen der Immaculata und des hl. Josef sind etwas jüngeren Datums, ebenso Taufstein und Kanzel. Die Kirche wurde 1952 restauriert.

Kirche des Kapuzinerklosters: Die frühere Loretokapelle v. 1667 wurde nach Gründung eines Kapuzinerklosters 1738 zur einfachen barocken Klosterkirche umgebaut. Am Chorbogen sind *Fresken* aus der Mitte des 18. Jh. erhalten, die Mariä Verkündigung darstellen. Die Seitenaltarblätter malte 1740–41 Franz Joseph Spiegler. Im zweigeteilten *Gnadenaltar* steht eine »Schwarze Madonna«, ähnlich der in Einsiedeln.
Das Kloster wurde 1802 aufgehoben und diente 1857–1927 als Spital. Heute ist es wieder im Besitz des Ordens.

Schloß Hohenlupfen: Die urspr. Burg war seit 1093 Sitz der Herren v. S., fiel an die v. Küssaberg und kam 1251 als Lehen des Bischofs v. Konstanz in die Hände der Herren v. Lupfen. 1499 wurde sie durch die Eidgenossen zerstört, aber wiederaufgebaut. 1562 kam sie an die Reichsmarschälle v. Pappenheim, die sie 1620–23 zum Schloß umbauten. Auffallend ist die Zwiebelhaube des zentral gelegenen Bergfrieds.

Oberstadt: *Bürgerhäuser* aus dem 16. und 17. Jh. gruppieren sich in engen Gassen um das neugot. *Rathaus* und die *Sebastianskapelle* aus dem 18. Jh., die heute als altkath. Kirche dient.

< Stühlingen, Hl. Kreuz, Hochaltar

Unterstadt: Um die Hl.-Kreuz-Kirche liegen hauptsächlich *Bürgerhäuser* aus der Biedermeierzeit.

Gipsmuseum: Das im Stadtteil Oberwiesen gelegene technische Museum ist v. April bis Oktober jeweils am 1. Sonntag im Monat v. 14.00 bis 17.00 Uhr und nach Vereinbarung geöffnet.

Umgebung

Bettmaringen (6,5 km w): Die aus dem 18. Jh. stammende *kath. Pfarrkirche* ist um 1900 im Sinne eines Gesamtkunstwerks vollständig ausgemalt worden. – Im *ehem. Amtshaus* des Klosters St. Blasien (Anfang 17. Jh.) liegt das sog. Prälatenzimmer mit gutem Rokokostuck.
Blumberg (13 km nö): Eine *roman. Wehrkirche* mit Doppelchor steht im Stadtteil Hondingen. Hier werden auch Kurse zur Geologie des Schwarzwaldes abgehalten. – Blumberg ist Ausgangspunkt der *Museumsbahn Wutachtal*, die auf einer 26 km

Stühlingen, Schloß Hohenlupfen

langen Strecke mit Viadukten und einem Kreiskehrtunnel v. Mai bis Oktober an bestimmten Tagen verkehrt.

Grafenhausen (20 km nw): Im Ortsteil Rothaus steht das *Heimatmuseum »Hüsli«*, das eine beachtliche Sammlung Schwarzwälder Volkskunst und bäuerlicher Gebrauchsgegenstände besitzt. Es ist außer montags täglich geöffnet v. 9.00 bis 12.00 und v. 14.00 bis 18.00 Uhr, sonntags nur am Nachmittag.

Lausheim (10 km n): In der urspr. noch roman. *Kirche*, die häufige Umbauten erfuhr und zuletzt 1616 bedeutend vergrößert wurde, entdeckte man anläßlich der 1968–69 durchgeführten Restaurierung im Chor *Fresken* aus dem 15. Jh. mit Szenen aus dem Leben des hl. Nikolaus. Die mit 1617 datierte *manieristische Ausmalung* des Schiffs könnte möglicherweise v. Anthoni Berin*, der an den Altarblättern mitarbeitete, stammen.

7247 Sulz am Neckar

Rottweil

Einw.: 10 000 Höhe: 420 m S.297 □ D 2

Das schon 790 erstmals urkundlich erwähnte Neckarstädtchen (Stadtrecht ab 1284) ist in die reizvolle Landschaft zwischen Schwarzwald und Schwäbischer Alb eingebettet. Seinen Namen und Wohlstand verdankt es den bis ins 19. Jh. ausgebeuteten Salzvorkommen. Das *historische Stadtbild* mit der steinernen Neckarbrücke, dem Marktplatz und der Stadtkirche bewahrt trotz des planmäßigen Wiederaufbaus nach dem großen Stadtbrand (1794) einiges von seinem mittelalterlichen Gepräge.

Sulz am Neckar, Ansicht mit Kirche

Ev. Stadtkirche: Die hoch gelegene ehem. *Pfarrkirche St. Fabianus und Sebastian* wurde 1513–15 unter Einbeziehung eines roman. Turmes in die W-Fassade in spätgot. Manier erbaut. Am W-Turm merkwürdige ma Steinbildwerke und ein hölzerner Erker. Im geräumigen Inneren sind das spätgot. *Sterngewölbe* im Chor, die Maßwerkfenster aus der Bauzeit, die qualitätvoll reliefierte *Sakristeitür* (um 1514), der spätgot. Taufstein sowie eine Reihe v. *Frührenaissancegrabmälern* sehenswert, darunter eines mit eingesetzter gegossener Bronzeplatte für Anna v. Hohengeroldseck († 1528).

Außerdem sehenswert: Die pittoreske *Steinbrücke* (1734, neu erweitert) über den Neckar ist mit Wappen geschmückt. – Aus dem späten 18. Jh. stammt der *Marktbrunnen*.

Ortsteil Leinstetten (12 km nw): Einer roman. Marienfigur (13. Jh., Jesusknabe neu) und Renaissancegrabmälern begegnet man in der durch spätgot. Maßwerkfenster erhellten *Stephanskirche* aus dem Jahre 1558. In der Nachbarschaft findet sich ein kleines *Rokokoschloß* (18. Jh.) mit altem Park.

Umgebung

Albeck (3 km sw): Ganz in der Bautradition der Burg→Hohengeroldseck steht die auf einem leicht bewaldeten Bergkegel (Naturschutzgebiet) oberhalb des Neckars gelegene *Burgruine Albeck*, die anstelle einer Vorgängerin (11. Jh.) der Grafen v. Sulz durch die Herren v. Geroldseck im 13. Jh. erbaut und 1688 zerstört wurde. Die pittoreske *Ruine* läßt noch heute Größe und Festigkeit der Burg erkennen, die keinen Bergfried besaß. Im zweistöckigen Palas sind die weiten korb- und flachbogigen Fensteröffnungen (z.T. mit frühgot. Bauzier), offene Kamine und ein Abort in der Mauerstärke Zeugen der ehem. Wohnlichkeit der Burg. Zwischen Vorhof und dem Hof der Kernburg Torbau aus der Zeit um 1370.

Dornhan (12 km w): Vielleicht v. dem Rottweiler Meister Hans Hammer* stammt das spätgot. Netzgewölbe (signiert »hh«, um 1510) über Maskenkonsolen im Chor der ehem. *Liebfrauenkirche,* die nach einem Brand (1718) erneuert wurde. Unheil abwehrende Wirkung wird der Löwenfigur am Fenstersims der frühgot. Sakristei zugeschrieben.

Fischingen (4 km nö): Selbst die spärlichen Reste der *Burg Wehrstein* lassen noch die gewaltigen Ausmaße der bis in die Merowingerzeit zurückreichenden Anlage erkennen. – In der spätgot. *Pfarrkirche* sehenswerter Freskenzyklus (christologische Darstellungen, um 1425).

Glatt (4 km n): Das *Renaissancewasserschloß* (um 1500–20) ist ein einheitlich geplanter hufeisenförmiger Rittersitz mit 4 Rundtürmen an den Ecken und einem Torbau (1513), der den Innenhof (in dem heute sommerliche Schloßkonzerte aufgeführt werden) schließt. Die ringsum v. einem breiten Wassergraben umgebene wohlerhaltene Wasserburg wurde unter Reinhard v. Neuneck erbaut, einem wohlhabenden Kammerherrn Kaiser Karls V. Er stiftete auch ein interessantes Renaissancewandtabernakel (1550), das mit Motiven seiner Lebensstationen (u.a. Pilgerreisen nach Santiago, Jerusalem und Berg Sinai; Ernennung zum Kammerherrn) geschmückt ist. Man findet es in der spätgot. *Pfarrkirche St. Gallus* (1498–1515) im sterngewölbten Chor, ebenso wie eine meisterliche spätgot. Pieta (um 1500). – Als Kerker wurde urspr. der runde Eckturm des ehem. *Amtshauses* (um 1550, heute Pfarrhof) verwendet.

Lichtenfels (11 km w): Ein Waldspaziergang führt zur *Burgruine Lichtenfels.* Ihre sorgfältig aus Buckelquadern gefügte, über 3 m dicke Schildmauer besitzt hinter den beiden hohen Schießscharten Schützennischen, die durch einen kleinen Wehrgang miteinander verbunden sind.

7811 Sulzburg

Breisgau-Hochschwarzwald

Einw.: 2200	Höhe: 338 m	S. 258 □ B 4

Bereits die Römer betrieben hier Bergbau. Im Mittelalter hatten zeitweise die Basler Bischöfe das Recht zum Silberabbau. Auch Blei, Kobalt und Antimon sowie – daher der Ortsname – Salz wurden in den 17 Gruben der Umgebung bis 1830 gewonnen.

Als *Sulzibergheim* wird der Ort 847 erstmals erwähnt. 993 gründete der Breisgauer Graf Birtilo zu Ehren des hl. Cyriacus, einem der Vierzehn Nothelfer, ein Benediktinerinnenkloster, das zunächst 1548, endgültig aber 1556 aufgehoben wurde.

Vor 1283 wurde Sulzburg zur Stadt erhoben und erhielt eine Stadtmauer. Im 16. Jh. war es zweimal Residenz der Markgrafen v. Baden.

Söhne der Stadt sind der Historiker Johannes Daniel Schöpflin (* 1694), der Begründer der optischen Werke in Jena, Ernst Leitz (* 1843), und Gustav Weil (* 1808), der 1. jüdische Professor im Dt. Reich.

Ev. Gottesackerkirche ehem. St. Cyriak: Die urspr. Klosterkirche war eine roman. dreischiffige *Pfeilerbasilika* ohne Querhaus mit

Glatt, Renaissancewasserschloß

Sulzburg, St. Cyriak

Sulzburg, St. Cyriak

je einer Apsis im O und W. Der Bau bestand nur aus Mauerwerk, Steinmetze waren daran nicht beteiligt. Die O-Apsis wurde um 1050 zum *Hochchor* mit darunterliegender *Krypta* umgebaut. Um 1280 wurde anstelle der w Apsis über dem Stiftergrab ein *Turm* errichtet, der im 1. Stock eine Herrenloge enthielt. Später bekam der Turm eine Vorhalle, über der man die 1309 geweihte Michaelskapelle einrichtete. Die Kirche erfuhr weitere Umbauten, die Arkaden wurden vermauert, das s Seitenschiff riß man ab. Eine gemauerte Schranke teilte den Raum in ein w Laien- und eine ö Nonnenkirche. Um 1510 entstand durch weitere Umbauten und Abrisse eine Saalkirche, mit 3 got. Maßwerkfenstern in der S-Wand und einem Vierpaßfenster im Chorhaupt sowie einer flachen Holzdecke. Nach Aufhebung des Klosters diente die Kirche der ev. Gemeinde. Die Klostergebäude verfielen. Nach 1827 riß man Vorhalle und Michaelskapelle ab. Die 1964 abgeschlossene gründliche Restaurierung stellte den roman. Zustand nach dem Turmanbau weitgehend wieder her. Lediglich die Maßwerkfenster im Obergaden der S-Seite und das in die Sakristei versetzte Vierpaßfenster blieben aus got. Zeit erhalten. Heute stellt sich der in seiner Schlichtheit eindrucksvolle Bau so dar: Die dreischiffige Basilika wird im O v. der halbrunden eingezogenen Apsis und im W v. dem quadratischen Turm begrenzt. Das Hauptportal im W stammt v. der ehem. Vorhalle. Darüber ist ein roman. Stuckrelief v. der ehem. Michaelskapelle eingelassen. Es zeigt den segnenden Christus und 2 Stifter.

Im Boden der Turmhalle ist der Grundriß der alten W-Apsis eingeritzt. Ebenfalls eingezeichnet sind am w N-Pfeiler die ehem. Taufanlage und zwischen den 3. Pfeilern der ehem. Laienaltar. Licht fällt durch 6 Rundbogenfenster im n Obergaden, 3 weitere im s, 3 im Chor und 2 unterhalb der Decke r und l neben dem Chorbogen sowie 3 Maßwerkfenster im s Obergaden. Der Chor ist erhöht, darunter liegt die überwölbte Krypta mit Mittelsäule. Am

2. S-Pfeiler eine got. Skulptur der hl. Katharina. In die Wände der Seitenschiffe sind Epitaphe v. Gräbern aus der unmittelbaren Umgebung der Kirche eingelassen.
Als Reste v. um 1500 entstandenen *Wandmalereien* finden sich an der S-Wand des Mittelschiffs die Evangelistensymbole und der die Hl. Jungfrau malende Lukas sowie an der N-Wand ein Zyklus v. Heiligen, wahrscheinlich die Vierzehn Nothelfer. Neben dem Aufgang zum Chor erkennt man als Umrißzeichnung die 7 törichten Jungfrauen. Weitere Freskenreste finden sich in der Krypta. Der Mäanderfries unter der Decke stammt aus der Gründerzeit wie auch die Farbfassung der Fensterlaibungen der ö Hochschiffenster, denen die der anderen angeglichen wurden.
Die *Orgel* baute 1983 der Orgelbaumeister Vier*.

Ehem. Stadt- und Schloßkirche: Die ca. 1600–10 errichtete Kirche wurde 1834 durch eine neue Stadtkirche ersetzt, die 1838 geweiht wurde.

Bergbaumuseum des Landes Baden-Württemberg: Es ist täglich außer Mo v. 14.00–17.00 Uhr geöffnet und zeigt den Abbau v. Salz, Gangerzen und Eisenerz, die Gewinnung des Rheingoldes sowie den steinzeitlichen Jaspisabbau. Ein bergbaugeschichtlicher Wanderweg gibt Gelegenheit, die Spuren des alten Sulzburger Bergbaus bei einem etwa zweistündigen Spaziergang zu erkunden.

Ehem. Burg: Auf dem Schloßberg sind v. der ma Burg nur geringe Reste erhalten.

Schloß: Markgraf Ernst v. Baden-Durlach ließ 1515 sein Residenzschloß bauen, das v. seinem Enkel Georg Friedrich vergrößert wurde. 1677/78, während der Besetzung v. S. durch die Franzosen, brannte das Schloß bis auf den rechten Flügel nieder, der bis 1964 als Rathaus diente.

Synagoge: Der 1823 im Weinbrennerstil errichtete Bau wurde 1939 verwüstet, 1984 wurde der 1. Bauabschnitt der Restaurierungsarbeiten der Öffentlichkeit vorgestellt. Die Synagoge erinnert mit dem vor 1550 angelegten *jüdischen Friedhof* an die ehemals bedeutende jüdische Gemeinde. Besichtigung: Anmeldung Tel. 07634/701 oder 702.

Ortsteil Laufen: Hier befindet sich die Ruine der im Städtekrieg zerstörten *Burg Kransberg*. – Die *Pfarrkirche St. Johannes* (1144) ist seit 1853/56 neue Pfarrkirche im historisierenden Mischstil.

Umgebung

St. Ilgen (3 km w): In dem kleinen Ort steht die auffallend große got. Kirche, die *ehem. Wallfahrtskirche St. Aegidius* (1323). An den roman., aber got. erhöhten Turm lehnt sich eine einseitige schräge W-Fassade mit getrepptem Giebel. Das flach gedeckte Langhaus beschließt der eingezogene polygonale Chor. Alle Fenster sind got. Im Chor Reste v. Wandmalereien.

7533 Tiefenbronn

Pforzheim

Einw.: 3600 Höhe: 432 m S. 255 □ E 1

1541 übernahmen die Herren von Gemmingen die Patronatsrechte über Tiefenbronn, die vorher die Äbte des Klosters Hirsau innegehabt hatten. Da sie dem »alten«, also dem katholischen Glauben treu blieben, wurde die Pfarrkirche vom »Bildersturm« der Reformation verschont und konnte ihre wertvolle und kunsthisto-

I.N.R.I.

risch bedeutende Ausstattung bewahren. Eine letzte grundlegende und sehr sachkundige Restaurierung fand in den 70er Jahren statt.

Kath. Pfarrkirche St. Maria Magdalena: Das Äußere der flach gedeckten got. Pfeilerbasilika wirkt eher schlicht: dreiseitig geschlossener Chor und im 17. Jh. erhöhter Turm des 14. Jh., dreischiffiges Langhaus aus dem frühen 15. Jh. und die 1463 v. Balthasar v. Horrheim* errichtete Sakristei.
Der von der Architektur her einfach ausgeführte Innenraum mit farbig gefaßten Pfeilern, Arkadenbogen, Gewölberippen und Fenstern bildet einen dezenten und würdigen Rahmen für die kostbaren Ausstattungsstücke. Die Chorbogenwände schmücken zarte, sorgfältig restaurierte spätgot. *Fresken,* wobei die spitzbogig gerahmten zu beiden Seiten des Bogens wohl als »Altarbilder« gedient haben mögen.
Die dreibahnigen, hohen, spitzbogigen Chorfenster mit wunderschönen spätgot. *Glasgemälden* des späten 14. Jh. mit Szenen aus dem Marienleben, die im 19. Jh. und bei der letzten Restaurierung 1977 gut ergänzt wurden, bilden einen reizvollen Hintergrund für den *Hochaltar,* der, sind die beiden Flügel geöffnet, die ganze Breite des Chorraums einnimmt. Im in 2 Geschosse gegliederten geschnitzten Schrein sieht man, gerahmt v. filigranem Maßwerk, Kreuzabnahme und Beweinung sowie die Statuen zweier weiblicher Heiliger, v. Johannes d. T. und Johannes d. Ev. - vollplastische, zartfarbig gefaßte Arbeiten, die vermutlich v. einem Künstler der Multscher-Nachfolge geschaffen wurden. Im Gesprenge eine Kreuzigungsszene. Die 4 Gemälde an den Flügelinnenseiten zeigen Szenen aus der Passion, an den Außenseiten sind Szenen aus dem Leben Christi dargestellt, Sie alle wurden 1469 vom Ulmer Hans Schüchlin* geschaffen. Das Chorgestühl entstand im 15./16. Jh.; das v. einer schlichten Säule getragene Sakramentshäuschen in Form eines got. Kirchturms weist ins 14. Jh.
An der Chorwand des s Seitenschiffes steht das bedeutendste Ausstattungsstück der Kirche, der auch unter der Bezeichnung

< Tiefenbronn, Kreuzaltar, Detail

Tiefenbronn, Magdalenenaltar

»Tiefenbronner Altar« bekannte *Magdalenenaltar.* Im geschnitzten Schrein v. 1525 sieht man die Himmelfahrt der Kirchenpatronin. Von großer kunsthistorischer Bedeutung sind jedoch die durch eine stilisierte Inschrift als 1432 geschaffene Werke des Lucas Moser* aus Weil der Stadt ausgewiesenen Gemälde mit Szenen aus dem Leben der Heiligen. Sie stellen nicht nur die einzigen bekannten Bilder des Meisters dar, sondern verdeutlichen auch den Übergang vom sog. Weichen Stil der ma Malerei zum aus Flandern kommenden Realismus. Die Ausführung, Farbgebung und Verwendung v. Gold erinnern aber auch an Buchminiaturen. Auf der Predella sieht man Christus, gerahmt v. den klugen und den törichten Jungfrauen. Die Bilder am geschlossenen Flügelaltar zeigen v. l.: Meerfahrt v. Maria Magdalena und ihren Gefährten, Nachtruhe im Hof eines Marseiller Hauses, Kommunion der Heiligen in der Kathedrale v. Aix. Im Bogenfeld salbt die »Sünderin« beim Gastmahl Simons die Füße Jesu. An den Innenseiten

Tiefenbronn, St. Maria Magdalena, Hochaltar, Mittelschrein (l), Muttergottesaltar (r)

der Flügel sind die hl. Marta und Lazarus als Bischof dargestellt.
Aufmerksamkeit verdienen außerdem: die Gemmingen-Grabsteine, bes. der für Otto v. Gemmingen († 1558); der Kreuzaltar (1524) mit plastischer Kreuzigungsgruppe und Flügelgemälden; der Muttergottesaltar (1517) mit plastisch gestalteten Figuren der Gottesmutter, der Apostel Petrus und Paulus und Heiliger; der spätgot. Altar der Hl. Familie (1526); die beiden Muttergottesstatuen des 14. Jh. im Langhaus und am Chorbogen.
In einem Glasschrein neben dem Hauptaltar wird eine prachtvolle spätgotische Silbermonstranz verwahrt. Das von filigranem Rankenwerk und zahlreichen vollplastischen zierlichen Figürchen geschmückte Kunstwerk wurde um 1500 von dem Augsburger Künstler Jörg Seld* geschaffen.
Öffnungszeiten der Kirche: von Ostern bis Allerheiligen täglich von 13.30 bis 16.00 Uhr. Im Winter nur Mi, Sa und So von 13.00 bis 15.00 Uhr.

Umgebung

Liebeneck (6 km nw): Von der ma *Burg* blieben der Bergfried sowie Teile der Befestigungsmauern erhalten.

7820 Titisee-Neustadt

Breisgau Hochschwarzwald

Einw.: 11200 Höhe: 800–1200 m S.259 □ C 4

In einem Gletscherbett des Hochschwarzwaldes liegt der mit 2 km Länge, 750 m Breite und bis zu 40 m Tiefe größte Natursee des Schwarzwaldes, der im Jahre 1685 als Dettesee oder Titinsee genannt wird. Das erstmals 1111 erwähnte Dorf an seinem Nordufer hieß Vierthäler. Es entwickelte sich Ende des 19. Jh. zu einem der ersten Kurorte im Schwarzwald und hat sich 1927 in Titisee umbenannt. 1971 wurde es mit *Neustadt* zu einer Stadt zusammengeschlossen.

Im Bereich des Klosters Friedenweiler gründeten die Grafen von Fürstenberg um 1250 *Nova Civitas*, das später *Neostadium* oder *Nuwenstatt* genannt wurde. Seit 1650 heißt der Ort Neustadt. 1447 erhielt er das Recht, einen Jahrmarkt abzuhalten. Immer mehr Kleinindustrie siedelte sich an: Mühlen, Sägen, Gerbereien, Färbereien, Leinewebereien und Goldstickereien. Zu Beginn des 19.Jh. wurde Neustadt neben Furtwangen zu einem Zentrum der Uhrmacherei und des Uhrenhandels. Die alten Holzhäuser wurden 1817, 1867 und 1888 durch Brände vernichtet. Neustadt ist heute eine Industriestadt, aber auch Kneippkurort und Skisportzentrum.

Kath. Pfarrkirche St.Jakobus, sog. Münster: Die neugot. Kirche wurde 1897-1907 erbaut. Der Marienaltar ist eine Nachbildung des Riemenschneideraltars in Creglingen. Hochaltar und Nebenaltäre tragen holzgeschnitzte Figuren.

St.-Leonhards-Kapelle: Das kleine Kirchlein wurde wohl um 1500 errichtet.

Klösterle: Das 1669 gegr. Kapuzinerkloster bestand bis zur Säkularisation 1828.

Rathaus: An der Stelle des 1680 erbauten, 1817 abgebrannten Rathauses wurde 1818 der jetzige dreigeschossige Neubau mit Dachreiter auf dem Walmdach errichtet.

Alte Handwerkerhäuser: Die *Gerbe* ist eines der wenigen erhaltenen alten Holzhäuser, es wurde seit 1709 als Gerberei genutzt. - Die *Basilie-Schmiede* war jahrhundertelang wichtige Station für die v. Freiburg über Neustadt nach Donaueschingen führende Pferdepost.

Heimatstuben: In einer 1858 v. dem Uhrmacher Josef Sorg erbauten Villa befindet sich dieses *Museum* mit einer heimatlich orientierten kulturhistorischen Sammlung. Es ist zwischen dem 15.5. und 30.9. Mo bis Fr jeweils von 14.00 bis 17.00 und Sa von 10.00 bis 12.00 Uhr geöffnet.
Im übrigen Jahr donnerstags von 14.00 bis 17.00 und So von 10.00 bis 12.00 Uhr.

Titisee-Neustadt, Pfarrkirche St.Jakobus >

Titisee-Neustadt, Titisee

Brunnen: 3 Brunnen mit Figuren v. für Neustadt bedeutsamen Gestalten finden sich im Ort: der *Franziskanerbrunnen*, der *Uhrenträgerbrunnen* und der *Gägsbrunnen*, dessen Narrenfigur, der »Gägs«, die Symbolfigur der Neustädter Fasnet ist.

Theaterveranstaltungen: Im *Kurhaus* Titisee gastieren Theatertruppen und Orchester. - Im *Jostal* finden *Freilichtaufführungen* statt.

Außerdem sehenswert: Der *Hochfirstturm* auf dem 1190 m hohen Hochfirst mit schöner Aussicht und die 1981 eingeweihte *Gutachtalbrücke*, die mit 96 m Höhe und 752 m Länge größte Brücke des Schwarzwaldes.

Umgebung

Friedenweiler (3,5 km ö): 1123 gründete Abt Werner v. St. Georgen ein Benediktinerinnenkloster, das sich 1535 auflöste, später aber v. Zisterzienserinnen neu besiedelt wurde und dann bis zur Säkularisation 1802 bestand. Die ehem. Klosterkirche ist heute *kath. Pfarrkirche St. Johann Bapt.* Ihre got. Teile stammen aus dem frühen 14. Jh. 1725-31 führte Peter Thumb* die Barockisierung durch. Die Kirche ist ziemlich schmucklos bis auf die reiche Ausstattung mit Altären aus der Zeit um 1730-40. Alle Altarblätter malte Joseph Schilling* bis auf das im n Querschiff, das v. Johann Pfunner* stammt. - Die *ehem. Klostergebäude*, eine dreigeschossige Dreiflügelanlage, erbaute ebenfalls Peter Thumb*.

Schollach (11 km n): Beim Hinterbauernhof steht eine 1745 erbaute *Kapelle*, die in barocker Manier reich ausgemalt ist. Sie wurde 1930 restauriert.

7865 Todtmoos

Waldshut-Tiengen

Einw.: 2200   Höhe: 800-1263 m S. 259 □ C 4

Im 19. Jh. entwickelte sich das bis dahin nur als Wallfahrtsort bekannte Dorf zum Kurort.

Kath. Pfarr- und Wallfahrtskirche St. Mariä Himmelfahrt: Die Mitte des 13. Jh. gestiftete Dorfkirche wurde 1268 zur Pfarrkirche erhoben. Sie gelangte 1319 an das Kloster St. Blasien. Marienwallfahrten werden seit dem 14. Jh. durchgeführt. Das *Gnadenbild* im Hochaltar stammt noch aus dieser Zeit. Der urspr. einfache Bau wurde mehrmals umgestaltet und vergrößert; 1770-80 gestaltete Franz Salzmann*, der bereits 1764 den N-Turm errichtet hatte, das Langhaus mit seiner Ausstattung vollkommen neu. Die Stuckarbeiten führte Johann Caspar Gigl* aus. Die Schreiner Joseph und Gabriel Pflugel* gestalteten Altäre, Kanzel, Gestühl, Türen und Orgelhaus. Der Maler der Fresken ist unbekannt. In der n Seitenkapelle befindet sich ein auf Tuch gemaltes Wandbild, das den Zug der kaiserlichen Armee durch T. im Jahre 1678 darstellt. Es ist entweder Kopie oder Vorbild eines v. Elias Jäger* in Silber getriebenen Antependiums, das Herzog Karl V. v. Lothringen als Dank für die gelungene Durchquerung des Schwarzwaldes stiftete; diese Arbeit befindet sich heute in

Wien. 1927 erhielt die Kirche 2 Seitenschiffe und wurde verlängert, 1962 wurde sie restauriert. In der Unterkirche befindet sich eine Ölbergkapelle mit einem spätgotischen, im Jahre 1902 neu gefaßten Beweinungsrelief.

Pfarrhaus: Das als Subpriorat 1733 v. Johann Michael Beer* gebaute und 1748 v. Johann Caspar Bagnato* umgestaltete repräsentative Gebäude enthält im Stiegenhaus Stukkaturen v. Franz Joseph Vogel*. Die Deckengemälde stammen v. Anton Morath*. Das Fürstenzimmer wurde 1763–64 durch H. M. Hennenvogel* stukkiert.

Umgebung

Bernau (7,5 km n): Im Ortsteil *Oberlehen* steht das *Geburthaus v. Hans Thoma*, des wohl bekanntesten Malers des Schwarzwaldes, der hier als Bauernsohn 1839 zur Welt kam. Zunächst war er Uhrenschildmacher, besuchte dann aber die Kunstakademie in Karlsruhe und brachte es später zum Akademieprofessor, Kunsthallendirektor und Geheimrat. – Im *Rathaus* des Ortsteils Innerleben befindet sich das *Hans-Thoma-Museum* mit vielen Gemälden, Erinnerungsstücken und Briefen des Malers, aber auch mit Werken der Träger des Hans-Thoma-Preises wie Emil Bizer* und Albert Haueisen*.
Es ist Mo bis Fr v. 9.00 bis 12.30 und v. 14.00 bis 18.00 Uhr, Sa und So v. 10.00 bis 12.00 und v. 14.00 bis 18.00 Uhr geöffnet.
Herrischried (10 km s): Der Ort war früher Hauptort des Waldbauernfreistaates Hotzenwald.
Die *Pfarrkirche* v. 1849 bewahrt Gemälde des Tiroler Malers Kitscher* auf. – Im Ortsteil *Großherrischwand* hat man 1980–81 aus den Resten eines alten Hotzenhauses den Klausenhof errichtet, der das *Hotzenwald-Museum* beherbergt und zwischen Mai und Oktober jeweils Mi und Sa v. 14.00 bis 18.00 und So v. 11.00 bis 18.00 Uhr geöffnet ist.
Ibach: (6 km ö): In dem aus mehreren Dörfern bestehenden Sommerferienort stehen noch zahlreiche charakteristische *Schwarzwaldhäuser* aus den vergangenen Jahrunderten.

Todtmoos, St. Mariä Himmelfahrt

7740 Triberg im Schwarzwald
Schwarzwald-Baar-Kreis

Einw.: 6000 Höhe: 600–1000 m S.257 □ C 3

Der Ort gehörte ursprünglich zur Herrschaft Hornberg, die hier eine Burg besaß. Er kam dann über die Grafen von Hohenberg an die Habsburger und erhielt 1355 das Stadtrecht. Die Herzöge von Österreich verpfändeten Herrschaft, Burg und Stadt an zahlreiche andere Herren. 1642 wurde die Burg zerstört. Herrschaft und Stadt gehörten von 1645 bis 1805 zum österreichischen Breisgau und gelangten dann zum großen Teil an Baden, zum kleineren an Württemberg.

Kath. Wallfahrtskirche Maria in der Tann: An die Stelle eines 1644 an eine Tanne gehefteten Madonnenbildes trat 1645 eine geschnitzte Statue, für die 1695 zunächst eine hölzerne Kapelle, dann 1700–05 die jetzt noch bestehende Kirche erbaut wurde. Das Langhaus ist flach gedeckt,

über dem eingezogenen Chor liegt ein Stichkappengewölbe. Das achteckige Obergeschoß des W-Turms trägt eine Zwiebelhaube.
Zur bodenständigen *Ausstattung* in den Formen des Spätbarock gehören die Kanzel und die Altäre sowie die Kreuzigungsgruppe am Chorbogen v. Anton Joseph Schupp*. Im Hochaltar steht das *Gnadenbild* v. 1645. Das in Silber getriebene Antependium stiftete 1706 Markgraf Ludwig Wilhelm, der »Türkenlouis«. Die Bilder der Seitenaltäre malte Johann Georg Glückherr*, der auch das Votivbild mit der getreuen Darstellung der Stadt Villingen im Jahre 1715 schuf.

Rathaus: Im 1828 erbauten *Rathaus* ist der Ratssaal wegen der Arbeiten des als »Schnitzer-Sepp« bekannt gewordenen Josef Fortwängler sehenswert.

Gerwig-Denkmal: An den Erbauer der Schwarzwaldbahn erinnert dieses Denkmal in der Nähe des Bahnhofs.

Schwarzwaldmuseum: Die Sammlung bewahrt Stücke zu Kultur, Brauchtum und Gewerbe des Schwarzwaldes auf. Von technischem Interesse ist das Modell der 1867–73 v. Robert Gerwig gebauten Schwarzwaldbahn. In den Sommermonaten ist das Museum täglich v. 8.00 bis 18.00, im Winter täglich v. 9.00 bis 12.00 und v. 14.00 bis 17.00 Uhr geöffnet.

Sehenswert sind die Triberger *Wasserfälle,* die mit einer Fallhöhe v. 163 m die höchsten Wasserfälle Deutschlands sind.

Umgebung

St. Georgen (13 km ö): Das 1083 gegr. *Benediktinerkloster* war im 11. und 12. Jh. Zentrum der v. Cluny ausgehenden Reform. In der Reformation wurde es aufgegeben, eine ev. Theologenschule benutzte die Gebäude v. 1561 bis 1595. Im Dreißigjährigen Krieg wurde der Ort rekatholisiert, v. den Schweden besetzt und dann 1633 durch die kath. Villinger vollständig zerstört. Das aufgegebene Kloster verfiel. 1891 wurde St. Georgen als Zentrum der Schwarzwälder Uhren-, Werkzeug- und Phonoindustrie Stadt. Das *Heimat- und Phonomuseum* im Rathaus zeigt u. a. die Entwicklung der Phonographie seit Edison bis heute. Es ist Mo bis Fr v. 9.30 bis 12.30 und v. 13.30 bis 17.30 Uhr geöffnet. – *Ortsteil Peterzell:* Die karolingische oder nachkarolingische *ev. Pfarrkirche*

Triberg, Wallfahrtskirche, Hochaltar (l); Schonach (Triberg), St. Urban, Altar (r)

gilt als nördlichste Gründung der Reichenau. Der Bau wurde häufig umgestaltet. Im got. Chor befindet sich über der Sakristeitür ein mit Ornamenten verzierter roman. Sturz. Die Kirche wurde 1960 restauriert.

Schonach (3 km nw): Die *kath. Pfarrkirche St. Urban* wurde 1912–14 im Stil des späten Rokoko völlig neu errichtet. Die Altäre stammen aus der Zeit um 1760, wurden aber stark überarbeitet. – In Schonach wird die größte Kuckucksuhr des Schwarzwaldes gezeigt; es handelt sich um eine v. der Uhrmacherfamilie Josef Dold hergestellte etwa 50fache Vergrößerung einer normalen Schwarzwalduhr; die Zuglast beträgt 85 kg, der Kuckuck ist 80 cm groß.

Schönwald (4 km s): Im 12 Jh. gründete das Kloster St. Georgen diese Siedlung. Von hier stammt Franz Ketterer, der 1730 die Kuckucksuhr erfand; Kuckucksuhren wurden durch über Land wandernde Uhrenträger in ganz Europa bekannt und verkauft.

V

7730 Villingen-Schwenningen

Schwarzwald-Baar-Kreis

Einw.: 75 000 Höhe: 704–1000 m S. 259 □ D 3

Im Gebiet zwischen dem Neckarursprung und dem Schwarzwald haben seit der Steinzeit Menschen gewohnt. Funde im Moor bei der Neckarquelle und Hügelgräber aus der Bronzezeit (zwischen 1600 und 1200 v. Chr.), Grabhügel aus der Hallstattzeit auf Schwenninger und Villinger Gemarkung, darunter ein großes Fürstengrab (6. Jh. v. Chr.), sprechen für eine kontinuierliche Besiedlung. Man kennt in *Schwenningen* 6 römische Gutshöfe nahe der Römerstraße, die seit 74 n. Chr. von der Schweiz nach Rottweil führte, und in der Nähe des Marktplatzes von Schwenningen stieß man auf etwa 150 alemannische Gräber des 6. und 7. Jh., von denen eins besonders reiche Beigaben enthielt.

Ad filingas lautet die Formel, in der *Villingen* 817 erstmals in einer Urkunde erwähnt wird. Bereits 999 verlieh Kaiser Otto III. den Grafen Berthold das Markt-, Münz- und Zollrecht sowie den Gerichtsbann für das am linken Ufer der Brigach gelegene Dorf Alt-Villingen. Die Herzöge von Zähringen gründeten um 1100 am gegenüberliegenden Ufer die Stadt, die 1218 nach deren Aussterben Reichsstadt und bald darauf durch Mauern und Türme befestigt wurde. 1283 übertrug Rudolf von Habsburg dem Grafen Heinrich von Fürstenberg die Stadt als ewiges Reichslehen. Zahlreiche Klostergründungen in der Stadt machten sie zum kulturellen Mittelpunkt der Baar. Das Zunftwesen führte zur Fehde mit den Herren der Stadt und zu Unabhängigkeitsbestrebungen, bis sich die Stadt 1326 unter den Schutz des Herzogs

Villingen-Schwenningen, Münster

Villingen-Schwenningen, Münster, Doppelportal (l), Doppelportal, Detail (r)

Albrecht von Österreich stellte und ihre Hoheitsrechte und Freiheiten behalten konnte. In den folgenden 5 Jh. nahmen Bürger von Villingen an allen Kriegen des Hauses Österreich teil, so an den Kriegen zwischen den Habsburgern und der Schweiz, am Bauernkrieg, am Dreißigjährigen Krieg und am Spanischen Erbfolgekrieg. Mehrmals wurde die Festung belagert, aber nie eingenommen. Die Reformen Kaiser Josephs II. führten in der 2. Hälfte des 18. Jh. zum langsamen Verlust der Rechte der Stadt und des Magistrats, die Klöster wurden aufgehoben. 1803 kam Villingen an das Herzogtum Modena, 1805 zu Württemberg und 1806 an das Großherzogtum Baden; damit verlor es seine Hoheitsrechte. 1972 wurde Villingen mit Schwenningen zu einer Stadt vereinigt.

Schwenningen wird, wie Villingen, 817 erstmals urkundlich erwähnt und ist 1140 als Gerichtsstätte der Zähringer bezeugt. Das Dorf gehörte im 12. und 13. Jh. den Grafen von Sulz, kam 1283 an Fürstenberg, dann als Lehen an die Herren von Falkenstein und schließlich 1444/49 an Württemberg. 1525 wurde der Ort bis auf 3 kleine Häuser niedergebrannt. 1535 kam es in Schwenningen zur Einführung der Reformation. Im Dreißigjährigen Krieg wurde das Dorf 1633 erneut völlig eingeäschert. 1823 errichtete man in Schwenningen eine Saline. 1830 wurde der Ort Marktflecken und entwickelte sich durch die Gründung von Uhren- und Schuhfabriken zum Industrieort; 1907 wurde er zur Stadt erhoben, die dann 1972 mit Villingen zusammengelegt wurde.

Münster Unserer Lieben Frau, kath. Pfarrkirche, ehem. St. Johann Baptist, in Villingen (Münsterplatz): Um 1130 wurde mit dem Bau einer *roman. Dreiapsidenkirche* begonnen, die nach 1220 erweitert wurde. Beide Bauten waren damals noch Leutkirche (Nebenkirche), Pfarrkirche war die Dorfkirche, die heutige Altstadtkirche beim Friedhof.

Nach dem Stadtbrand v. 1271 erfolgte ein Neubau, der einige roman. Teile einbezog,

Villingen-Schwenningen, Münster, Steinkanzel (l), Kanzel, Detail (r)

als *dreischiffige Pfeilerbasilika* ohne Querschiff mit 2 O-Türmen. Diese sind im Grundriß unregelmäßig fünfeckig, ihre gewölbten Untergeschosse öffnen sich zu dem zweijochigen Chor mit 5/8-Schluß. An den Ecken abgefaste Pfeiler stützen die 8 spitzbogigen Arkaden. Roman. sind noch das Säulenpaar am 3. Langhausjoch, das Doppelportal an der S-Seite, das W-Portal und die Untergeschosse der Türme. Nach 1400 wurden die Seitenschiffe auf die Breite der Türme erweitert. Im 15. und 16. Jh. wurden die beiden Türme mit ihrem got. oktogonalen Aufbau vollendet, die Fenster des s entstanden unter Rottweiler Einfluß. Um 1700 erfolgte eine Barockisierung, die Seitenschiffe wurden erhöht und anstelle der bisher 10 Fenster wurden 14 ausgebrochen. Die got. Holztonne im Langhaus wurde durch eine v. Ignaz Bürkner* stuckierte Flachdecke ersetzt, die die Regotisierung im 19. Jh., der jedoch die ma Ausstattung zum Opfer fiel, überstanden hat. 1738 baute man im Winkel zwischen n Seitenschiff und Turm eine Sakristei an. 1905–09 und 1978–82 erfolgten dann weitere, z. T. umfängliche Restaurierungen, zuletzt mit dem Ziel, möglichst alle Bauepochen weitgehend zu erhalten.

Die spätgot. *Steinkanzel* entstand um 1510, angeblich durch einen blinden Bildhauermeister, dem seine Tochter half. Den Kanzelkorb tragen 4 Statuen: Christus als Schmerzensmann, Maria, Johannes d. T. und der Prophet Jesaja. An der Treppenbrüstung schildern 7 Reliefs die Passion Christi.

Zur *Ausstattung* gehören ferner die neubarocken Seitenaltäre, der neugot. Hochaltar, das Chorgestühl aus der Renaissance v. Johann Schupp*, v. dem auch die Apostelfiguren stammen, 14 Gemälde aus der Flügelschule, die die 7 Freuden und 7 Leiden der Maria darstellen, ein sandsteinerner Taufstein v. 1631 und das sog. Nägelinkreuz, ein Kruzifixus aus der Zeit um 1340, heute in der frühbarocken Fassung v. Kaspar Tober* (1682). Die *Bronzeportale* schuf 1984 Paul Ringwald*. Am S-Portal schildern sie in je 5 Szenen das Leben der

beiden Johannes, am w Marienportal korrespondieren 6 alttestamentliche Szenen mit 6 Szenen aus dem Marienleben.
Der reiche *Münsterschatz* enthält u.a. ein silbernes Scheibenkreuz mit vergoldeter Vorderseite (Ende des 12. Jh. und 1268 umgeformt und später renoviert) und den goldenen Fürstenbergkelch (1282 ?).

Altstadtkirche auf dem Friedhof: Die alte roman. Pfarrkirche aus dem 11. Jh. wurde 1851 abgerissen und durch einen neugot. Bau ersetzt. Erhalten ist der *Turm* in roman. Quaderwerk mit Lisenen- und Rundbogenfries, zu dreien gekuppelten Fenstern mit Trennsäulen und einem Satteldach zwischen Staffelgiebeln.

Ev. Pfarrkirche, ehem. Johanniterkirche (Gerberstr.): 1253 rief Heinrich v. Fürstenberg die Johanniter nach Villingen, die hier eine Kommende gründeten. Ihre im 14. Jh. entstandene Kirche mit dem v. einem Zeltdach über Wimpergen gekrönten Turm ist erhalten und dient seit 1853 als *ev. Pfarrkirche*.

Ehem. Franziskanerkloster und -kirche (Rietgasse): Heinrich v. Fürstenberg rief 1268 auch die Franziskaner nach Villingen und siedelte sie s des w Stadttors an. Die alte, 1292 geweihte Kirche brannte 1704 nach Beschuß ab, wurde aber auf Betreiben des Prinzen Eugen unter Verwendung alter Teile wiederhergestellt. Heute ist sie profaniert und zum Konzertsaal umgestaltet worden. Sie enthält *Fresken* v. Sebastian Schilling* (1753). Der spätgot. *Kreuzgang* mit Fischblasenmaßwerk und dreiteiligen Arkaden umfängt die im 15. Jh. ausgemalte *Kapelle*. Die Anlage wurde 1978–82 restauriert und wird zu kulturellen Zwecken genutzt.
Hier befindet sich auch das *Franziskanermuseum* mit einer vor- und frühgeschichtlichen Sammlung, zu der bes. die Grabkammer Magdalenenberg, ein Fürstengrab der Späthallstattzeit, gehört. *Öffnungszeiten*: Dienstag–Sonntag 10.00–12.00 Uhr, sowie v. Dienstag bis Freitag zusätzlich 15.00–17.00 Uhr.

Ehem. Benediktinerkloster und Reichsstift St. Georgen (Schulgasse): Das Kloster St. Georgen baute in Villingen im 12. Jh. einen Pfleghof mit Kapelle, die spätere Prälatur. 1536 siedelte sich der Konvent in Villingen an. Mit dem Bau der Klostergebäude wurde 1662, mit dem der *Benediktinerkirche* 1688 nach Plänen v. Michael Thumb* begonnen. Sie wurde erst 1756 mit dem Bau des barocken Turms vollendet. Die Wandpfeilerkirche mit Emporen besitzt noch teilweise die Ausstattung des 18. Jh.

Lorettokapelle (w außerhalb der Stadt): An der Stelle, an der der franz. Marschall Tallard während des Spanischen Erbfolgekriegs sein Standquartier hatte und erfolglos versuchte, die Stadt einzunehmen, wurde nach dem Abzug der Belagerungstruppen zum Dank für die Rettung der Stadt diese Kapelle errichtet.

Bicken- und Ursulinenkloster: Wohl um 1230–40 wurde das zunächst offene Kloster – ab 1480 mit Klausur – der Franziskanerinnen gegr. Die Schwestern nahmen 1782 die Regel der hl. Ursula an. 1731 erfolgte ein Neubau des Klosters, 1737 der der einfachen Kirche. Sie besitzt ein Vesperbild aus dem 15. Jh. und eine etwas jüngere hölzerne Schmerzensmannskulptur.

Klosterhof St. Blasien (Josephsgasse): Der ehem. Pfleghof des Klosters St. Blasien wurde 1663 gegr.

Ev. Pfarrhaus in Schwenningen (Kronenstr. 7): Das Gebäude wurde 1747 erbaut und 1838 erweitert, 1980 legte man das Fachwerk frei.

Ev. Stadtkirche in Schwenningen: Die ehemals dem hl. Vinzenz geweihte, im 15. Jh. erbaute Kirche brannte 1525 und 1633 bis auf den Turm ab, wurde 1699/1700 einschiffig wiederaufgebaut, 1834/38 durch ein Querschiff erweitert und 1963 innen völlig erneuert.

Altes Rathaus in Villingen (Rathausgasse): Der schlichte dreigeschossige Bau aus der Spätgotik (1534) mit Treppengiebel und gekuppelten Rechteckfenstern besitzt an der Seite einen Treppenturm mit Renais-

Villingen-Schwenningen, Münster, Altar >

Villingen-Schwenningen, Franziskanerkirche

sanceportal. Der ehem. Rathaussaal ist holzgetäfelt. Das Gebäude wird seit 1876 als *Museum* genutzt. Die stadthistorische Sammlung mit Exponaten kirchlicher Malerei und Bildhauerkunst aus 7 Jh. und handwerklicher Arbeiten bes. des 16. Jh. ist täglich außer montags v. 10.00 bis 12.00 Uhr und außerdem donnerstags v. 15.00 bis 17.00 Uhr geöffnet.

Heutiges Rathaus (Münsterplatz): Das ehem. Münsterpfarrhaus ist ein urspr. got. Bau, dessen Treppengiebel ein Sandsteinkreuz aus dem 16. Jh. trägt. Im Inneren befinden sich stuckierte Räume aus der Barockzeit. Im Bürgermeisterzimmer hängt ein zeitgenössisches Porträt der Kaiserin Maria Theresia.

Stadtbefestigung (Stadtmitte): Die gesamte Grabenanlage und wesentliche Teile der im 13. Jh. errichteten doppelten Mauer mit Bastionen sind erhalten, außerdem im O das Pulverrondell und der Kaiserturm sowie der wuchtige Romäusturm im W. Die 4 Hauptstraßen endeten in Toren, v. denen noch das Obertor im N, das Riedtor im W und das Bickentor im O erhalten sind.

Vogtshaus in Schwenningen (Kronenstr. 24): 1791 v. Schultheiß und Amtmann Christian Schuler erbaut, kam es später in den Besitz der Fabrikantenfamilie Mauthe; 1978 kaufte es die Stadt.

Museumsgebäude in Schwenningen (Kronenstr. 16): Das Haus wurde 1697 erbaut, war zunächst rein landwirtschaftliches Anwesen, bald aber und für lange Zeit Lehrerhaus, v. 1873 bis 1921 Gasthaus, v. da an Heimatmuseum.

Heimatmuseum/Uhrenmuseum in Schwenningen (Kronenstr. 16): Eine Abteilung beschäftigt sich mit der Ortsgeschichte, eine Industrieabteilung befindet sich im Aufbau. Speziell eingerichtete Abteilungen zeigen schwäbische Bauernmöbel, eine große Uhrensammlung und Erzeugnisse

Villingen-Schwenningen, Benediktinerkirche

Villingen-Schwenningen, Riedtor

der Schwarzwälder Glasmacherkunst. *Öffnungszeiten*: Montag bis Freitag 10.00 bis 12.00 und 14.00 bis 17.00 Uhr, sowie jeden 1. und 3. Sonntag im Monat v. 14.00 bis 17.00 Uhr; an Feiertagen geschlossen.

Bauernmuseum in Mühlhausen (Pfarrer-Mesle-Weg): Bäuerliche Haus- und Arbeitsgeräte sind hier gesammelt und können v. April bis Oktober jeweils sonntags v. 14.00 bis 17.00 Uhr und nach Vereinbarung besichtigt werden.

Heimatstube in **Herzogenweiler** (Glaserstr. 4): Die ausgestellten Glaswaren und sonstigen Zeugnisse der ehem. örtlichen Glashütte sind nach Vereinbarung mit der Ortsverwaltung zu besichtigen.

Heimatstube in **Mühlhausen** (Tuninger Str. 9): Der mit bäuerlichem Mobiliar ausgestattete Raum ist nach Vereinbarung mit der Ortsverwaltung zu besichtigen.

Denkmäler und Brunnen: Die *Nepomukstatue* (Ecke Schiller- und Nepomukstr.) schuf 1711 der aus Villingen stammende Bildhauer Johann Schupp*.
Der *Radmacherbrunnen* (Rietstr.) erinnert an die gewonnene Wette eines Wagners, der 1562 ein Rad an einem Tag gemacht und nach Rottweil und zurück getrieben hat.

Alte Häuser: Zahlreiche Gebäude, meist traufständig zur Straße und mit verschiedenartigen Erkern versehen, gehören noch zum Stadtbild v. Villingen, so die Rabenschuer, das Osianderhaus, das alte Hl.-Geist-Spital, das ehem. Bürgermeisterhaus, das Vogtshaus, die historische Poststation, die alte Apotheke, das Café Raben, die Münze, das Zeughaus, Haus Schilling, das Ackermann'sche Haus und die Universitätszehntscheuer.
Das Verkehrsamt der Stadt V.-S. (Rosmäusring 2, Tel.: 07721/82232) veranstaltet v. Mai bis Oktober mittwochs um 15.00 Uhr und samstags um 10.00 Uhr Führungen durch die Altstadt sowie ganz-

Villingen-Schwenningen, Heimatmuseum

Mönchweiler (Villingen-Schw.). Ev. Kirche

jährig freitags um 15.00 Uhr Führungen durch die Kirchen und Klöster.

Theater: Im Theater am Ring finden in 2 Sälen Schauspiel-, Opern-, Operetten- und Musicalaufführungen statt. Konzerte werden in der ehem. Franziskanerkirche veranstaltet.

Brauchtum: Zur *historischen Fasnacht* in Villingen gehören bestimmte Hauptfiguren, so der Narro, der Surhebel, der Mobili, der Stachi und der Wuescht. - Jährlich werden das *Europafest* und das *Stadtfest* gefeiert.

Umgebung

Mönchweiler (4 km nw): Das Langhaus aus dem 18. Jh. der *ev. Kirche* geht in den got. Chor der um 1510 entstandenen Vorgängerkirche über. Das Chorgewölbe ist mit Blumen- und Rankenwerk ausgemalt. Die Sakramentsnische mit Fialen und Maßwerk wird dem Meister der Kanzel im Münster zu Villingen zugeschrieben.

7808 Waldkirch

Emmendingen

Einw.: 19000 Höhe: 262 m S. 256 □ B 3

Das im Elztal zwischen 918 und 926 von Herzog Burchard I. von Schwaben gegründete Frauenkloster St. Margarethen wurde Reichskloster und erhielt 994 das Recht

Waldkirch, St. Margarethen

Waldkirch, St. Margarethen

der freien Wahl der Vögte. Diese teilten jedoch den Klosterbesitz immer mehr unter sich auf, so daß das Kloster, als es nach 1431 verlassen wurde, kaum noch Grundrechte besaß. In die Gebäude zog ein Augustiner-Chorherrenstift, das bis zur Säkularisation 1806 bestand. Die Stadt Waldkirch wurde vor 1283 gegr., 1283–87 ummauert und erhielt die Freiburger Stadtrechte. Seit dem 15.Jh. haben sich hier Edelsteinschleifer niedergelassen. In den Kriegen des 16. und 17.Jh. wurden Kloster, Burgen und Stadt stark verwüstet. Durch den Wiederaufbau verlor die Stadt ihren mittelalterlichen Charakter.

Kath. Pfarrkirche, ehem. Stiftskirche St. Margarethen: Nach den Zerstörungen des Dreißigjährigen Krieges erbaute Peter Thumb* 1732–34 die neue barocke Stiftskirche als einschiffiges Langhaus mit Stichkappengewölbe, einem kaum erkennbaren Querschiff und eingezogenem Chor. Die übergiebelte Fassade wird durch Rocailleschmuck und die in Nischen stehenden Figuren der hll. Margareta und Johannes v. Nepomuk sowie der Himmelskönigin stark betont. An der S-Seite zwischen Schiff und Chor steht der Turm. Den *Dekkenbilderzyklus* und die *Altarblätter* malte Franz Bernhard Altenburger*. Den Hochaltar mit den Figuren der hll. Katharina und Barbara sowie die 4 *Seitenaltäre* und die Kanzel schuf Johann Michael Winterhalter*. Die ausgezeichneten *Reliefs* am Korpus der Kanzel mit Szenen aus Christi Lehrtätigkeit und die Figuren der Kirchenväter am Schalldeckel werden Johann Joseph Christian* zugeschrieben, ebenso die Holzreliefs mit der Taufe Christi und dem psalmodierenden David über den beiden Taufbecken im Querschiff.

Ehem. Stiftsgebäude: Das ma Kloster, das vor den Stadtmauern lag, ist vollkommen verschwunden. Von den *Stiftsgebäuden* sind einige erhalten: so die 1754 durch Ludwig Oswald* erbaute *Propstei* mit der v. Joseph Anton Hops* 1755 geschaffenen Statue der Stiftspatronin auf dem Drei-

Waldkirch, St. Margarethen, Relief an der Kanzel

ecksgiebel des Mittelrisalits, das *Amtshaus* (1772), ein *Kanonikerhaus* (1787), die *Reihenhäuser*, in denen die Kapläne wohnten (1779), und die Meierei mit Scheune (um 1614).

Elztäler Heimatmuseum: In der ehem. Propstei ist die reichhaltige historische, kunst- und heimatkundliche Sammlung untergebracht. U.a. werden wertvolle Stücke der Edelsteinschleiferei und einige Drehorgeln gezeigt. *Öffnungszeiten*: dienstags bis Do und Sa jeweils v. 15.00 bis 17.00 und So v. 10.00 bis 13.00 Uhr.

Georg-Scholz-Haus: Hier finden neben der ständigen Ausstellung der Graphik v. Georg Scholz* Wechselausstellungen moderner Kunst statt. Nach Vereinbarung ist die Besichtigung möglich, ebenso wie die einer Edelsteinschleiferei.

Ruine Kastelburg: Von der im 13. Jh. erbauten und 1634 durch die Österreicher zerstörten Burg sind stattliche Reste erhalten: Teile des Palas und des Bergfrieds, Zwinger und Graben. Die ehem. Burg auf dem Schwarzenberg ist dagegen fast ganz verschwunden.

Orgelfestival: Alle 2 Jahre im Juni findet ein Drehorgeltreffen statt.

Umgebung

Altsimonswald (10 km ö): In der *kath. Pfarrkirche St. Sebastian* (Umbau einer älteren Kirche v. 1741, Turm v. 1522) befinden sich am linken Seitenaltar 3 spätgot. Skulpturen. Die Muttergottes wurde teilweise ergänzt. Hervorzuheben ist die Statue der hl. Katharina (um 1510), deren Originalfassung 1957 freigelegt werden konnte.

Bleibach (5 km nö): Die *kath. Pfarrkirche St. Georg und Wendelin* wurde mehrfach umgebaut. In Fenstern des netzgewölbten Chors (um 1550) befinden sich Glasgemälde v. 1530 und 1540. Spätgot. Holzfiguren

Waldshut-Tiengen, Pfarrkirche St. Maria (l), Kleines Schloß (M), Großes Schloß (r)

gehören zur Ausstattung. Im Beinhaus ist ein Totentanz (1733, 1962 restauriert) dargestellt.
Obersimonswald: Die *kath. Pfarrkirche St. Joseph* besitzt einige Reste v. Holzbildwerken, die um 1500 entstanden sind.

7890 Waldshut-Tiengen
Waldshut

Einw.: 21700 Höhe: 340–687 m S. 259 □ C 5

Im Südosten der Stadt steht ein 4 m hoher *jungsteinzeitlicher Menhir*, der sogenannte »Lange Stein«. Auf dem Gebiet von Tiengen wurden weitere Funde aus der Jungsteinzeit gemacht sowie keltische, römische und alemannische. 858 wird Tiengen erstmals erwähnt und 1128 als Stadt genannt. Zu dieser Zeit war es also schon ummauert. 1146 predigte Bernhard von Clairvaux hier und rief zum Kreuzzug auf. 1251 wurde die Stadt durch Heinrich von Lupfen niedergebrannt und dann vergrößert wieder aufgebaut. Ein Überfall der Knechte des Herzogs von Uslingen wird 1415 abgewehrt, doch besetzen 1463 die Eidgenossen Tiengen und verleiben es Schaffhausen ein. Von 1482 bis 1687 war die Stadt dann im Besitz der Grafen von Sulz und Hauptstadt des Klettgaus. In den folgenden Jh. erlitt Tiengen immer wieder Zerstörungen. 1687 fiel es an die Fürsten von Schwarzenberg und wurde 1806 badisch. 1945 wurde die Stadt nach einem Luftangriff von den Franzosen besetzt. Seit 1975 bildet es zusammen mit einigen Dörfern und dem benachbarten Waldshut eine gemeinsame Stadt.
Waldshut war in karolingischer Zeit wahrscheinlich kaiserliche Pfalz. Als *Oppidum Walzhuet* wird es erstmals 1108 erwähnt. Die Zähringer erweiterten es und gründeten die Stadt, die von 1273 bis 1291 an die Habsburger fiel und unter diesen ausgebaut wurde. 1444 besetzten die Armagnaken die Stadt, die jedoch 1468 der Belagerung durch die Eidgenossen widerstand. 1469 gehörte Waldshut zeitweise zu

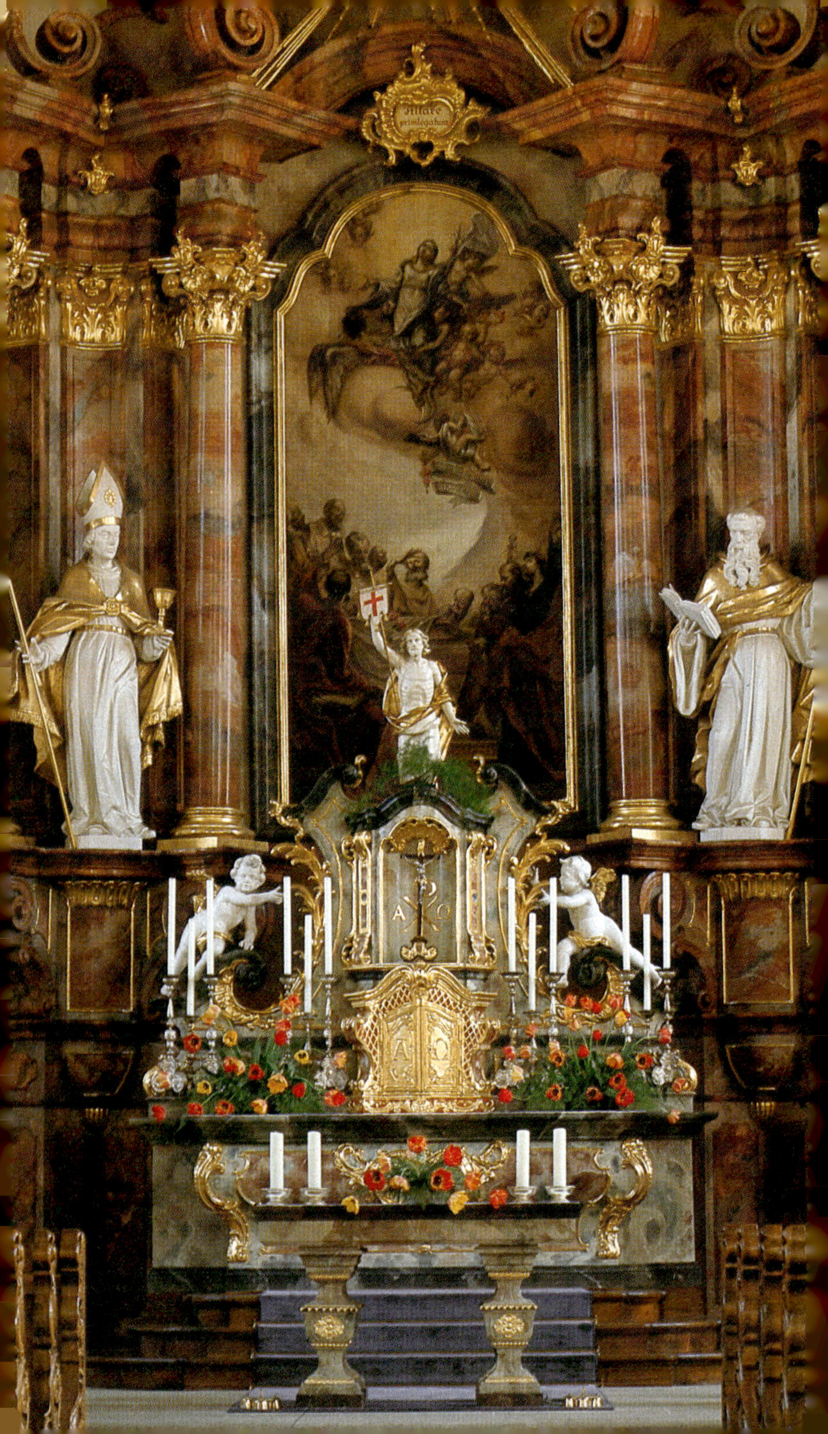

Burgund. 1611 starben viele Einwohner an der Pest. Im Dreißigjährigen Krieg wurde die Stadt mehrmals besetzt und blieb bis 1648 in französischer Gewalt. Einer Feuersbrunst von 1726 fielen viele Gebäude zum Opfer. 1806 kam die Stadt an Baden. Gegen Ende des 2. Weltkriegs wurde sie von den Franzosen besetzt. 1975 erfolgte dann die Vereinigung mit Tiengen.

Kath. Pfarrkirche Mariä Himmelfahrt (Tiengen): 1753 erbaute Peter Thumb* die barocke Wandpfeilerkirche unter Einbeziehung des got. Turms, den er mit einem Oktogon und Zwiebelhaube krönte. Die *Gewölbefresken* malte 1760 Eusebius Gabriel*. Die Seitenaltäre stammen aus der Bauzeit, der neubarocke Hochaltar datiert v. 1936–40.

Heilig-Kreuz-Kapelle: Eine Wallfahrtskapelle wird 1509 genannt. 1512 erfolgte ein Neubau, doch datiert der jetzige Bau v. 1631.

Rathaus: Der spätgot. Vorgängerbau wurde im 16. Jh. erneuert. Die klassizistische Fassade (1827) ist ein Werk v. Paul Fritschi*.

Schloß: Die Sulzer Landgrafen ließen 1571 ältere Bauten zusammenschließen. Der Bau mit Staffelgiebeln und einem später verschwundenen Turm war 1619 vollendet.

Stadtkern: Hier sind ma und spätgot. Bauten und solche aus der Renaissance erhalten, so das *Gasthaus »Zum Hirschen«* (1146 erwähnt, 1499 abgebrannt und als Steinhaus wiederaufgebaut), das *Alte Haus* (1552), die *Häuser Schnitzer* (1503) und *Döbele-Schütz* (1587) sowie das *Haus mit Marienerker* (16. Jh.).

Storchenturm: Ein Rest der ma Stadtmauer ist dieser in seinem Unterbau aus dem 13. Jh. stammende Rundturm mit viereckigem zeltdachgekröntem Aufbau aus dem 15. Jh.

Auf den beiden **Brunnen** standen urspr. Holzfiguren. Sie wurden 1735 bzw. 1736 v. einem Tiengener Bildhauer in Stein gehauen. Sie stellen den hl. Josef mit dem Christuskind und die gekrönte Maria auf der Weltkugel mit der Schlange dar.

< Waldshut-Tiengen, Kath. Pfarrkirche St. Maria, Hauptaltar

Klettgaumuseum: Es ist sonntags v. 11.00 bis 12.00 Uhr geöffnet.

Veranstaltungen: Alljährlich am 1. Wochenende des Juli begeht Tiengen sein Heimatfest, den *Schwyzertag*, mit dem es an die Abwehr des Feindes v. 1415 erinnert.

Kath. Pfarrkirche St. Marien (Stadtteil Waldkirch): Unter Einbeziehung got. Reste des Vorgängerbaus errichtete Sebastian Fritschi* die frühklassizistische Saalkirche mit eingezogenem Chor. Die zeitgenössische Ausstattung besorgte Johann Friedrich Vollmer*.

Friedhofskapelle Allerheiligen: Adam Tröndlin stiftete 1683 diese Kapelle, die anstelle des Altars eine Nachbildung des Hl. Grabes zu Jerusalem besitzt. Die Gemälde auf den barocken Nebenaltären stammen v. Johann Georg Glückher*. Die steinerne Kreuzigung neben der Kapelle ist 1568 datiert.

Kath. Pfarrkirche Liebfrauen (Waldshut): Unter Verwendung des got. Chors erbaute man 1804 diese klassizistische Kirche.

Rathaus: Nachdem das ma Rathaus abgebrannt war, errichtete Ferdinand Weizenegger* diesen Neubau, möglicherweise nach Plänen v. Johann Caspar Bagnato*.

Oberes und Unteres Tor: Die beiden Stadttore stammen wie der *Ketzerturm* und der Eckturm *Luginsland* v. der ma Befestigung und teilweise aus dem 13. Jh.

Stadtkern: Hier sind auch in Waldshut mehrere ältere Häuser erhalten, so u. a. das *Haus »Zur Tauben«* (1569 erbaut, 1726 abgebrannt und 1734 neu errichtet), das *Haus »Zum Wilden Mann«*, das städt. *Kornhaus* und das *Roll'sche Haus* (alle aus dem 18. Jh.).

Alte Metzig: Bis 1877 war das Gebäude Schlachthaus, dann Gewerbeschule, heute beherbergt es das *Heimatmuseum*, das So

Am Storchenturm
Sulzerring

v. 14.30 bis 16.30 Uhr und im Juli und August So v. 10.00 bis 12.00 Uhr geöffnet ist.

Theateraufführungen und Konzerte finden in der Stadthalle v. Waldshut statt.

Chilbi: Das Fest am Sonntag nach Himmelfahrt erinnert an die glücklich überstandene Belagerung der Stadt durch die Eidgenossen im Jahre 1468.

Umgebung

Birndorf (8 km w): Die *kath. Pfarrkirche Hl. Kreuz* wurde um 1100 erbaut. Der roman. Bau steht der Hirsauer Schule nahe.
Degernau (12 km nö): Frühgeschichtliche Funde belegen eine frühe Besiedlung, der Ort wird 1112 erstmals erwähnt. Die *kath. Pfarr- und Wallfahrtskirche* (1512–17 erbaut) besitzt eine reiche Barockausstattung.
Detzeln (6 km nö): Bereits im 8. Jh. wird der Ort *Tazzilo* erwähnt. – Die *St.-Oswald-Kapelle* ist im Inneren mit einem Freskenzyklus aus dem 15. Jh. ausgemalt. Sie wurde Anfang des 17. Jh. umgebaut und erhielt auch an den Außenwänden Fresken.
Dogern (4 km sw): Der 1128 erwähnte Ort kam 1284 an die Johanniterkommende Klingnau, dann an das Kloster Königsfelden und gehörte nach der Reformation der Stadt Bern, die es 1684 an das Kloster St. Blasien verkaufte. Die *kath. Pfarrkirche St. Clemens* ist ein Barockbau (1767) v. Ferdinand Weizenegger*. Die Fresken und Altarblätter malte Gotthard Hilzinger*.
Gurtweil (3 km n): Ein *röm. Gutshof* und eine *röm. Brücke* über die Schlücht wurden hier nachgewiesen. Im 8. Jh. wird der Ort genannt. Als er 1646 an das Kloster St. Blasien fiel, richteten sich dessen Äbte hier ihren Sommersitz in einem 1660–64 erbauten Wasserschlößchen ein. – In der 1740 erbauten *kath. Pfarrkirche St. Simon und Judas Thaddäus* steht ein barocker Hochaltar mit einem Gemälde v. Gottfried Reble*, der auch die Deckenfresken malte.

< *Waldshut-Tiengen, Storchenturm*

Waldshut-Tiengen, Haus »Zum Wild. Mann«

Küssaburg, Ruine (6 km sö): Hier saßen im 10. und 11. Jh. die Herren v. Küssaberg, die Burg ging 1245 an das Hochstift Konstanz über, deren Vögte hier saßen. Die Burg wurde im 13. Jh. verstärkt und fiel 1497 an die Grafen v. Sulz, die sie 1525 zu einer Festung ausbauten. Seit der Zerstörung v. 1634 ist sie eine der imposantesten Ruinen des Landes.
Lauchringen (3 km ö): Ein großes steinernes Treppengiebelhaus aus dem Jahr 1578 steht in Oberlauchringen, das *Wirtshaus »Zum Adler«*.
Rheinheim (7 km sö): 2 *röm. Rheinbrücken* sind zwischen Rheinheim auf dem rechten und dem heute schweizerischen Zurzach auf dem linken Stromufer nachgewiesen, sowie ein *spätröm.* befestigter *Brückenkopf* im Pfarrgarten der *kath. Pfarrkirche St. Michael.* Deren Turm stammt aus dem MA, die Kirche entstand 1670. Sie enthält beachtliche Decken- und Wandgemälde sowie ein gutes Bild auf dem Hochaltar.
Riedern am Wald (17 km nö): Die *kath. Pfarrkirche St. Leodegar* wurde 1738–42 für

Wehr, Altes Schloß

eine aufgehobene Augustinerabtei erbaut. Von ihrer reichen Barockausstattung sind bes. die Altarblätter v. Jakob Stauder* (1730–50) hervorzuheben.

7867 Wehr (Baden) Waldshut		
Einw.: 12 000	Höhe: 280–908 m	S. 258 ☐ B 5

Die alte Grafschaft von Wehr wurde im Jahre 1092 zum erstenmal urkundlich erwähnt. Seine Herren hausten auf der Burg Werrach, heute Schlößle genannt. An deren Fuß entwickelte sich bald die Siedlung Wehr zu einem ansehnlichen Flecken, der 1363 das Marktrecht erhielt. Mit der Einnahme der Burg Werrach im Jahre 1272 durch Rudolf von Habsburg, den späteren deutschen König, war auch der Übergang der Herrschaft an diesen verbunden. Um die Mitte des 13. Jh. gab sie Rudolf an seinen persönlichen Freund, den Minnesänger Walther von Klingen, zu Lehen. Dieser stiftete 1256 das nach ihm benannte Augustinerinnenkloster Klingenthal, dem er auch Land in *Werra* überließ. Wenn auch das Kloster nach kaum dreißigjährigem Dasein zu Wehr nach Basel übersiedelte, behielt es doch seine Rechte und blieb als Inhaber der Pfarrei und Zentherr eine wirtschaftliche Macht im Dorf. Als österreichisches Lehen gelangten Burg und Dorf Wehr an die Herren von Schönau, ein elsässisches Adelsgeschlecht. Sie besaßen Wehr bis 1803, das dann 1806 badisch und 1950 zur Stadt erhoben wurde.

Kath. Pfarrkirche: Anstelle einer spätgot. Vorgängerkirche (1537 durch Brand zerstört) entstand 1777 und 1804–05 ein frühklassizistischer Bau, der v. Raymund Jehlinger* 1908–10 neubarock vergrößert wurde. Den neubarocken Altar schufen die Brüder Metzger*.

Altes Schloß: Die Herren v. Schönau ließen sich 1570–74 dieses Stadtschloß erbauen. Das dreigeschossige Gebäude besitzt einen runden Treppenturm mit einer Wendeltreppe aus Sandstein und wurde v. 1975–77 umfassend restauriert. Es beherbergt heute Diensträume der Stadtverwaltung. Außerdem befinden sich darin der Bürgersaal und Ausstellungsräume.

Neues Schloß: 1748 kam dann dieser repräsentative Rechteckbau hinzu, der 1825 aufgestockt wurde. Im Erdgeschoß befindet sich ein Saal mit frühklassizistischen Stukkaturen v. Luigi Bossi* aus der Zeit um 1770. Hier ist heute die Stadtverwaltung untergebracht.

Storchenhaus: Dieses spätgot. Gebäude trägt noch mit Zinnen verzierte Giebel.

Alte Häuser: Die meisten v. ihnen stammen aus der Biedermeierzeit.

Ruine Bärenfels: Von dieser bereits im MA verlassenen Burg am steilen W-Hang des Wehratals sind nur Mauern und der runde Bergfried erhalten. Sie diente der Sicherung des neu erschlossenen Gebiets bei der Hotzenwaldbesiedlung. In ihrer Nähe beginnt die *Bergalinger Heidenmauer*, eine altgermanische Befestigungsanlage.

Wildbad, Pfarrkirche

Wildbad, Brunnenfigur vor der Pfarrkirche

Ruine Werrach: Die stattlichen Reste der Burg liegen am ö Rand des Stadtzentrums.

Erdmannshöhle: Im S des Dorfes *Hasel* liegt die etwa 15 km lange *Tropfsteinhöhle.* Zur Besichtigung freigegeben ist lediglich eine beleuchtete Strecke v. 560 m.

7547 Wildbad

Calw

Einw.: 10 500 Höhe: 430 m S. 255 □ D 1

Der Legende nach wurde die schon 1345 erwähnte Thermalwasserquelle von Wildbad durch einen angeschossenen Wildeber entdeckt, der seiner Wunde im warmen Wasser Linderung verschaffte. Aus dem mittelalterlichen Badebetrieb mit Frauen-, Bauern-, Bürger-, Herren- und Fürstenbad entwickelte sich im 19. Jh. - als Resultat zahlreicher Fürstenbesuche - das mondäne Thermalbad mit Kureinrichtungen und Park. Im Kurmittelzentrum »Neues Eberhardbad« sind heute alle Anwendungsbereiche der Wildbader Bewegungstherapie zusammengefaßt.

Badehäuser: Das 1838-47 v. Nikolaus Friedrich v. Thouret* in neuroman. Manier erbaute *Graf-Eberhard-Bad* birgt im Innern den ehem. Fürstenbader und den sog. *Maurischen Saal,* ein glasgedecktes Atrium mit maurischem Säulengang und polychromem arabisierendem Mosaikfußboden. - Das *König-Karl-Bad* gegenüber wurde 1892-95 errichtet und dient heute als »Haus des Gastes«.

Außerdem sehenswert: Nach dem großen Stadtbrand v. 1742 erbaute Johann Christoph David v. Leger* im Auftrag v. Herzog Carl Eugen die neue *Pfarrkirche* (1746-48) im Stil des Rokoko mit einer phantasievollen Mittelturmfassade, die in der Mitte konvex und seitlich konkav geschwungen ist. - An persische Kioskbauten erinnert der v. einer kleinen vergoldeten Zwiebelhaube bekrönte zierliche *Pavillon*

Effringen (Wildberg), Liebfrauenkirche

im *Kurpark*, der v. der Großen Enz durchflossen wird.

Umgebung

Enzklösterle (12 km sw): Der Name des Luftkurortes stammt v. einem 1323 v. Ministerialen der Grafen v. Hohenberg gestifteten kleinen Kloster, das schon im 15. Jh. wieder aufgegeben wurde.
An einen ehemaligen Hauptwirtschaftszweig im oberen Enztal erinnern 2 *Kohlenmeiler* (im nahen Rohnbachtal), wie sie hier früher zur Erzeugung v. Holzkohle errichtet wurden.

Kaltenbronn (14 km sw): Vom Kurhaus Kaltenbronn führt ein Wanderweg (1/2 Std.) am idyllischen *Hohlohsee* vorbei hinauf zu dem 1897 auf der Grenze zwischen Baden und Württemberg errichteten *Kaiser-Wilhelm-Turm* (986 m), v. dessen Plattform (158 Stufen) der Blick an klaren Tagen bis zu den Vogesen reicht.

7277 Wildberg

Calw

Einw.: 8100 Höhe: 370 m S. 255 □ E 2

Zur Stadt Wildberg gehören die Orte Effringen, Gültlingen, Schönbronn und Sulz am Eck.

Burgruine: Über der Nagoldschleife throne einst die in staufischer Zeit durch die Pfalzgrafen von Tübingen erbaute und wenige Jahrzehnte später in der 1. Hälfte des 13. Jh. durch Heirat an die Grafen von Hohenberg gelangte *Burg*. Sie wurde im 17. Jh. als Schloß erneuert und 1945 bis auf wenige Reste zerstört. Erkennbar geblieben sind die aus Buntsandstein-Buckelquadern gefügten *Unterbauten*, der ehem. *Torbau* sowie die Grundmauern des roman. *Palas* (13. Jh.) und der 2 Wehrtürme an den Schmalseiten der großzügigen rechteckigen Anlage. Besser erhalten sind die spätgot. *Zwingermauern* an der Talseite.

Martinskirche: Auf den Resten einer roman. Chorturmkirche erbaute Aberlin Jörg* 1464–67 ein spätgot. Gotteshaus, v. dem der barock bekrönte Glockenturm und der platt geschlossene Chor mit figürlich reliefierten Schlußsteinen (Maria, hl. Martin und Ritter; alle 1467) am Netzgewölbe erhalten sind. Mit der Erweiterung des Langhauses (1772) wurde die ev. Pfarrkirche zur Hallenkirche umgebaut.

Heimatmuseum: Im erhalten gebliebenen Fruchtkasten des 1252 gegr. ehem. *Dominikanerinnenklosters Maria Reuthin* sind an sommerlichen Sonntagnachmittagen die Sammlungen zur Vor- und Frühgeschichte der Gegend und zur 750jährigen Stadtgeschichte v. W. zugänglich. Historische Gerätschaften dokumentieren das alte Handwerk der Stadt und die traditionellen Arbeitspraktiken der Landwirtschaft.

Außerdem sehenswert: Neben dem mit einer Standfigur (Ritter als Träger des württembergischen Herzogswappens) geschmückten *Marktbrunnen* (1554) v. Blasius und Martin Berwart* verdienen schöne alte *Fachwerkhäuser* (16./17. Jh.), das *Rathaus* (15. und 18. Jh.) mit schräger Gassendurchfahrt und die alte *Steinbrücke* über die Nagold Beachtung. – Jedes 2. gerade Jahr wird am 3. Juli-Sonntag bzw. am letzten Sonntag vor den Sommerferien der *Wildberger Schäferlauf* veranstaltet. Dieses älteste historische Heimatfest des n Schwarzwaldes erinnert an die Funktion v. W. als Gerichtsort (13.-19. Jh.) der württembergischen Schäfer.

Umgebung

Effringen (2 km w): Die *Liebfrauenkirche* (heute ev. Pfarrkirche) mit kreuzrippengewölbtem hochgot. Chor (um 1380) und einer v. Hans v. Heimsheim* errichteten spätgot. Langhaushalle (um 1500) gilt als schönste spätgot. Dorfkirche des n Schwarzwaldes. Die Netzgewölbe im Langhaus ruhen trotz gleicher Scheitelhöhe der Schiffe auf unterschiedlich hohen Kragsteinen und sind in der Manier der Frührenaissance mit pflanzlichen und figürlichen Staffagemalereien verziert. Beachtliche Ausstattungsgegenstände sind das Chorgestühl (1481) v. Jörg Abt*, ein auf Glas gemaltes Kreuzigungsfragment (um 1505), die steinerne Kanzel (15. Jh.) und der spätroman. Taufstein.

Sulz am Eck (6 km ö): Die malerische, v. einem ringmauerbewehrten Kirchhof umgebene *Michaelskirche* (heute ev. Pfarrkirche) bewahrt v. ihrer Vorgängerin den roman. Chorturm (um 1150) mit intaktem Glockengeschoß. Im spätgotischen Polygonalchor der 1489-92 n angebauten Kirche figürlich geschmückte Schlußsteine (Christus, Maria und hl. Michael) am bemalten Netzgewölbe. Im Kirchenschiff wurde 1962/63 eine schön bemalte Kassettendecke aus der Barockzeit mit verschiedenen Blumenmotiven und Engelsköpfen an jeder Ecke freigelegt.

7620 Wolfach

Ortenaukreis

Einw.: 6300	Höhe: 250 m	S. 257 □ C 3

Schloß: Die 1671–81 im Auftrag des Landgrafen Maximillian Franz v. Fürstenberg anstelle kleinerer Vorgängerbauten (13. und 15. Jh.) errichtete Schloßanlage ist

Wolfach, Schloß

eines der äußerst seltenen unzerstörten Schwarzwaldschlösser. Der residenzähnliche Gebäudekomplex diente (als Zentrum der fürstenbergischen Besitztümer im Kinzigtal) den landgräflichen Obervögten als Sitz. Gelegentlich dienten die im Inneren nie vollendeten Gebäude auch als fürstliche Residenz; sehenswert sind neben der prunkvollen barocken Tordurchfahrt (mit dem fürstenbergischen Wappen im gesprengten Giebel) an der Hauptstraße auch die aus kleinen Obelisken und Voluten bestehenden Giebelbekrönungen der zur Straße gewandten Fassaden. Die zweigeschossige *Schloßkapelle* reicht in ihrem Baubestand bis ins 13. Jh. zurück. – Das Schloß ist heute Behördensitz und beherbergt auch das *Städtische Heimatmuseum* mit Sammlungen zur Vor- und Frühgeschichte des Kinzigtales, zur 900jährigen Stadtgeschichte v. W., zu den früheren örtlichen Hauptwirtschaftszweigen (Flößerei, Holzhandel und Bergbau) sowie zum Brauchtum und zur Volkskunst (u. a. alte Kinzigtaler Trachten, Fasnachtsmasken).

Überdies sind hier die einprägsamen *Bänkelsängerschilder* der 1838 gegr. „Herrengartengesellschaft“ und eine reichhaltige *Mineraliensammlung* zu sehen.

Außerdem sehenswert: Die spätgot. *Laurentiuskirche* wurde 1473 bis 1515 zur W-Turm-Anlage umgebaut und besitzt einen Polygonalchor mit reichem Netzgewölbe. Neben der spätbarocken Kanzel (um 1740/50) verdient auch die Figurengruppe (Ölberg, um 1530) im Turmuntergeschoß Beachtung. – Am waldigen Hang oberhalb v. W. liegen die barocke *Antoniuskapelle* mit einem Hl. Grab (1680) sowie die *Wallfahrtskirche St. Jakob* (1680 bis 1685) mit einer w Außenkanzel und einer Barockausstattung, die die damalige Volksfrömmigkeit widerspiegelt. – Die *Dorotheenhütte* ist die letzte Mundblashütte im Schwarzwald, in der noch gewerblich produziert wird. Bei ihrem Besuch sieht man, wie edles Bleikristall mundgeblasen und handgeschliffen wird. Der Hütte sind ein *Glasmuseum* und eine *Glaskunstausstellung* angeschlossen. – Die *Wolfacher Fasnet* wird mit einer Reihe spektakulärer Bräuche (z. B. Kaffeetantenumzüge, Altweibermühle [alle 5 Jahre], Geldbeutelwäsche am Aschermittwoch, Wohlauf, historisches Narrenwecken am Fasnachtsmontagmorgen und Nasenzug am Dienstagnachmittag) begangen.

Umgebung

Gelbach (5 km n): Die alte satteldachgedeckte *Mühle des Heitzmannshofes* ist mit ihrem oberschlächtigen Wasserrad so gut erhalten, daß mit ihr noch geschrotet werden kann.

Ippichen (6 km nö): 2 prächtige alte Kinzigtaler Bauernhäuser sind der *Abrahamshof* (1504) und der *Metzgerhof* (1550) mit einer sog. Nußbühne über der frontalen Fensterreihe.

Oberwolfach (2 km n): Die *Bartholomäuskirche* (1762) im Ortsteil Kirche besitzt eine spätbarocke W-Turm-Fassade und im stuckverzierten Inneren eine harmonische Rokoko-Ausstattung (aus der Bauzeit), zu der ein reicher Hochaltar im halbrund geschlossenen Chor, eine Rokokokanzel, eine qualitätvolle Kreuzigungsgruppe an der S-Wand und eine Pietagruppe an der N-Wand des an seinen Ecken ausgerundeten Betsaales gehören. – Der *Fegerhof* im Ortsteil Kirche besitzt ein steinernes Unter- ein mittleres Fachwerk- und ein hölzernes Obergeschoß unter seinem ausladenden Walmdach. – Hoch über dem Tal (Gemar-

Wolfach, Schloß, Torbau

Unterharmersbach (Zell), Wallfahrtskirche

kung Wolfach) thront die Ruine der *Burg Altwolfach* (»Schlößle« genannt; 11. Jh.) der Herren v. Wolva. Die Grundmauern wurden wieder ausgegraben und teilweise auf Erdgeschoßhöhe aufgemauert.

Z

7615 Zell am Harmersbach

Ortenaukreis

Einw.: 6300 Höhe: 220 m S. 256 □ C 2

Das im landschaftlich reizvollen *Harmersbachtal* gelegene Städtchen, dessen historischer Kern heute unter Denkmalschutz steht, war einst die kleinste Reichsstadt des Heiligen Römischen Reiches Deutscher Nation.

Storchenturm. Wahrzeichen der Stadt ist der 1330-34 als »Langer Turm« erbaute und 1462 erneuerte Luginsland der ma Stadtbefestigung, v. der auch streckenweise die *Stadtmauer* mit Wehrgängen und einem Flankenturm erhalten blieb. Heute ist im Torturm das *Heimatmuseum* eingerichtet: Neben alten Handwerksstuben (Bäcker, Huf- und Nagelschmied, Küfer, Schuster, Seiler, Töpfer und Weber) sind auch eine Geschirrkollektion aus der Ende des 18. Jh. gegr. Zeller Steingut- und Porzellanfabrik und die Zeller Trachten- und Fasnetsmaskensammlung von Interesse. *Geöffnet*: Mai bis September Sa 10.00 bis 12.00, Mi 15.00-17.00 Uhr. - Aus dem Dreißigjährigen Krieg stammen die 4 Kanonen auf der Turmrampe.

Außerdem sehenswert: In den sog. Bildsteinstuben in der *Alten Kanzlei* (1760) sind eine beachtliche Sammlung alter Wand- und Standuhren sowie v. Silber- und Goldmünzen untergebracht. *Geöffnet* Mai bis September Di und Do 11.00-12.00 Uhr. - Die *Pfarrkirche St. Symphorion* (1790-94) bewahrt eine harmonische frühklassizistische Ausstattung.

Umgebung

Holdersbach (10 km nö): Mit dem *Rübenmichelhof* ist ein schönes Kinzigtaler Bauernhaus (17. Jh.) mit strohgedecktem Walmdach erhalten.
Nordrach (12 km n): Das alte *Gasthaus »Zum Vogt auf Mühlstein«* wurde durch den Heimatschriftsteller Hansjakob (→Haslach) berühmt; das volkstümliche Theaterstück »Der Vogt auf Mühlstein« wird in Nordrach immer wieder aufgeführt. - Das *Glaserkirchlein St. Nepomuk* wurde 1776 erbaut. - Eine alte *Wassermühle* findet man beim Mailehof.
Oberharmersbach (8 km nö): Die sog. *Heidenkirche* beim (n) Löcherberg ist eine Gruppe von Sandsteinfindlingen, die den heidnischen Alemannen als Kultstätte diente.
Unterharmersbach (4 km nö): Über dem Rundbogenportal der mehrfach umgestalteten *Wallfahrtskirche Maria zur Ketten* (15.-20. Jh., Wallfahrt am 15. August) prangt das Bild der wundertätigen Muttergottes (um 1690). Im barock ausgestatteten hellen Innenraum spätbarocker Hochaltar mit dem Gnadenbild (Muttergottes, 14. und 18. Jh.) sowie Deckengemälde (Wundersame Befreiung eines Schmiedes aus türkischer Gefangenschaft) aus dem 18. Jh. - Im *Fürstenberger Hof* (am Kurgarten), einem stattlichen Bauernhaus (17. Jh.), ist eine volkskundliche und handwerksgeschichtliche Sammlung untergebracht, die man v. Mai bis September donnerstags v. 15.00-17.00 Uhr besuchen kann. - Den Chor der kleinen *Michaelskapelle* (1567, restauriert) zieren 2 Glasgemälde (Marientod) aus dem späten 15. Jh.

Unterharmersbach (Zell), Wallfahrtskirche, Kreuzigung, rechter Seitenaltar >

Register der Fachausdrücke

Abakus (griech.-lat. »Tischplatte«): Deckplatte über dem Kapitell einer Säule.
Ädikula: Wandnische, die zur Aufstellung einer Büste oder Statue dient; meist mit →Giebel, →Pfeilern oder →Säulen verziert.
Akanthus: Schmuckelement, das sich vor allem am →korinthischen →Kapitell findet und aus der stilisierten Darstellung eines scharf gezackten, distelähnlichen Blattes entwickelt wurde.
Altarretabel: Altaraufsatz.
Ambo: Pult an den Chorschranken in altchristlichen und mittelalterlichen Kirchen; Vorläufer der →Kanzel.
Anna selbdritt: Darstellung von Anna, Maria und dem Jesusknaben.
Antependium: Frontverkleidung des Altartisches.
Apsis: Abschluß des →Chors, meist halbkreisförmig. In der Regel Standort des →Altars.
Arabeske: Ein stilisiertes Blattwerk, das als Schmuckmotiv verwendet wird.
Architrav: Steinerner Hauptbalken über den →Säulen.
Archivolte: Bogenlauf über romanischen und gotischen Portalen.
Arkade: Bogen, der von →Säulen oder →Pfeilern getragen wird. Mehrere Arkaden werden zu Bogengängen zusammengefaßt. Wenn die Arkaden keine Öffnung haben (und nur aus dekorativen Gründen verwendet werden), spricht man auch von Blendarkaden.
Attika: Eine (meist reich verzierte) Wand, die über das →Gesims einer Säulenreihe gemauert wird und das Dach verdecken soll.
Aufgehendes Mauerwerk: Der sichtbare (oberirdische) Teil des Mauerwerks.
Aula: Halle, Versammlungssaal.
Auslugerker: Erker.

Baldachin: Schutzdach über Altären, Grabmalen, Statuen und Portalen.
Baluster: Kleine bauchige oder profilierte Säule.
Balustrade: Aus →Balustern gebildetes Geländer.
Bandrippengewölbe: →Gewölbe mit Rippen in querrechteckigem Profil, vorwiegend bei spätromanischen Bauwerken.
Basis: Fuß einer →Säule oder eines → Pfeilers, meist breit auslaufend und dekorativ gestaltet.
Bergfried: Hauptturm einer Burg, letzte Zufluchtsstätte bei Belagerungen.
Biforenfenster: Zweibogiges Fenster; entsprechend Mono- und Triforenfenster.
Blattkapitell: Gotisches →Kapitell, bei dem die Grundform von feinen Blattornamenten überzogen ist.
Blendbogen: Dekorativer Bogen ohne Öffnung.
Blendarkade: →Arkade.
Blendmaßwerk: →Maßwerk.
Bogenformen: Man unterscheidet nach der Gestalt des Bogens in normaler Ansicht den Rundbogen (Halbkreis), den Segmentbogen (flaches Kreissegment), den Korbbogen (gedrückter Rundbogen), den Kleeblattbogen (Dreiviertelkreis zwischen 2 Halbkreisen), den Eselsrücken (S-förmige Bogenschenkel), den Spitzbogen (gebrochener Bogen mit 2 Bogenmittelpunkten bei den →Kämpfern), den Tudorbogen (gedrückter Spitzbogen) und den Lanzettbogen (überhöhter Spitzbogen).
Bogenfries: Ein →Fries in der Form von Rundbogen (häufig bei romanischen Bauwerken).
Buckelquader: →Quader mit leicht vorspringender roher Stirnseite.
Bündelpfeiler: In der Gotik beliebte Pfeilerform. Um Kernpfeiler gruppieren sich kleinere und größere Dreiviertelpfeiler.
Burgstall: Genauer ›Burgstelle‹; Burgruine oder ehem. Standort einer Burg.

Chor: Der meist erhöhte und in der Regel östlich gelegene Abschluß des Kirchenraumes. Der Chor hat meist nicht die gleiche Breite wie das →Schiff. Er dient zur Aufnahme des Altars. Im Mittelalter war der Chor oft durch Schranken zum übrigen Kirchenraum abgegrenzt.
Chorkapellen: Kapellen, häufig als Kapellenkranz um den →Chor angelegt.
Chorschluß: →Schluß.
Chorturm: Glockenturm mit Turmchor.
Chorumgang: Ein Gang, der durch die Fortführung der Seitenschiffe entsteht und um den →Chor herumführt.
Dienste: Dünne Säulen oder Rundstäbe, die einer Wand oder einem Pfeiler vorgelagert sind, meist zur Unterstützung des Gewölbes.
Diptychon: Zusammenklappbare zweiteilige (Altar-)Tafel.
Dorische Säulenordnung: →Ordnung, bei der die →Säulen ohne →Basis direkt auf den Boden gesetzt sind und flache, wulstförmige →Kapitelle tragen.
Dorsale: Hochgezogene Rückwand des Chorgestühls (lat. dorsum = Rücken); meist reich verziert.
Drillingsfenster: →Triforenfenster.

Eckerker: →Erker.
Empore: Zwischengeschoß; in der Kirche meist Galerie für Sänger und Orgel.
Epitaph: Gedenktafel oder Gedenkstein an Wand oder Pfeiler, oft über dem Grab des Verstorbenen.
Eremitage: Pavillon in Park- und Gartenanlagen, einsam gelegenes Schloß.
Erker: In sich geschlossener vorspringender Anbau an die Außenwand oder die Ecke (Auslugerker, Eckerker) eines Gebäudes. Oft ein Dekorationselement.
Exedra: Apsis, überwölbt mit einem Kuppelausschnitt.

Fassade: Bemalung.
Fayence: Töpferwaren mit Glasurüberzug, benannt nach der italienischen Stadt Faënza.
Fiale: Ziertürmchen in der →Gotik; oft als Bekrönung eines →Strebepfeilers.
Figurenkapitell: Das →Kapitell einer Säule, das zu einer Figur ausgearbeitet worden ist.
Filigranwerk: Ursprünglich Goldschmiedearbeit, bei der Gold- und Silberdraht ornamentartig auf eine Metallunterlage gelötet werden. Auch auf vielfach durchbrochene Schnitzwerke und Stukkaturen übertragen.
Fischblase: Flammenförmige Ornamentform im gotischen →Maßwerk.
Flügelaltar: Der Altaraufsatz hat ausklappbare, meist reich geschnitzte oder bemalte Flügel.
Fresko: Auf den noch feuchten Kalkputz werden Wasserfarben ohne Bindemittel aufgetragen.

Beim Trocknen des Mörtels verbinden sich die Farben besonders haltbar mit dem Putz.

Fries: Schmuckstreifen zum Abschluß oder als Untergliederung einer Wand. Der Fries kann flächig oder plastisch sein, er kann aus Figuren oder Ornamenten bestehen.

Frontispiz/Fronton: Giebeldreieck über einer Fassadenfront, einem Portal oder einem Altaraufsatz.

Gaden: In der Architektur Bezeichnung für Obergeschoß.

Galerie: Ein langgestreckter Raum; oft werden →Emporen und Arkadengänge auch Galerie genannt.

Gaube: Als Giebelhäuschen ausgebildetes Dachfenster.

Gebundenes System: Quadratisches Schema eines Grundrisses (vorwiegend in romanischen Kirchen). Ausgehend von der quadratischen Vierung sind jeweils gleichgroße Gewölbequadrate in allen Richtungen angefügt. In den Seitenschiffen entsprechen dann jeweils zwei kleinere Gewölbequadrate den größeren Quadraten des Mittelschiffes.

Gesims: Ein vorspringender Wandabschluß.

Gesprenge: Abschließende Bekrönung des Altaraufsatzes.

Gewölbe: Bogen- oder haubenförmiger Abschluß eines Raums.

Giebel: Senkrechter, meist in einer Spitze gipfelnder Dachabschluß. Klassizistische Sonderformen sind der gesprengte Giebel (Kreissegment mit fehlender Mitte) und der→Frontispiz, der Dreieckgiebel eines Mittelrisalits (→Risalit)

Grisaille: Malerei in verschiedenen Grauabstimmungen.

Gurtbogen: Eine konstruktive und dekorative Unterstützung des Gewölbeabschnitts, die sich rippenartig als Bogen quer zur Längsachse spannt.

Hallenchor: Ein →Chor, der aus mehreren, jedoch gleichhohen →Schiffen besteht.

Hallenkirche: Im Gegensatz zur Basilika sind Hauptraum und →Seitenschiffe gleich hoch; ohne →Querhaus.

Halsgraben: Ein künstlich geschaffener Graben, der Burgen vom Landrücken trennt. Oft auch Zugang über Zugbrükken.

Helm: Der Abschluß eines Turms.

Ikonostasis: In der Ostkirche Bilderwand zwischen Allerheiligstem und Gemeinderaum.

Immaculata: Die Unbefleckte, Ehrenname Marias.

Intarsia: Einlegearbeit in Holz, Stuck, Stein etc.

Ionische Säulenordnung: →Ordnung, bei der die →Säulen auf einer mehrgliedrigen →Basis stehen und das →Kapitell durch zwei Schneckenbögen charakterisiert ist.

Joch: Grundeinheit des durch →Pfeiler, →Säulen oder →Gurtbogen gegliederten Raumes.

Kalotte: Gewölbte Kuppel in Form eines Kugelabschnitts.

Kamee: Stein oder Edelstein mit erhaben geschnittener Darstellung.

Kampanile, *Campanile:* (meist frei stehender) Glockenturm.

Kämpfer: Steinplatte zwischen →Säule bzw. →Kapitell und Bogen oder Gewölbe.

Kannelüren: Senkrechte Rillen am Schaft von Säulen oder Pfeilern.

Kanon: Regelmäßiges, wiederkehrendes Maß.

Kanzel: Erhöhter Platz in der Kirche, von dem aus die Predigt gehalten wird. Oft von einem →Baldachin oder einem →Schalldeckel überdeckt.

Kapitell: Abschließender, kopfartiger Teil einer →Säule. Die Form der Kapitelle ist ausschlaggebend für Stil oder →Ordnung.

Kapitelsaal: Versammlungsraum der Klostergemeinde.

Kartusche: Zierrahmen, mit dem Wappen, Initiale oder Inschriften eingefaßt sind.

Karyatide: Gebälk tragende Figur.

Kasel: Das bei der Messe von den Klerikern getragene Obergewand in Form eines runden Stoffüberwurfs mit Kopfausschnitt.

Kassettendecke: Diese in rechteckige Felder unterteilte Decke ist durch Ornamente, Bemalung oder anderen Schmuck ausgeprägt.

Kassettengewölbe: Ein von einer rechteckigen Kassette angeschnittenes Kloster- oder Haubengewölbe in regelmäßiger Folge.

Kenotaph: Grabdenkmal, an anderer Stelle errichtet als das tatsächliche Grab.

Klostergewölbe: (Haubengewölbe): Ein kuppelähnliches, waagrecht gerade abschließendes Gewölbe aus Tonnenabschnitten.

Knorpelstil: Die vorbarocke Form des Ornaments, aus dem Beschlagwerk entwickelt, mit ohrmuschelartigen Formen.

Knospenkapitell: Abwandlung des →korinthischen Kapitells in frühgotischer Zeit.

Konche: Halbrunder, sich in einen Nebenraum öffnender Raum, besonders Halbkuppel der Apsis.

Konsole: Wandvorsprung, Balkenstütze.

Kopfreliquiar: →Reliquiar in Kopf- oder Büstenform.

Korbbogen: Flachgedrückter Rundbogen.

Korinthische Säulenordnung: Reiche Zierformen kennzeichnen bei dieser →Ordnung die →Kapitelle. Die →Basis ähnelt der →ionischen Ordnung.

Krabbe: Ein knollenartiger Kantenschmuck (Knospen, Blattwerk) an gotischen →Fialen, →Helmen und →Wimpergen.

Kragstein: Aus der Mauer herausragender Stein, der als Stütze, als Auflage oder auch nur als Träger für eine Büste dient.

Kranzgesims: Abschlußgesims der Fassade unter dem Dachansatz.

Kreuzgang: Meist gewölbtes, nach innen durch →Arkaden geöffnetes Geviert, das als Umgang im Hof eines Klosters dient und an einer Seite an die Kirche anschließt.

Kreuzgewölbe: Ein Gewölbe, bei dem sich zwei →Tonnengewölbe rechtwinklig kreuzen. Man unterscheidet das einfache Kreuzgratgewölbe von dem Kreuzrippengewölbe, bei welchem die Schnittkanten durch Rippen verstärkt sind.

Kreuzrippengewölbe: →Kreuzgewölbe.

Krypta: Unterkirche, Grabraum, meist unter dem →Chor gelegen. Oft sind Kirchen über einer alten Krypta errichtet worden.

Kuppelformen: Nach der Art des Übergangs vom überkuppelten Raumquadrat zum aufliegenden kreisförmigen Kuppelansatz unterscheidet man die Pendentifkuppel (sphärische Dreiecke leiten vom Quadrat zum einbeschriebenen Kreis über), die Trompenkuppel (Übergang durch nischenartig gestaffelte Bögen), die Tambourkuppel (zylindrisch überhöhte Pendentifkuppel) und Stutzkuppel (hochgezogene Wandpartien des einbeschriebenen Quadrates machen externe Segmente der Halbkugel überflüssig). Oft wird die Kuppel über einer durch eine →Laterne bedeckten Scheitelöffnung erhellt.

Laibung (auch: Leibung): Fläche des Mauereinschnitts bei Fenstern und Türen.
Langhaus: Hauptteil der Kirche, für die Gemeinde bestimmt. →Chor und →Apsis werden nicht mitgemessen.
Laterne: Kleiner Turm zum Abschluß einer Kuppel, meist reich verziert.
Lettner: Wand oder Brüstung zwischen →Chor und →Mittelschiff, die den klerikalen Bereich vom Laienraum trennt.
Loggia: Nach außen geöffnete Säulenhalle eines Bauwerks, häufig im Obergeschoß.
Lünette: Halbkreisförmiges Feld über Türen und Fenstern, oft mit Malerei oder Plastik.

Mandorla: Heiligenschein in zugespitzter Mandelform, der eine ganze Heiligengestalt (Maria oder Christus) umgibt.
Maßwerk: Gotische geometrische Zierformen, vor allem für die Ausgestaltung von Fensterbögen oft verwendet. Liegen die Zierbogen direkt auf der Wand, spricht man von Blendmaßwerk.
Mausoleum: Ein prächtiges Grabmal, meist in der Form eines Hauses oder Tempels.
Menhir: Roh behauener, senkrecht aufgestellter Stein aus vorgeschichtlicher Zeit.
Mensa: Die Deckplatte des Altars.
Mezzanin: Halb- oder Zwischengeschoß.
Miniatur: Kleinformatiges Bild; handgemalte Bilder in alten Handschriften.
Mittelschiff: Mittleres →Schiff der →Basilika oder der mehrschiffigen →Hallenkirche.
Monstranz: Schmuckgerät, in dem (meist hinter Glas) die geweihte Hostie gezeigt wird.
Mosaik: Wand-, Boden- oder Gewölbeschmuck, zusammengefügt aus kleinen bunten Steinchen, Glasscherben oder anderen Materialien.
Münster: Große Klosterkirche bzw. große Stiftskirche, vor allem in Rheinnähe gebräuchlich.
Muschelwerk: Zierornamente, die dem Muschelmotiv nachempfunden sind; vor allem in der späten Renaissance und im Rokoko.

Narthex: Vorhalle von Basiliken und Kirchen.
Nebenkapelle: Kapelle.
Netzgewölbe: Ein Gewölbe, bei dem sich die Rippen mehrfach kreuzen. Vor allem zur Zeit der Gotik anzutreffen.
Nonnenchor: →Empore, auf der Nonnen dem Gottesdienst beiwohnen.

Obelisk: Frei stehender Pfeiler mit quadratischem Grundriß und pyramidenartiger Spitze.
Obergaden: Meist von Fenstern durchbrochenes Obergeschoß des →Mittelschiffs einer Basilika.
Odeon: Meist rundes Gebäude, in dem musikalische und andere musische Aufführungen stattfinden.
Oktogon: Gebäude mit achteckigem Grundriß.
Orangerie: Teil barocker Schloß- und Parkanlagen, ursprünglich für die Überwinterung der während des Sommers im Freien aufgestellten Orangenbäume und anderer südlicher Gewächse gedacht. Oft erhielten die Orangerien jedoch Festräume für große Hofgesellschaften.
Oratorium: Kleine Kapelle, die in der Regel nicht für die Öffentlichkeit zugänglich ist, oft dem Chorraum angegliedert.
Ordnung: Architektursystem der Antike, das bestimmte Reihenfolgen vorschreibt, vor allem bei →Säulen (→dorische, →ionische etc.).
Orgelprospekt: Schauseite einer Orgel.
Ostwerk: Östlich gelegene Kirchenteile, meist →Chor und →Querhaus.

Pagode: Süd- und ostasiatischer Reliquienschrein und Tempel.
Pala: Altaraufsatz.
Palas: Wohnbau einer Burg.
Pallium: Ein mantelähnlicher Umhang der Römer, im Mittelalter Krönungsmantel für Könige und Kaiser, später auch bei Erzbischöfen.
Paneel: Brusthohe Holzvertäfelung.
Paradies: Atrium.
Patio: Innenhof des Hauses, vor allem in Spanien.
Pavillon: Meist mehreckiger oder runder Bau in Parkanlagen. Bei Barockschlössern verbinden sehr häufig Eckpavillons den Hauptbau mit den davon abzweigenden →Galerien.
Pergola: Offener Laubengang aus einer Holzkonstruktion; an den Balken ranken sich Pflanzen empor.
Peripteros: Griech. Tempel mit einem Säulengang rundum.
Pesel: Wohnraum und Zentrum norddeutscher Bauernhäuser.
Pfalz: Wohnstatt für Könige und Kaiser, die im Mittelalter nicht an einem Ort residierten, sondern ihren Sitz regelmäßig wechselten.
Pfeiler: Stützglied wie die →Säule, doch von recht- oder mehreckigem Grundriß.
Pfeilerbasilika: Die Bogen des →Schiffes der Basilika liegen auf →Pfeilern.
Pieta: Darstellung der trauernden Maria mit dem Leichnam des Sohnes auf dem Schoß.
Pilaster: →Pfeiler, der aus einer Wand hervortritt (Halbpfeiler), mit →Basis und →Kapitell.
Polygon: Vieleck.
Polyptychon: Ein aus mehreren Tafeln (Flügeln) zusammengesetztes Altar-Bild.
Portikus: Von →Pfeilern gestützte Vorhalle.
Postament: Sockel eines Standbildes.
Predella: Unterbau des Altars.
Presbyterium: Ursprünglich »Raum der Priester«, heute allgemeine Bezeichnung für den →Chor bzw. die Apsis einer Kirche.
Pronaos: Vorhalle des antiken Tempels (auch christliche Kirchengebäude).
Propyläen: Die Eingangshalle monumentaler Bauten. Vorbild späterer Bauten waren die Propyläen auf der Akropolis in Athen (entstanden 437 bis 432 v. Chr.).
Putten: Nackte engelhafte Kinderfiguren in der Renaissance, im Barock und im Rokoko.
Pylon: Eingangstor bei griech. Tempeln und Palästen.

Quader: Behauener Block aus massivem Stein.
Quadriga: Ein vierspänniger Wagen.
Querhaus oder Querschiff: Raum in der Kirche, quer zum →Langhaus (Basilika).
Querhausarme: Raumteile einer Kirche links und rechts der →Vierung.
Querschnitt: Ein gedachter Schnitt quer durch ein Gebäude zur Darstellung der Architektur.

Refektorium: Speiseraum in Klöstern.
Régence-Stil: Französischer Kunststil, Übergang vom Barock zum Rokoko.
Relief: Bildhauerarbeit, bei der die Figuren halbplastisch aus der Fläche herausgeschnitten (Holz) oder gemeißelt (Stein) sind. Je nach der Stärke der Erhebung spricht man von Flach-, Halb- oder Hochrelief.
Reliquiar: Behälter, in dem die Reliquien eines Heiligen aufbewahrt werden.
Remter: Speisesaal einer Ordensburg (→Refektorium).
Retabel: →Altarretabel.

Risalit: Aus der Fluchtlinie vortretender Teil eines Gebäudes, der dessen volle Höhe erreicht.
Rocaille: Reich gestaltete, muschelähnliche →Kartusche, die namengebend für das Rokoko wurde.
Rotunde: Rundbau.
Rundbogen: →Bogenformen.
Rustika: Mauern aus →Quadern, deren Schauseite absichtlich unbehauen geblieben ist.

Saalkirche: Stützenfreier Kircheninnenraum, also ohne Seitenschiff.
Sakral: Kirchlich, geistlich (im Gegensatz zu profan).
Sakramentshäuschen: Gehäuse zur Aufbewahrung der geweihten Hostien. In der späten Gotik entstanden zahlreiche große Sakramentshäuschen, die teilweise zu bedeutenden Kunstwerken ausgestaltet sind.
Sakristei: Aufbewahrungsraum der Gegenstände für den Gottesdienst.
Säkularisation: Umwandlung geistlicher Besitztümer in weltliche, vor allem in der Zeit unter Napoleon (1803).
Sarkophag: Meist reich verzierter steinerner Sarg.
Satteldach: Dachformen.
Säule: Im →Querschnitt runde, sich nach oben etwas verjüngende Stütze. Die Gliederung der Säulen wird durch die →Ordnung bestimmt (siehe dagegen →Pfeiler).
Säulenbasilika: Basilika, die von →Säulen gestützt wird (im Gegensatz zur →Pfeilerbasilika).
Schallarkaden: Turmöffnungen in Höhe des Glockengeschosses.
Schalldeckel: →Kanzel.
Schiff: Der Raumteil einer Kirche; daraus einschiffige oder mehrschiffige Kirchen; letztere durch →Säulen oder →Pfeiler aufgeteilt.
Schleppgaupe (auch: Schleppgaube): Dachfenster mit senkrechten Seitenwänden unter einer angehobenen Partie (Schleppdach) der Dachfläche.
Schluß: Meist östliches Ende des →Chors. Nach der geometrischen Grundrißform unterscheidet man den platten, halbrunden oder polygonalen (z.B. $^5/_8$-Schluß) Chorschluß.
Segmentbogen: →Bogenformen.
Seitenkapelle: Kapelle.
Seitenschiff: Seitlich gelegenes →Schiff, durch →Säulen oder →Pfeiler vom Hauptraum getrennt.
Sepultur: Für Begräbnisstätten reservierter Kirchenraum.
Sgraffito: Kratzputz.
Skulptur: Plastik, Bildhauerarbeit.
Spiegelgewölbe: Ein langgestrecktes →Klostergewölbe, das im Scheitel mit einer waagrechten Fläche schließt.
Spitzbogen: →Bogenformen.
Sprengwerk: →Gesprenge.
Stabwerk: Senkrechte Stäbe zur Gliederung gotischer Fenster und Fassaden (→Maßwerk).
Staffelgiebel: Giebel mit treppenartiger Stufung, auch Treppen- oder Stufengiebel.
Ständer: Senkrechte Holzpfosten oder bohlen. Beim Ständerbau kann die Wand aus lauter Ständern oder aus Ständern mit bohlen- oder mörtelgefüllten Zwischenräumen (Bohlenwand, Fachwerkwand) bestehen.
Stichkappengewölbe: Ein von dreieckigen Kugelflächen eingeschnittenes →Tonnengewölbe.
Strebepfeiler: Die in der Gotik ungewöhnlich großen Fensteröffnungen forderten eine Abstützung der Außenmauern durch →Pfeiler und Halbbögen. Dieses Strebewerk fing den Gewölbedruck auf.
Stuck: Ein leicht formbarer Werkstoff aus Gips, Kalk, Sand und Wasser, der vor allem im 17./18. Jh. zur plastischen Ausschmückung von Innenräumen gedient hat.
Stukkaturen: Dekorationen aus →Stuck.
Synagoge: Jüdisches Gotteshaus.

Tabernakel: Altargehäuse für die Hostie.
Tabor: Befestigtes Lager, Befestigung besonders in der Steiermark gegen Türkeneinfälle; auch Taborkirche.
Tambour: Unterbau einer Kuppel, in der Regel zylindrisch oder polygonal.
Terrakotta: Gebrannte, unglasierte Tonerde.
Tonnengewölbe: →Gewölbe, das einer Tonne gleicht, die in Längsrichtung durchgeschnitten wird.
Transenne: In die Fensteröffnungen eingefügte Holz- oder Steinplatten (Vorläufer der Fensterverglasung).
Triforenfenster: ein durch 2 Mittelsäulen oder Pfeiler unterteiltes Fenster oder 3 Fenster, die durch einen übergreifenden Bogen verbunden sind, z.B. in Kreuzgängen.
Triforium: Laufgang in der Wand unter den Fenstern von Mittelschiff, Querschiff und Chor, besonders in gotischen Kirchen.
Triptychon: Dreiteiliges Altarbild.
Triumphbogen: Geschmückter Torbogen.
Tumba: Aufbau über einer Grabstelle.
Treppengiebel: →Staffelgiebel.
Tympanon: Das Bogenfeld über dem mittelalterlichen Portal.

Vesperbild: →Pieta.
Vierung: Die Stelle, an der sich →Lang- und →Querhaus kreuzen.
Volute: Spiralenförmiges Ornament.

Wandtabernakel: Verschließbare
Wandvorlage: Gliederung oder Verstärkung (Stabilisierung) einer Wand durch Dienste, Halbsäulen, Lisenen, Pilaster oder Pfeiler.
Wange: Seitlicher Abschluß des Chorgestühls.
Weicher Stil: Spezifische Erscheinung in der deutschen Malerei und Plastik der Spätgotik mit fließenden Gewandfalten und zartem Gesichtsausdruck.
Welsche Haube: Geschwungenes Haubendach für Türme, Vorläufer der Zwiebelhaube.
Werkstein: Haustein mit sorgfältigem Fugenschnitt.
Wimperg: Giebelartige Bekrönung über gotischen Portalen und Fenstern, meist aus Maßwerk konstruiert.
Würfelkapitell: Aus der Durchdringung von Würfel- und Kugelform entwickeltes →Kapitell der romanischen Stilepoche.

Zackenstil (auch: Knitterstil): In der Spätgotik, sogar bereits in der Spätromanik auftretender Stil, Falten an (Schnitz-) Figuren sehr scharf (zackig, knitterig) zu gestalten.
Ziborium (auch Ciborium): Großer, von Säulen getragener steinerner →Baldachin über dem Altar.
Zopfstil: Stilrichtung aus der Zeit zwischen Rokoko und Klassizismus (etwa um 1760-80); geprägt von strenger Ausdrucksweise.
Zwerchhaus: Dachhäuschen mit einem Giebel, der quer zum Hauptdach steht.
Zwerggalerie: Gang in der Außenmauer unter dem Dachgesims; nach außen geöffnet und meist reich verziert.
Zwillingsfenster: →Biforenfenster.

Verzeichnis der bedeutendsten Künstler

Verzeichnis aller behandelten Orte

Anschluß-Seite 256

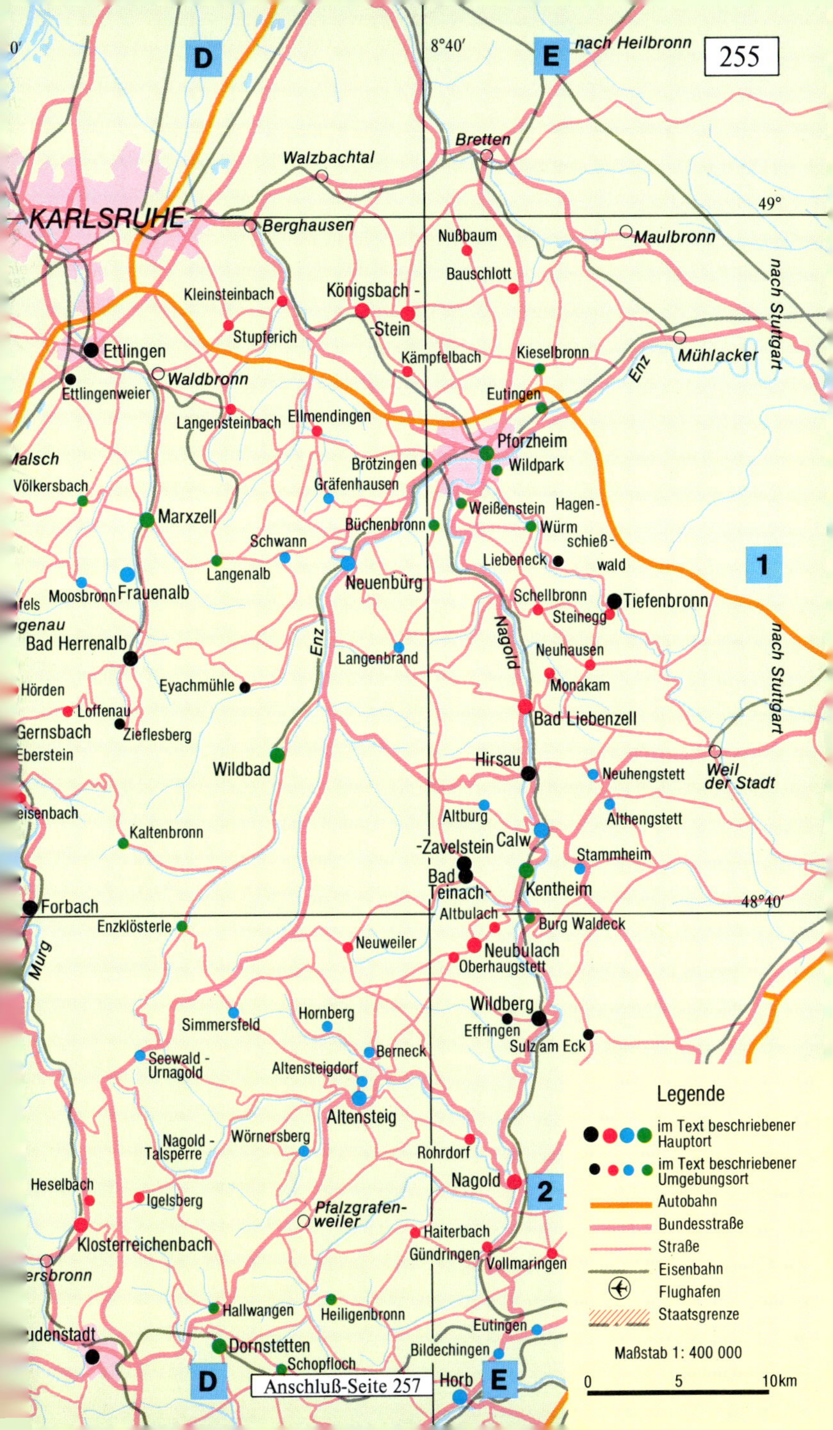

Anschluß-Seite 257

A
7°40′ östl.v.Greenwich
B
Anschluß-Seite 254
8°
2
3
STRASBOURG
Rheinau - Honau
Auenheim
Bodersweier
Kehl
Kork
Willstätt
Kinzig
Marlen
RHEIN
Griesheim
Waltersweier
Offenburg
Schutterwald
Ortenberg
Hofweier
Hohberg -
- Niederschopfheim
Meißenheim
Diersburg
Schuttern
Oberschopfheim
Allmannsweier
Hugsweier
Friesenheim
Heiligenzell
Lahr
Erstein
FRANKREICH
Benfeld
48°20′
Achern
Neuwindeck
Sasbachwalden
Kappelrodeck
Renchen
Erlach
Urloffen
Zimmern
Appenweier
Gaisbach
Oberkirch
Nußbach
Herztal
Fürsten-eck
Ebersweier
Staufenberg
Durbach
Fessenbach
Reichenbach
Gengenbach
Nordrach
Biberach
Zell am Harmersbach
Hohengeroldseck
Schönberg
Prinzbach
Seelbach
Steinach
Kippenheim
Mahlberg
Litschental
Wittelbach
Schuttertal
Welschensteinach
Haslach
Hofstetten
Rust
Schmieheim
Ettenheim
Münchweier
Ettenheimmünster
Gisenburg
Herbolzheim im Breisgau
Tutschfelden
Broggingen
Heidburg
Wagenstadt
Bleichheim
Weisweil
Nordweil
Kenzingen
Ottoschwanden
Elzach
Wyhl
Forchheim
Hecklingen
Heimbach
Malterdingen
Königschaffhausen
Sasbach
Riegel
Endingen am Kaiserstuhl
Burgruine Landeck
Tennenbach
Jechtingen
Amoltern
Kiechlinsbergen
Kaiserstuhl
Elz
Burgruine Hochburg
Bleibach
Bischoffingen
Burkheim
Oberbergen
Nimburg
Emmendingen
Altsimonswald
Niederrotweil
Bötzingen-
-Oberschaffhausen
Reute
Buchholz
Waldkirch
March
Neuershausen
Hugstetten
Denzlingen
Obersimonswald
Achkarren
Hochdorf
Heuweiler
Breisach
Umkirch
Gundelfingen
Glottertal
St. Peter im Schwarzwald
Zähringen
Anschluß-Seite 258
Freiburg i.Br.
St. Ottilien

Anschluß-Seite 255

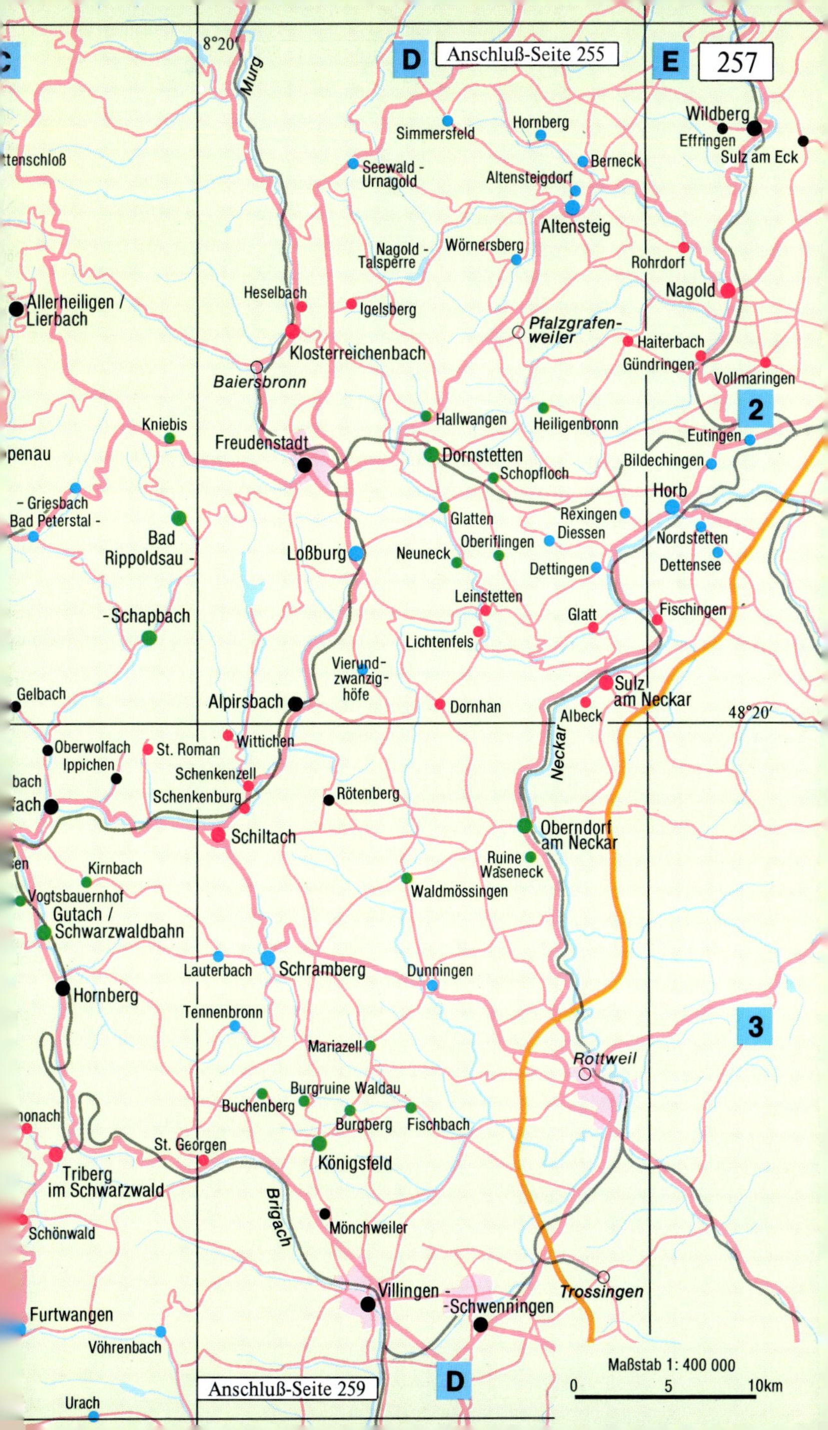

Anschluß-Seite 259

Anschluß-Seite 256
A
B
3
4
5
FRANKREICH
Colmar
Neuf-Brisach
Mulhouse
St. Louis
48°
47°40′
7°40′ östl. v. Greenwich
RHEIN
Rhein
Elz
Wiese
Kaiserstuhl
Wyhl
Forchheim
Riegel
Malterdingen
Ottoschwanden
Tennenbach
Burgruine Landeck
Burgruine Hochburg
König-schaffhausen
Endingen am Kaiserstuhl
Sasbach
Jechtingen
Amoltern
Kiechlinsbergen
Bischoffingen
Burkheim
Oberbergen
Nimburg
Emmendingen
Buchholz
Waldk
Niederrotweil
Bötzingen-
-Oberschaff-hausen
Reute
March
Denzlingen
Achkarren
Neuershausen
Hugstetten
Hochdorf
Heuweiler
Glott
Breisach
Umkirch
Gundelfingen
Zähringen
Merdingen
St. Ottilien
Eschb
FREIBURG im Breisgau
Tiengen
Oberrimsingen
Ebnet
St. Georgen
Munzingen
Wolfenweiler
Ebringen
Merzhausen
Günterstal
Kappel
Kirchza
Kirchhofen
Sölden
Bollschweil
Schauinsland 1284
Obe
Bad Krozingen
St. Ulrich
Eschbach
Hofsgrun
Wettelbrunn
Staufen im Breisgau
Heitersheim
St. Trudpert
Münstertal im Schwarzwald
Sulzburg
St. Ilgen
Laufen
Wieden
Todt
Neuenburg
1414
Belchen
Geschwend
Müllheim
Badenweiler
Schönau im Schwarzwald
Schliengen
Obereggenen
Bürgelnschloß
Liel
Niedereggenen
Bad Bellingen
Ruine Sausenberg
Bamlach
Riedlingen
Tannenkirch
Kandern
Zell
Blansingen
Mappach
Kleinkems
Istein
Hausen
Egringen
Efringen
Fischingen
Schopfheim
Erdmannshöhle
Märkt
Höllstein
Wehr
Ruine Bäre
Nordschwaben
Ruine We
Lörrach
Weil
Eichsel
Minseln
Inzlingen
Karsau
Riehen
Rheinfelden
Bad Säckin
BASEL
Grenzach-Wyhlen
Rheinfelden

Anschluß-Seite 257

Abkürzungen

bes.	besonders
d. Ä.	der Ältere
d. Ev.	der Evangelist
d. J.	der Jüngere
d. Gr.	der Große
d. h.	das heißt
dt.	deutsch
d. T.	der Täufer
ehem.	ehemalige(e)
eigtl.	eigenlich(e)
ev.	evangelisch
franz.	französisch
gegr.	gegründet
got.	gotisch
griech.	griechisch
Hl., hl.	Heilige(r), heilig(e)
ital.	italienisch
Jh.	Jahrhundert
Jtd.	Jahrtausend
kath.	katholisch
km	Kilometer
l	links
lat.	lateinisch
m	Meter
ma	mittelatlterlich
MA	Mittelalter
N	Norden, Nord-
n	nördlich
O	Osten, Ost-
ö	östlich
qm	Quadratmeter
r	rechts
röm.	römisch
roman.	romanisch
S	Süden, Süd-
s	südlich
sog.	sogenannt(e)
St.	Sankt
süddt.	süddeutsch
u. a.	und andere, unter anderem
u. ä.	und ähnliche
urspr.	ursprünglich
usw., etc.	und so weiter
v.	von
vgl.	vergleiche
W	Westen, West-
w	westlich
z. B.	zum Beispiel

Knaurs
Kulturführer
in Farbe
Griechenland

Knaurs
Kulturführer
in Farbe
Athen
und Attika

Knaurs
Kulturführer
in Farbe
Griechische
Inseln

Knaurs
Kulturführer
in Farbe
Großbritannien
und Irland

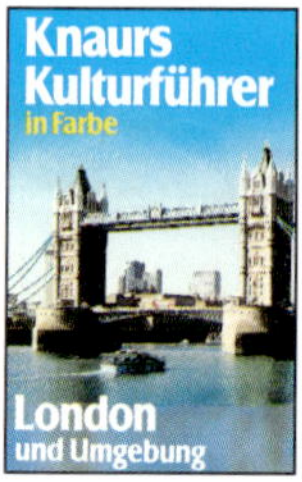
Knaurs
Kulturführer
in Farbe
London
und Umgebung

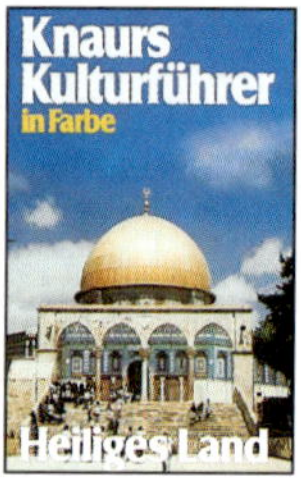
Knaurs
Kulturführer
in Farbe
Heiliges Land

Knaurs
Kulturführer
in Farbe
Holland

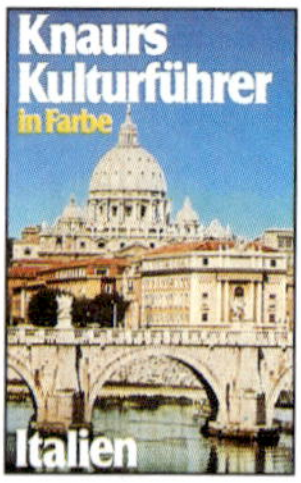
Knaurs
Kulturführer
in Farbe
Italien

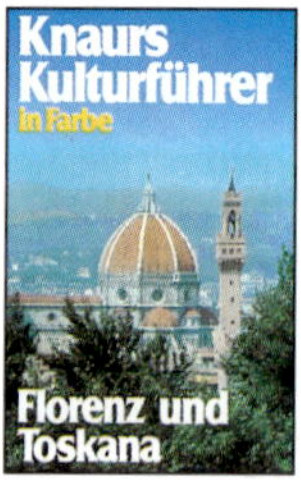
Knaurs
Kulturführer
in Farbe
Florenz und
Toskana

Knaurs
Kulturführer
in Farbe
Rom
und Latium

Knaurs
Kulturführer
in Farbe
Sizilien

Knaurs
Kulturführer
in Farbe
Südtirol

Knaurs
Kulturführer
in Farbe
Venedig
und Venetien

Knaurs
Kulturführer
in Farbe
Jugoslawien